Über die Autorin:
Sabine Lichtenfels ist Theologin und Friedensforscherin. Sie lebt in Portugal, wo sie in Tamera ein Forschungszentrum für spirituelle und geschichtliche Grundlagen einer gewaltfreien Kulturentwicklung unterhält.

Sabine Lichtenfels

Traum steine

Reise in das Zeitalter der sinnlichen Erfüllung

BASTEI LÜBBE TASCHENBUCH
Band 70191

1. Auflage Mai 2002

Vollständige Taschenbuchausgabe
der im Heinrich Hugendubel Verlag, Kreuzlingen/München 2000
erschienenen Hardcoverausgabe

Bastei Lübbe Taschenbücher ist ein Imprint
der Verlagsgruppe Lübbe

© 2002 by Verlagsgruppe Lübbe GmbH & Co. KG,
Bergisch Gladbach
Umschlaggestaltung: Tanja Østlyngen
Titelbild: Images Colour/Premium
Satz: Impressum, München
Druck und Bindung: Ebner & Spiegel, Ulm
Printed in Germany
ISBN 3-404-70191-7

Sie finden uns im Internet
unter http://www.luebbe.de

Der Preis des Bandes versteht sich einschließlich
der gesetzlichen Mehrwertsteuer

Inhalt

I
Vorbemerkung 9
Die Entdeckung 16
Der Steinkreis 23
Die Steine antworten 28
Am Anfang war der Traum 37
Weibliche Magie 48
Die konkrete Utopie 57
Am Urquell 66
Ein Urmodell der menschlichen Gemeinschaft 77

II
Vorbemerkung 95
Das Leben der Urahnen und warum sie den Steinkreis
    bauten 98
Der Traum auf dem Orakelstein 107
Die archetypische Begegnung mit einem zwölfjährigen
    Mädchen 111
Der Weisenrat und der Heilungsstein 118
Die Sternenkinder 123
Das Reich der Pflanzen und Kinder 131
Die Verbindung mit den Tierseelen 136
    Die Heiligkeit der Tiere 136
    Die Botschaft der Delphine 139
Die Hüter der Schwelle vom Tempel der Liebe 144
    Die Paarsteine, die Zuhörerin und der Klangmeister 144
Unterweisungen in sinnlicher Liebe 149
Die Einführung der jungen Männer in die Welt der
    Erotik 157

Der Bereich des Berufes und der Sendestation 163
Der Bereich des Alters, des Sterbens und der Wiedergeburt . 169

III
Vorbemerkung 179
Wie kam das Böse in die Welt? 180
Der Traum von der personalen Liebe 186
    Die Priesterin Vatsala 186
    Merets Traum 187
    Die Verbindung zu anderen Stämmen 190
Wie der Mensch begann, sich von Nammu, der Weltenschöpferin, zu trennen 193
    Das Treffen mit Newar 193
    Die Begegnung zweier Stämme 195
    Manu und Meret 198
    Die Mahnung der Tempelpriesterin 199
    Der keimende Gedanke vom Besitz in der Liebe 202
Die Frucht war nicht verboten, aber sie aßen zu früh davon . 207
    Der Schlag mit der Keule 207
    Die Geburt von Angst und Gewalt 210
    Die Eroberung Merets – Meret reicht den Apfel 212
    Die aufkeimende Revolution gegen Nammu 214
    Die Vorausschau Newars 218
Weites Wandern 221
Der Auftrag 231
Schlussworte 236
    Die Quelle 236
    Die Quelle und der Eros 238
    Aufruf an die Gemeinschaft aller Liebenden 239

Nachwort 242
Literatur 250
Hinweis 252

I

Vorbemerkung

Vor meiner ersten Begegnung mit dem großen Steinkreis war ich auf der Suche nach einem Gelände für die Verwirklichung eines lange geplanten und vorbereiteten Kulturmodells. Den Steinkreis entdeckte ich dabei eher zufällig. Er hinterließ jedoch in mir Eindrücke und Hinweise, die ich nicht unberücksichtigt lassen konnte und die mich dazu führten, die Hintergründe des Steinkreises auf spirituellem Wege immer gründlicher zu erforschen. Die Begegnung mit dem Steinkreis hat meine weitere spirituelle und praktische Forschungsarbeit tief greifend beeinflusst. Als ausgebildete Theologin arbeitete ich bereits seit vielen Jahren im Bereich der Spiritualität und Religionsforschung. Ich hatte mich in den letzten Jahren immer gründlicher mit den Quellen weiblicher Religiosität befasst, bis dahin hatte ich allerdings sehr wenig zu tun mit »Urgeschichte« oder gar archäologischen Themenbereichen. Ich war vertraut mit medialer Arbeit, mit Traumforschung und Lichtmeditation als Quelle für Informationen. Auch Reinkarnationstrancen waren mir nicht unbekannt. Durch die Begegnung mit dem Steinkreis wurde ich jedoch mit einer für mich lebendig erfahrbaren Spiritualität bekannt gemacht, die mir bis dahin in dieser Weise nicht bekannt war. Ich nenne sie die *Erdspiritualität*. Ich kann auch sagen, dass ich mit dem Aspekt der Göttin in unmittelbare Berührung kam. Es ist ein Aspekt, in dem einem die Erde selbst als göttlich, heilig und beseelt entgegentritt, in dem sie erfahrbar wird in ihrer göttlichen Dimension, mit deren verschiedenen Aspekten wir Kontakt aufnehmen können. Es eröffnete sich die Möglichkeit, mit allen Lebewesen elementar und direkt zu kommunizieren. Auch öffnete sich durch den Steinkreis ein Blick auf eine Art innere Zielgestalt, ich nenne es die »entelechiale

Gestalt,« die jeder Mensch in sich trägt und mit der er eigentlich immer in Kontakt stehen könnte. In Verbindung mit dieser Zielgestalt fand ich neue Perspektiven für die Daseinsweise der Menschen, für ein geschütztes Leben und für eine neue Form der menschlichen Gemeinschaft. Die Religiosität, die mir vermittelt wurde, ist keine Religion, wie wir sie kennen. Es ist keine Tröstungsreligion, sie ist nicht im Jenseits zu suchen. Es ist eine Schöpfungsreligion. Die Religion ist das Leben selbst. Sie braucht keine Wunder, denn das ganze Leben, seine Gesetze und Geheimnisse sind das Wunder selbst.

Diese »Schau« wurde mir durch den Steinkreis sehr vertraut. Ich kam nach längeren Forschungen über Trance, Traum und Meditation mit einem urgeschichtlichen Gedächtnis in Berührung, das im Steinkreis als Information versammelt ist. Das Leben eines urgeschichtlichen Stammes und der urgeschichtliche Traum von *Nammu*, wie in früheren Zeiten die Erde und damit die Göttin genannt wurde, tat sich in klaren Worten und Bildern vor mir auf. Ich sah differenziert und im Detail ein urgeschichtliches Dasein vor mir, einen ursprünglichen Schöpfungstraum und das konkrete Leben eines hoch entwickelten Nomadenstammes. Der Steinkreis wurde zu einem Symbol für eine funktionierende, gewaltfreie Gesellschaft. Er stellt für mich ein biokosmisches Gedächtnis dar, einen biogenetischen Code, in dem Heilungswissen abrufbar ist, Erdwissen, welches von frühen Menschen für spätere durch die Steinsetzung bewusst überliefert wurde. Dieses Wissen ist überzeitlich und durchaus für die Beantwortung von Fragen bezüglich einer zukunftsfähigen und humanen Gesellschaftsform von großem Nutzen.

Ich stellte fest, dass wir im Steinkreis auf vielen verschiedenen Ebenen Antworten finden können, je nachdem, auf welcher Ebene der Fragende sich gerade befindet.

Ich spreche von der *urgeschichtlichen Utopie*, weil sich die Visionen, die ich hatte, mit einer frühgeschichtlichen Vergangenheit befassen, die in eine mögliche, wünschenswerte Zukunft weisen als eine real mögliche Vision, die jedoch bisher reine Utopie ist. Ich spreche von Utopie, um die zu frühen Diskussionen darüber, ob es real so oder vielleicht doch ganz anders war, zu vermeiden. Ich spreche von Utopie im Sinne von Ernst Bloch und dem großen *Nondum* (»Noch-Nicht«) der Geschichte. Ich kann nichts von dem, was ich gesehen und erfahren habe, objektiv real beweisen, habe aber selbst die Zusammenhänge als äußerst evident erfahren.*

Die Vermutung, dass meine Vision mehr ist als eine Utopie und sich ihre Wurzeln durchaus auch mit geschichtlich realen Fakten verbinden lassen, verstärkte sich dadurch, dass ich bestimmten Träumen oder Visionen ganz konkret nachgegangen bin. So habe ich Plätze gesucht und auch gefunden, von denen ich geträumt hatte oder die ich in meinen Trancen vor mir sah. Auf diesem Weg führte mich die Arbeit an diesem Buch auch auf eine Reise nach Malta, die erstaunliche Bestätigungen meiner Visionen lieferte. In den Tempelbezirken Maltas fand ich Einzelheiten und Figuren, die mir im Traum erschienen waren. Weitere Reisen, zu denen ich im Steinkreis innerlich aufgerufen wurde, stehen mir noch bevor. Konsequenterweise würden sie mich nach Kreta führen, nach Ägypten, nach Afrika, insbesondere nach Nubien und nach Eritrea, aber auch zu den Dogon in Afrika, nach Indien und nach Tibet müsste ich reisen. Diese Reisen konnte ich noch nicht real unternehmen, ich habe aber beim Nachlesen in den verschiedensten Büchern erstaunliche Hinweise und Parallelen gefunden. Auch die Namen, die mir auf meinen Traumreisen eingegeben wurden, habe ich teilweise später in Büchern bestätigt gefunden. So las ich zum Beispiel in einem Lexikon, dass Nammu in Sumer als uralte Göttin verehrt wurde.

---

* Es ist ein spannender Schöpfungsvorgang, sich einmal mit einer Vergangenheit zu befassen, aus der wir *gerne* kommen. Der Gedanke, dass eine wünschenswerte Vergangenheit auch eine wünschenswerte Zukunft beeinflussen kann, ist philosophisch sehr interessant.

Für geschichtlich interessierte Leser ist am Ende des Buches ein spezielles Literaturverzeichnis mit Titeln, die Hinweise geben auf die tatsächliche historische Parallelität zu den von mir beschriebenen gewaltfreien Hochkulturen, zusammengestellt.

Das vorliegende Buch wurde mir sozusagen im Steinkreis »befohlen«. Wie es dazu kam, beschreibe ich in einem eigenen Kapitel.

Das Buch gliedert sich in drei Teile, die man unabhängig voneinander lesen kann. Teil I schildert meine ersten Begegnungen mit dem Steinkreis und meine parallelen Erlebnisse und Entschlüsse in Portugal. Der Kontakt mit dem Steinkreis hat meine Schritte beim Aufbau von *Tamera*, einem größeren Gemeinschaftsmodell in Portugal, entscheidend mitgeprägt, die Erfahrungen im Steinkreis waren für manche Entscheidungen ausschlaggebend.

Der zweite Teil schildert ausführlich den Steinkreis und das Stammesleben, das er repräsentiert, so wie es sich mir nach häufigen Befragungen dargestellt hat. Über die Frage von Geburt und Schwangerschaft, über das Aufwachsen der Kinder, die Jugend und das Alter erhielt ich umfassende Informationen. Ich bekam einen Einblick in das Zusammenleben mit Tieren und Pflanzen, in die sozialen Strukturen und die feinen Rituale des erotischen Liebeslebens. Für mich entstand durch diese Einblicke ein immer umfassenderes Bild davon, wie das Leben auch für uns heute, wenn auch in abgewandelter und zeitgemäßer Form, sein könnte, wenn wir wieder universelle Gesellschaftsformen entwickeln würden, die unserer eigentlichen Daseinsform entsprechen; wenn die Funktion der natürlichen Gemeinschaft intakt wäre, wenn der Eintritt in das erotische Leben »organisch« verlaufen würde und von wissenden Erwachsenen begleitet wäre. Ich konnte mir auch von einer elementaren, unmittelbaren Religiosität ein Bild machen, die das Leben selbst als heilig wahrnimmt und nicht die Rettung im Jenseits sucht. Eine Religiosität, die den heiligen Charakter des Lebens ehrt und deshalb ins alltägliche Dasein einbezieht.

Ich konnte erfahren, wie anders unser Leben wäre, wenn die Angst vor dem Tod verschwunden wäre und wir das Gefühl der Geborgenheit im All wiederzufinden vermöchten. Die Vision einer solchen Möglichkeit verstärkte meine Einsicht davon, wie entfremdet das Leben unserer westlichen Kulturen bereits ist.

Nachdem sich das Leben aus der Vergangenheit so harmonisch und umfassend vor mir ausbreitete, drängte sich mir natürlich die Frage auf: Wie kam es überhaupt zu Unterdrückung und Gewalt? Warum entwickelte sich im Laufe der Jahrtausende diese entsetzliche Kultur der Entfremdung?

Über die Entstehung der Gewalt und den geschichtlichen Umbruch hin zu den patriarchalen Strukturen von Macht und Herrschaft erhielt ich zunächst im Steinkreis und später vertieft auf Malta umfassende neue Einblicke. Diese Informationen beschreibe ich detailliert im dritten Teil. Ich erzähle anhand eines persönlichen Falls zweier Liebender, was überall zwischen den Geschlechtern »feldbildend« geschah. Sicher ist diese Beobachtung nicht allein ausreichend für die Erklärung des Aufkommens der Gewalt unter den Menschen. Aber sie scheint ein wesentlicher Aspekt zu sein, den wir in den Geschichtsbüchern meist nicht finden. Sicher haben Ackerbau, Viehzucht, Eiszeit und andere Aspekte eine wesentliche Rolle gespielt für die Entstehung des Kulturwechsels, aber nur selten finden wir eine ausreichende Erklärung, warum nach dem langen Bestehen friedfertiger, matriarchal aufgebauter Kulturen plötzlich patriarchale kriegerische Völker die Macht an sich reißen konnten. Warum wurde plötzlich die Ehe eingeführt? Warum haben sich überall in der Mythologie der Völker die Göttinnen den Göttern unterworfen? Warum konnte Zeus Hera zur Ehe zwingen? Wie war das möglich, wenn die Frauen so stark waren? Ein genauerer Einblick in den Beginn des Geschlechterkampfes eröffnete mir auch hier neue Einsichten. Auf einmal war ich in der Lage, den Erbsündenfall, wie er im Alten Testament beschrieben ist, vor einem mir vollkommen neuen geschichtlichen Hintergrund zu sehen. Auch wie sich »feldbildend« neue Informationen über dem Globus ausbreiten können und konnten, wurde mir durch diese Darstellungen nach und nach einsichtig.

Ich bin beim Schreiben dieses Buches an viele innere und äußere Grenzen gestoßen, aber immer wieder öffnete sich dahinter eine erstaunliche Welt. Sie weist in die Richtung einer möglichen Zukunft, die Hoffnung gibt. Allerdings ist es mit diesen Erkenntnissen immer weniger möglich, teilnahmslos das Elend der gegenwärtigen Welt zu betrachten oder zu ignorieren, es zwingt innerlich zu einer Wandlung, Teilnahme und Entscheidung. Man merkt, wie sich die Sichtweise des eigenen Lebens und seiner Möglichkeiten gewaltig verändert. Es meldet sich mit neuer Kraft eine höhere Verantwortlichkeit für die Gestaltung unseres Lebens und das aller unserer Mitgeschöpfe. Wer sich darauf einlässt, wird merken, wie tief unser Glaube an eine destruktive Welt, der wir uns ohnmächtig fügen müssen, eine Welt der Gewalt und der Grausamkeit, bereits verwurzelt ist, wie sie überall in den Medien genährt und gemästet wird. Man wird aber auch merken, wie etwas in der Seele an diesen Glaubensfestungen rüttelt und uns eine vollkommen neue Perspektive und Weltsicht eröffnen möchte.

Wer zwischen den Zeilen zu lesen vermag, mobilisiert vielleicht seine eigene Lebensbibliothek, das eigene urgeschichtliche Gedächtnis und findet Fragmente jenes Urvertrauens und der Kraft wieder, die uns alle einmal mit der Schöpfung verbunden haben. Vielleicht werden sich genügend intelligente Wesen zusammenschließen, um miteinander zu kooperieren und neue Formen des Zusammenlebens zu entwickeln: im Namen der Heilung dieses Planeten Erde.

Ohne neue Formen der menschlichen Gemeinschaft werden wir das Abenteuer menschlichen Lebens kaum sinnvoll lösen können. Vielleicht ist dieses Buch eine Anregung für einige, sich zu erinnern, weshalb sie hier sind. Möge die Vision eines angstfreien Lebens wieder erwachen und möglichst viele teilnehmen lassen an dieser ursprünglichen Daseinsqualität. Den aufgeschriebenen Ereignissen nach scheint es, dass die Schöpfung in uns und durch uns doch noch den Traum des Paradieses träumt und verwirklichen möchte. Ich danke allen Kräften, die mir beim Schreiben dieses Buches geholfen haben.

Ich danke unseren Urahnen für ihre Hinterlassenschaft der Steine, ich danke der Göttin für ihre Führung und ich danke meinen Freunden in Tamera, die mir bei der Verwirklichung und Durchführung ihre volle Unterstützung gegeben haben. Ich danke meinen Verlegern dafür, dass sie diese Texte veröffentlichen und einer breiten Leserschaft zugänglich machen.

Die Entdeckung

Im Februar des Jahres 1994 machte ich zusammen mit meinem Freund Paul, mit dem ich seit einigen Jahren meine Vorhaben gemeinsam vorbereitete, eine Reise nach Portugal. Zu diesem Zeitpunkt war ich 39 Jahre alt und wieder einmal an dem Punkt eines Neubeginns, fest entschieden zu einer weiteren Perspektive für mein Leben. Ich war auf der Suche nach einem Gelände zur Verwirklichung eines lang gehegten Traumes, einer Pioniersiedlung für Zukunftsforscher. Ich wollte ein Camp organisieren, zu dem ich Wissenschaftler, Künstler und Pioniere aus allen Forschungsbereichen einzuladen vorhatte. Das Camp diente dem Zweck, zu erkunden, ob Portugal ein geeignetes Land sei, um dort meinen Traum zu verwirklichen, den Traum einer konkreten Utopie. Ich träumte diesen Traum bereits seit Beginn meines Studiums, und trotz vieler Schwierigkeiten auf meinem Weg war ich bis jetzt nicht bereit gewesen, ihn fallen zu lassen. Im Jahr zuvor hatten wir in Portugal ein Camp mit verschiedenen Naturforschern aus Amerika zum Thema der globalen ökologischen Heilung organisiert. Wir hatten dafür einen wunderschönen Platz an der Westküste gefunden und wollten jetzt Gelder und Menschen mobilisieren, um diesen Platz möglicherweise zu kaufen. Um zu prüfen, ob es wirklich der richtige Platz für eine langfristige Lebensperspektive war, hatten wir uns entschieden, wenn möglich, ein zweites Camp an diesem Ort zu veranstalten. Die steigende Gewalt in Deutschland, die Entpolitisierung der Menschen, ihr Überhang an Konsumdenken und der deutlich spürbare Rechtsruck hatten mich seit einigen Jahren dazu motiviert, einen Platz außerhalb Deutschlands zu suchen. Aus diesem Grund führte mich mein Weg immer wieder nach Portugal, denn dieses Land schien mir unter den europäischen Ländern am meisten für unser Vorhaben geeignet. Paul und ich hatten dieses Mal genau zwei Wochen Zeit zur Verwirklichung unserer Pläne, dann ging der Flug zurück nach Lanzarote, wo ich damals lebte.

Schon immer war uns aufgefallen, dass uns mit dem Passieren der Grenze von Spanien nach Portugal ein vollkommen anderes menschliches Klima umgab. Es war, als würde man mit der Überquerung des Grenzflusses Guardiana auch Europa verlassen. Nicht die männlichen Helden begegneten einem hier, die die Frauen etwas abschätzend musterten, wie man es sonst oft von Südländern gewohnt ist, sondern äußerst gelassene ruhige Männer, die die Frauen überall mit besonderem Respekt und mit Aufmerksamkeit behandelten. Wenn wir in einem Café saßen, um einen *bica* zu trinken, dann brachten die Kellner in der Regel nicht dem Mann die Rechnung, sondern mir. Es mag seltsam anmuten, aber ich habe in ganz Portugal, außer vielleicht in den Großstädten, nie einen chauvinistischen Spruch gehört. Wenn wir in kleinere Kirchen eintraten, dann fand man Altäre mit den verschiedensten Frauenfiguren. *Nossa Senhora* hießen die meisten Kirchen, und verehrungswürdige Frauen schien es genügend zu geben. Besonders häufig fand man die *Senhora von Fatima* oder auch *Guadalupe* verehrt. Jesus schien eher eine untergeordnete Rolle zu spielen. In manchen Kirchen war er gar nicht aufzufinden. Die Einrichtungen hatten meist etwas Spielerisches, fast Kindliches. Obwohl Portugal als katholisches Land gilt, obwohl die ersten Christen angeblich schon 60 n. Chr. in Portugal siedelten und die christliche Religion hier bereits unter Kaiser Konstantin eingeführt wurde, erschien mir Portugal alles andere zu sein als ein christlich-katholisches Land. Über alle Kriege und Eroberungen hinweg hat sich hier offenbar ein elementarer matriarchaler Geist erhalten, ein Aspekt, der mich besonders innig mit diesem Land verbindet. Die Liebe zu diesem Land war mit jedem Besuch gestiegen. Meine innere Führung hatte mich für die Geländesuche eindeutig nach Portugal geschickt. Und doch stießen wir äußerlich auf erstaunlich viele Hindernisse.

So hatten wir beschlossen, für einen Tag mit der intensiven Platzsuche aufzuhören und einen Ausflug ins Landesinnere zu machen.

Unter trübem Himmel, auf schmalen Straßen mit vielen Schlaglöchern, fuhren wir gemächlich Richtung Évora, einer mittelalterlichen Stadt im Herzen Portugals. In dieser Gegend schien es besonders viele geschichtsträchtige Orte zu geben.

Während unserer Fahrt dachten wir über Geschichte nach, über Fortschritt und Evolution. Wir spekulierten über die Frage der Entstehung des Menschen und seiner Historie. Wir spielten mit dem Gedanken, dass es bereits seit Urzeiten hoch entwickelte geistige Kulturen gab, die sich zu voller Blüte entwickelten und dann sang- und klanglos untergingen, ohne irgendwelche Spuren zu hinterlassen.

Wir amüsierten uns über die Vorstellungen, welche Spuren unsere Kultur wohl hinterlassen würde, Spuren, die sich nicht so schnell würden auslöschen lassen. Das unverwüstliche Plastik würde man noch in Tausenden von Jahren auffinden, ebenso wie Computerchips, und darüber nachsinnen, welchen Zwecken es gedient haben könnte.

Paul war von Beruf Autoschlosser. Er liebte den Mercedesmotor und dessen durchschaubare Qualität. Er hatte eine solide Beziehung zu allen materiellen Dingen, und zu Motoren hatte er ein Verhältnis, als wären es Frauen. Damit das nicht chauvinistisch verstanden wird, muss ich dazu sagen, dass er Frauen liebte und verehrte. Er definierte sich selbst als das Gegenteil eines spirituellen Menschen, liebte aber Philosophie und Geschichte. Es war schon eine Besonderheit, dass ausgerechnet *er* mich auf meinen spirituellen Reisen begleitete: ein Materialist und eine Theologin. Er war seit einigen Jahren mein Begleiter bei der Durchführung verschiedener Camps. Wir hatten eine freundschaftliche Beziehung mit gelegentlichen heftigen Auseinandersetzungen und einer keimenden sinnlichen Liebe. Genau das hatte sich als realitätstüchtige Ergänzung bewährt. Wenn einer von beiden in seiner Weltanschauung zu sehr abhob, war der andere immer das ausgleichende Korrektiv.

Wir sprachen darüber, dass unsere Kultur die perverseste und lebensfeindlichste Kultur seit Tausenden von Jahren war. Vielleicht hinterließen nur entfremdete Kulturen so viele Spuren. Die ganze Technologie, der Bau von Maschinen, Straßennetzen, riesigen Gebäuden – ähnlich pervers wie schon bei den Römern.

Wie unfasslich war es im Grunde, dass die Kräfte der Zerstörung bereits seit ewigen Zeiten existieren. Bald gibt es keine Urvölker mehr, denn der moderne Mensch hat es in seinem Fortschrittswahn bereits geschafft, fast alle Elemente zu vernichten, die noch an andere Kulturen und Denkgewohnheiten gebunden waren. Bald würde alles eingetaucht sein in eine *brave new world*, wir würden uns zwischen Disneyland und McDonald's bewegen und den Rest der Erlebniswelt könnte man sich in den Kinos abholen. Welchen Grund gab es da eigentlich noch zu glauben, dass sich irgendwann einmal das Menschliche im Menschen durchsetzen würde, beziehungsweise, dass sich irgendeine lebenswerte und liebenswerte Zukunft verwirklichen ließe? Manchmal konnte es einem vorkommen, dass der Vernichtungstrieb im Menschen viel größer war als der Überlebenstrieb. In den siebziger Jahren hatten wir noch geglaubt, man könnte dieser Kultur entkommen. Wir hatten uns vorgestellt, gemeinsam mit Freunden auszuwandern und dass dann schon alles anders werden würde. Bis uns im Laufe der Jahre klar wurde, dass sich nichts ändern würde, wenn wir nicht im Inneren eine Revolution vorbereiten würden. Sonst würde der Mensch immer gleichen Denk- und Verhaltensmustern folgen, egal, wo er lebt. Hightech im Krieg, in der Wirtschaft, in der Technologie, Neandertal in der Liebe. Wobei die Neandertaler womöglich noch klüger waren als wir.

War unser Traum von einem freieren Leben in einem einfachen Land vielleicht nur eine Flucht vor der Wirklichkeit? Die Enttäuschung blieb uns nicht erspart, auch in dem gesegneten Portugal gab es Bürokratie. Natürlich hatten wir das vorher geahnt. Wir hatten nicht erwartet, mit der Grenzüberschreitung direkt ins Gelobte Land zu kommen, aber warum mussten wir gleich zu Beginn auf so viele Hindernisse stoßen? Ich musste jedenfalls feststellen, dass sich gegen meine innere Führung Trotz angesammelt hatte. Das so genannte Höhere Selbst hatte gut reden, es kannte ja nicht die vielen materiellen Schwierigkeiten, die sich einem ständig entgegenstellen. Wir waren an einem Punkt angelangt, an dem unser Verwirklichungswille noch einmal gründlich überprüft werden sollte. *»Halte dich offen für das Neue«*, mahnte es in meinem Inneren. *»Der Tag ist noch lang. Schau in die Welt und nimm wahr. Bei der Platzsuche ist es wie in der Liebe. Sobald du dich auf deinen Geliebten fixierst, kann keine Welt mehr in die Beziehung einströmen und die Liebe wird nicht mehr frei sein.«* Ich tat, was mir möglich war, und erzählte Paul, was in meinem Inneren vor sich ging, während unser Wagen vor einer Abzweigung ins Stadtzentrum von Évora anhielt. Wir beschlossen, in die Stadt zu fahren und uns im Touristenzentrum Informationen zu besorgen. Die mittelalterliche Stadt lud uns nicht gerade zum Verweilen ein. Uns war nicht nach Trubel zumute, und die geschichtlichen Informationen über die Römer in der Stadt, über die Inquisition und Hexenverbrennungen auf einem der vielen Plätze, über eine Knochenkapelle, in der über 5 000 Menschengerippe zu einem Gotteshaus verarbeitet wurden, hoben unsere Stimmung nicht. Wir beschlossen, Évora zu besichtigen, wenn wir ausgeruhter waren, und jetzt eher ruhigere Orte aufzusuchen.

In einem Prospekt fanden wir Hinweise auf Megalithen, auf Dolmengräber und auf einen Steinkreis in der nahe liegenden Umgebung. Er sollte aus der Frühgeschichte stammen. Ich hatte vor einiger Zeit bei einer Meditation sehr stark die Eingebung bekommen, dass es alte, frühgeschichtliche Orte und Steine in der Gegend um Évora gab, die ich unbedingt besuchen müsste, da sie wichtig für mich werden würden. Ich hatte Freunde und Bekannte gefragt, die aber nichts darüber wussten, und hatte es dann fast vergessen. Jetzt war ich überrascht und neugierig. Schon lange hatte ich einmal ein solch sagenumwobenes Dokument der Frühgeschichte, wie zum Beispiel Stonehenge, bewundern wollen, und jetzt bot sich in unmittelbarer Umgebung die Gelegenheit dazu. Wir beschlossen, einen Ausflug zum Steinkreis zu unternehmen. Wir plauderten weiter vor uns hin, bis der Wagen von der Hauptverkehrsstraße in einen schmalen Schotterweg abbog, einem kleinen Hinweisschild folgend, auf dem »Guadalupe–Almendres« geschrieben stand.

Jetzt wurden wir still. Wir waren in eine magische Landschaft gekommen. Ab und zu öffnete sich der bewölkte Himmel leicht und umflutete die ganze Szenerie mit dem Licht der bald untergehenden Sonne. Überall waren große Felsbrocken, als hätte sie jemand dort abgelegt, mitten auf den Kuhweiden. In größeren Abständen reckten die Korkeichen ihre schweren Äste feierlich in den Himmel, sie breiteten ihre Zweige aus über der Erde, als wollten sie ihr Schutz vor der sengenden Hitze des Sommers und vor den heftigen Regenfällen im Winter gewähren. In ihrer erhabenen Form erinnerten mich die Bäume zwar an deutsche Eichen, aber sie hatten doch einen ganz eigenen Charakter, einen typisch südländischen, und sie führten die Phantasie sofort in ein Land der Hirtenkultur, der Einfachheit, der Kräuterhexen, der Bauernfeste, der Weite und der Sehnsucht.

Die Bäume verwiesen in eine andere Zeit, man spürte, dass sie nicht mehr lange leben würden. Sie waren von einem Hauch von Trauer und Melancholie umwoben. Man spürte, dass die Kultur des Hirtenvolkes längst erloschen war, nur noch alte verwitterte Gesichter erinnerten an vergangene Zeiten. Man trifft hauptsächlich alte Leute auf dem Land, die Landflucht hat auch in Portugal längst begonnen. Welche Kultur kommen wird in naher oder ferner Zukunft, das war aus den Eindrücken, die mich berührten, noch kaum herauszulesen. Fast kam es wie eine Bitte von den Bäumen zu mir herüber: »*Holt noch die letzten Informationen von uns ab, bevor wir ausgedient haben. Wir haben euch Geheimnisse zu erzählen, die in keinen Büchern geschrieben stehen, denn unter unserem Schatten haben sich die Menschen ihre Märchen erzählt, ihre Brotmahlzeiten geteilt und mündlich weitergegeben, was unter der Herrschaft der Römer, der Goten, der Mauren oder in der Zeit der Seeherrschaft Portugals in der Öffentlichkeit nie laut gesagt werden durfte. Dem haben wir jahrhundertelang gelauscht. Wir hüten das Geheimnis, aber es wird nicht mehr lange dauern, dann hüllen wir uns in Schweigen, und die Insekten werden sich an unseren abgestorbenen Resten erfreuen und ihre Häuser darin bauen. Es gehört zu unserem matriarchalen Wesen, dass wir genutzt werden wollen. Wenn das vorüber ist, treten wir ab.«*

»Schau dort«, sagte Paul leise und wies mit dem Finger nach vorn. Ich schreckte aus meinen gedankenversunkenen Träumen hoch, erstaunt darüber, in welches Traumgebäude mich die Korkeichen verführt hatten, und sah von weitem helle große aufrechte Steine links vom Weg stehen. Sie glänzten im Licht von der Nässe des Regens. Mir wurde ganz andächtig zumute, so als näherte ich mich einem Heiligtum. Es war das erste Mal, dass ich bewusst zu einem so alten geschichtlichen Denkmal fuhr, und ich war erstaunt, welche heiligen Gefühle so einfache Steine in mir auszulösen vermochten. In den Kirchen packt mich der heilige Schauer nur noch selten, denn durch mein Theologiestudium waren mir die Augen zu gründlich darüber geöffnet worden, wie viel Blut und Grausamkeit in der Regel mit Heiligtümern des Christentums verbunden waren. Besonders als Frau hat man es nicht leicht, dort mit religiöser Ehrfurcht zu reagieren. Es ist, als wären sie zu unserer vollständigen Unterdrückung gebaut worden, als sollte durch sie endgültig das Gedächtnis an unsere positiven weiblichen Quellen und Ursprünge getilgt werden. In ihrer großartigen Monstranz und Heiligkeit steckte oft ein ebenso großer Vernichtungswille.

Hier, im Steinkreis, erging es mir anders. Da gab es keinen Gedanken an die Grausamkeiten der Kirchengeschichte. Es war etwas Neues und doch Urbekanntes, das mich hier so heimatlich freundlich, aber auch Ehrfurcht gebietend empfing.

Der Steinkreis

Der ganze Kreis erschien viel größer, als ich es erwartet hatte. Still und gebannt schauten wir auf die Megalithen. 92 Steine standen hier in einem Kreis, oder besser gesagt eiförmig angeordnet, an einem Hang, leicht nach Osten geneigt, in einer Lichtung mitten im Wald. Der Ort wirkte freundlich und gleichzeitig erhaben. Aus welcher Zeit stammten diese Steinriesen? Waren wir an einem Festplatz, an einem Tanzplatz, an einem Orakelplatz? Wer hatte diese Steine aufgestellt und wofür? Wie hatten sie die vielen Jahrhunderte oder Jahrtausende überdauert? Sie standen dort so würdevoll, als wären es echte Persönlichkeiten.

Es hatte wieder zu regnen begonnen, und wir blieben zunächst schweigend im Wagen sitzen. Dann öffnete ich die Tür und ging durch den leichten Nieselregen zu dem Kreis. »Wo tritt man denn hier ein?«, fragte ich mich. Seltsamerweise wurde mir etwas übel. Ich stand vor einem großen Stein, der mich anschaute wie eine Wächterfigur. »Darf ich eintreten?«, murmelte ich leise, fast kindlich, vor mich hin und sprach dabei innerlich den Stein an, als könne man direkt mit ihm reden. Ein Kribbeln durchfuhr meinen ganzen Körper, als würde er mit tausend Stecknadeln übersät. Es war, als würde ich von zwei Wächtern am Eingang des Heiligtums direkt »abgeklickt«, ähnlich, wie man es bei Delphinen empfindet, wenn sie mit einem Kontakt aufnehmen wollen. Mir war, als würde ich eingelassen und energetisch in den Kreis geschoben. »*Achte auf alles, was du empfindest. Es ist nicht egal, wo man hier eintritt, wenn man Informationen erhalten will*«, durchfuhr es mich. Beim Betreten spürte ich eine Art Stromschlag in der Magengegend. Zunächst verstärkte sich die Übelkeit, dann kam ich in einen Zustand ganz besonderer Wachheit, hoher Energie und

Leichtigkeit. Irgendjemand in meinem Inneren verbot mir, mich in irgendeiner Weise selbst zu kommentieren. Ich setzte mich in die Mitte des Kreises auf einen flach liegenden Stein und schloss die Augen. Ich hatte den Eindruck, als würde sich alles um mich herum drehen, wie in einem Karussell. In meinem Körper und besonders in meinem Kopf begann es zu pulsieren. Und dann wurde ich überflutet von Bildern und Gedanken. Es waren Bilder aus längst vergangenen Zeiten. »*Erinnere dich an deine Vergangenheit, lange vor dem Urchristentum*«, war ein Satz, der sich immer wiederholte und den ich mir merkte. Schlagartig hatte ich das Gefühl, als sei ich zu Hause angekommen und als fiele eine große Anspannung von mir ab. »*Du findest hier viele Informationen, die du zur Findung des richtigen Ortes und zum Aufbau deines Projektes brauchst. Du wirst noch oft hierher kommen.*« Ich war verwirrt, wurde aber auch immer neugieriger. Es hatte aufgehört zu regnen, und auch Paul hatte den Wagen verlassen. Zunächst saß er lange auf einem großen, liegenden Stein, der sich in der oberen Hälfte des Kreises befand. Jetzt hatte er sich auf den Stein gelegt, und ich sah, dass er schlief. War es vielleicht ein besonderer Stein? Ich wunderte mich jedenfalls darüber, wie es ihm möglich gewesen war, so schnell einzuschlafen. Ich umwanderte die verschiedenen Steine und bemerkte, dass ich auf jeden Stein körperlich reagierte. Bei dem einen begann es am Kopf zu kribbeln, beim nächsten wurde mir warm um die Nieren, einen anderen spürte ich ganz besonders stark in der Nackengegend. Es war, als hätte jeder Stein eine besondere Energie. Nochmals setzte ich mich auf den flach liegenden, kleinen Stein, der im energetischen Zentrum des Kreises platziert schien. Wieder begann sich bei geschlossenen Augen alles zu drehen. »*Wenn du diesen Energievorgang verstehst, dann wirst du das Wesen der Telepathie verstehen. Suche innerlich den Ort auf, wo dir nicht schwindlig wird und wo du zur Ruhe kommst. Es ist wichtig für euch. Ihr müsst Überlebenswissen sammeln, es ist längst an der Zeit, dass ihr alte Gewohnheiten verlasst, indem ihr neue Gewohnheiten entwickelt. Das genügt für heute. Du wirst noch oft herkommen.*« Ich öffnete die Augen und schaute zu Paul, der gerade mit der Bemerkung erwachte: »Da sieht man mal wieder, dass ich kein spiritueller Mensch bin. Mich überkam eine so friedliche Energie, da bin ich einfach eingeschlafen, dabei wollte ich etwas über die Steine erfahren. Aber das hat mir jetzt richtig gut getan. Das ist ein äußerst erholsamer Platz. So friedlich und so festlich. Es fallen alle Sorgen ab, und man kann phantastisch schlafen.« Er sah tatsächlich gut und erfrischt aus, als wäre er in einen Jungbrunnen getaucht. Später, als ich diesen liegenden Stein genauer erforschte, musste ich noch oft an diese Situation denken. Es war, als wäre Paul unbewusst der Energie dieses Steines gefolgt.

Beide waren wir energetisiert und erstaunlich heiter gestimmt. In einem Anflug von Euphorie und kindlicher Glaubensbereitschaft hob ich einen kleinen Stein auf, der etwas Quarz zeigte, und steckte ihn in meine Tasche. »Helft mit, dass ich an einen Platz geführt werde, an dem wir unseren Traum vom Heilungsbiotop verwirklichen können«, flüsterte ich. »Wir haben noch viel vor, und wenn es irgendwelche Freunde im Kosmos gibt, die unsere Gedanken gut finden, dann helft bitte mit, dass es zum Gelingen führt.«

Wir stiegen wieder in den Wagen, und ich erzählte Paul von meinen erstaunlichen Eingebungen. Voller Inspiration sprachen wir über den Steinkreis und spekulierten darüber, welchem Zweck er wohl gedient haben mochte. Mir fiel ein, dass wir in einem Reiseführer über Portugal nachschlagen könnten, doch in den meisten Büchern, die wir dabei hatten, wurde er gar nicht oder nur ganz kurz erwähnt, was mich eigentlich sehr verwunderte. In jedem anderen Land hätte man doch DIE Sensation aus diesem Monument gemacht. Als ich in einem Reiseführer durch Portugal mit dem Titel »Magisch reisen« von Safi Nidiaye las, dass die Autorin den Eindruck hatte, die Steine könnten sprechen, fühlte ich mich in meinem Erlebnis bestätigt. Ich nahm die vielen Bilder, die ich gesehen hatte, nun ernster, als ich es vielleicht sonst getan hätte. In einem kleinen Café, wo wir bei einem Glas Rotwein Pause machten, notierte ich sofort in mein Tagebuch: »Steinkreis bei

Guadalupe. Insgesamt eine sehr friedliche Stimmung. Endlich habe ich diesen Platz gesehen, auf den ich schon vor so langer Zeit in meinen Träumen hingewiesen wurde. Ich hatte diese Träume ganz vergessen. Folgende Eingebungen hatte ich an diesem Platz: Das war kein Festplatz, kein Ort, an dem die Menschen Reigen getanzt haben. Safi Nidiaye vermutet das in ihrem Reiseführer. Möglicherweise war das eine nebensächliche Begleiterscheinung. Ich denke spontan, dass es ein magischer Platz war, der die soziale Struktur eines Stammes wiedergeben sollte. Es ist in der Anordnung der Steine ein soziales Stammeswissen überliefert. Der Kreis stellt eine Art Akupunkturpunkt dar, wahrscheinlich von Menschen aufgebaut, die wandernde Völker waren. Sie hatten Levitationswissen …« Ich nahm mir vor, Safi Nidiaye zu kontaktieren, um sie über ihre Eingebungen im Steinkreis zu befragen.

Auch spirituelle Erfahrungen und Eingebungen verlangen nach Objektivität. Wenn ich etwas Ungewöhnliches erlebt oder erfahren habe, suche ich innerlich automatisch nach Personen, die diese Erfahrung in ähnlicher Weise bestätigen. Man ist hierbei sehr auf Nüchternheit und Wahrheit, auf Vertrauen und Kontakt angewiesen, eine andere Art von Nüchternheit allerdings, die sich grundlegend von dem »banalen« Geisteszustand unterscheidet, der jede mediale und ungewöhnliche Erfahrung von vornherein ausschließt. Es gibt genügend medial begabte Menschen, die verrückt geworden sind, weil sie keine Rückkoppelung mehr hatten und keinen Bezug mehr zur so genannten Wirklichkeit fanden. Von ihren Mitmenschen wurden sie verlacht, weil sie etwas sahen, was andere nicht sahen. Sie standen mit ihren Eingebungen ganz alleine da, konnten nicht mehr zwischen echter Wahrnehmung und Phantasie unterscheiden, und niemand war da, dem sie sich anvertrauen konnten. Wenn im Zustand der medialen Öffnung die Angst einsetzt, so führt das sehr schnell zu schizophrenen Verschiebungen. Medial Begabte sollten sich zusammenschließen und voneinander lernen. Dabei geht es vor allem um das Erlernen von

Vertrauen. Und: Spirituelle Praxis verlangt eine unverlogene Lebenspraxis.

Die Eingebungen, die ich an diesem Ort erhielt, brachten mich mehr und mehr zu der Annahme, dass in diesem Steinkreis viele verschlüsselte Informationen über eine vergangene Kultur verborgen waren. Der Beschluss festigte sich, dass ich öfter an diesen Ort kommen würde, um zu erkunden, was es mit ihm auf sich hat. Noch ahnte ich allerdings nicht, in welche Erlebnistiefen und geistigen Räume mich die Begegnungen mit dem Steinkreis noch führen würden.

Wir fuhren weiter in einen nahe gelegenen Ort und kamen in einer gemütlichen portugiesischen Pension unter, in der auf allen möglichen Kommoden die verschiedensten weiblichen heiligen Figuren aufgestellt waren. Am nächsten Tag fuhren wir voller Zuversicht los, dass wir zu einem angemessenen neuen Ort geführt würden. Wir besuchten noch ein großes, beeindruckendes Dolmengrab, oder besser gesagt, einen Ort, den manche für ein Dolmengrab halten. Hier waren die Steine so riesig, dass man überhaupt nicht mehr verstehen konnte, wie Menschenhände ohne Zuhilfenahme von moderner Technik sie herbeigeschleppt und aufgestellt hatten. Dann fuhren wir an die Westküste zurück und bezogen eine Pension am Meer. Gleich am nächsten Tag fanden wir einen Platz, der geeignet war für das Camp, das wir im Juni mit 70 Teilnehmern durchführen wollten. Ein junger deutscher Makler hatte ihn uns empfohlen. Der Platz übertraf alle unsere Erwartungen. Wir begannen sofort, uns vorzustellen, was an diesem Ort alles möglich sein würde. Der Makler sagte uns schließlich auch zu, dafür zu sorgen, dass wir an diesem Platz unser Camp durchführen können.

Die Steine antworten

Nach dem Camp fuhr ich gemeinsam mit Pierre, meinem intimsten Partner und Lebensgefährten, und meiner jüngsten Tochter Vera zum Steinkreis. Sie war zu der Zeit gerade zehn Jahre alt, und mir war es ein großes Anliegen, dass auch Pierre dieses beeindruckende Dokument aus einer anderen Zeit kennen lernte. Ich hatte immer den Eindruck, als sei der Steinkreis so etwas wie das Herzzentrum Portugals. Wenn man seine Botschaften versteht, dann weiß man viel über das Land und kann manche Widrigkeiten anders nehmen. Bei unserer Ankunft empfing uns die gleiche freundliche und erhabene Energie wie schon bei meinem ersten Besuch. Vera begann gleich von Stein zu Stein zu springen und legte auf jeden andächtig ihre Hand. Sie war sehr beeindruckt von der Vorstellung, wie alt diese Steine waren und dass sie von Menschen dort hingestellt wurden. Nach einer Weile kam sie zu mir zurück. »Mama, die Steine antworten«, sagte sie andächtig. »Du kannst sie etwas fragen, und dann geben sie Antwort.« »Wie antworten sie dir denn, hörst du sie richtig sprechen?«, fragte ich zurück. »Nein, sie antworten nur mit Ja oder Nein. Du musst deine Hand darauf legen. Wenn sie mit Ja antworten, dann wird die Hand ganz warm, und wenn sie mit Nein antworten, dann wird sie kalt.« Ich wusste, dass ich ihre neu gemachte Entdeckung gewiss nicht nachempfinden konnte, wenn ich sie skeptisch belächelte, und so stellte ich mich, soweit es mir möglich war, auf ihren Seelenzustand ein. Ich war ziemlich verblüfft über ihre Aussage, denn ich hatte ihr über meine ersten Eindrücke vom Steinkreis noch so gut wie nichts erzählt. Sie wusste nichts anderes, als dass wir hier zu einem Denkmal fuhren, an dem vor langer Zeit Menschen einmal Steine aufgestellt hatten, und heute keiner so recht weiß, welchem Zweck sie eigentlich dienten.

Vorsichtig und mit geschlossenen Augen näherte ich mich dem Stein und fragte: »Kannst du antworten?« Ich legte meine Hand auf eine Stelle, die mich energetisch anzog. Es fühlte sich tatsächlich an, als würde sie warm. Ich stellte die verschiedensten Fragen und spürte, wie sich meine Hand einmal energetisch mit Wärme füllte, ein anderes Mal kälter wurde, so als würden sie tatsächlich unmittelbar antworten. Vera begann um die Steine zu tanzen. »Sie antworten, sie antworten«, jubelte sie. Dann holte sie auch ihren Vater Pierre dazu, um ihm ihre neue Entdeckung mitzuteilen. Zu dritt standen wir an einem großen Stein und machten unsere Handauflegungen. Pierre gehört ebenfalls zu den Menschen, die sich für nicht spirituell empfänglich erklären, der aber mit großer Offenheit und Nichtverurteilung zuhört, wenn andere Menschen über spirituelle Erlebnisse berichten. Er kniff seine Augen zu, legte seine Hand an den Stein und biss sich auf die Lippen. »Ja, ja, ja«, rief er aus und presste seine Lippen immer fester zusammen und begann mit den Füßen auf den Boden zu stampfen. »Wenn ich es mir ganz fest einbilde, dann spüre ich auch etwas.« »Nein Papa, du musst das richtig machen«, rief Vera. »Guck, so.« »Ja, ja, ich mach das ganz richtig, guck, so!«, rief er aus und presste Augen und Lippen wieder fest zusammen. Dann zwinkerte er uns zu, Schalk, Freude und Übermut blitzten aus seinen Augen. Wir alle lachten. Schließlich wollte ich noch einige Minuten für mich meditieren. Ich suchte wieder den kleinen Stein, der im energetischen Zentrum des Kreises gelegen hatte, aber er war nicht mehr an seinem Ort. Ich suchte ihn, bis ich ihn wieder fand und wieder diese typische kreiselnde Energie spürte. Ich schloss die Augen. Alles drehte sich. *»Finde die Stelle heraus, wo es dir nicht schwindlig wird.«* Es dauerte seine Zeit, bis ich meinen Ruhepunkt gefunden hatte. Dann war mir, als stünde ich ganz still in einem energetischen Zentrum und um mich herum wirbelte ein eiförmiges Karussell, das sich nicht nur drehte, sondern aufgrund der Eiform bestimmte Schleuderbewegungen produzierte. Es war, als würde sich durch meine Wirbelsäule eine hohe Energiesäule aufrichten, und ich fühlte mich wie ein Leuchtturm, der in bestimmten Frequenzen Licht aussendet. »*Ja, das sind telepathische Sendeenergien, die du jetzt spürst. So kannst du senden und empfangen lernen. Ihr müsst lernen, die Energiebewegung bewusst ein- und auszuschalten. Energiewellen sind immer und überall vorhanden, man muss nur lernen, sich bewusst auf die gewünschte Frequenz auszurichten*«, tönte es in mir. Es war eine sehr hohe Energie. Nach einiger Zeit fühlte ich, dass es jetzt eindeutig genug war. Ich nutzte noch die letzten Sekunden, um zwei Steine fest in meinen Händen zu halten, einen kleinen vom Steinkreis und einen aus Rogil, wo wir das Camp abgehalten haben. Ich bat erneut darum, mich bei der Platzfindung und dem Platzkauf für das Heilungsbiotop zu unterstützen. Seltsamerweise spürte ich zwar eine deutlich bejahende Kraft in mir, die mich leicht und beflügelt machte, aber es tauchte auch wieder der Hinweis auf: »*Fixier dich nicht!*« Auf die Frage, ob der Platz in Rogil denn der Richtige für uns sei, kam nur ein nüchternes: »Er ist zu haben. Aber warte ab und sei wach!« Dann war alles still. Auch auf die Frage, wie ich denn die nötigen Gelder mobilisieren könne, bekam ich keine Antwort. Gleichzeitig steigerte sich eine unabdingbare Notwendigkeit, jetzt schnell zu handeln. Mit klarer Präzision kam dann der Hinweis, dass ich den Platz für den Aufbau des Heilungsbiotopes bis zum Juni nächsten Jahres gekauft haben müsse, sonst würde für lange Zeit nichts mehr daraus. Wie war das zu vereinbaren, warten und gleichzeitig schnell sein? Zunächst einmal erlebte ich es als Widerspruch. »*Alles eilt so sehr, dass du die Kraft der Ruhe und der Langsamkeit entdecken musst*«, kam es heiter von den Steinen zurück, und ich spürte in diesem Moment auch, wie Ruhe und Gewissheit in mich einströmten und eine Gelassenheit und Heiterkeit, wie ich sie sonst selten erlebt habe. »*Ihr vergeudet eure Zeit oft durch Eile, Hetze und unnötige Sorgen, so dass ihr über die Präsenz für die nötige Wahrnehmung, die aus der Ruhe kommt, nicht mehr verfügt. Dadurch verpasst ihr tausend Ge-*

legenheiten, die das Leben eigentlich für euch bereithält.« Ich fühlte die Wahrheit, die in dieser Botschaft lag, und konnte ihr nicht trotzen. So nahm ich diese Worte dankbar entgegen, obwohl ich weder wusste, ob Rogil der richtige Platz war, noch eine Idee hatte, wie ich an die Gelder kommen würde. *»Vertrauen musst du schon, das ist die Quelle für eine weiche Macht, die aus der Liebe kommt«*, diese Eingebung nahm ich noch mit auf meinen Weg. Am Abend wollten wir in der Nähe des Steinkreises übernachten. Vorher aber wollten wir die umliegende Gegend erforschen und nach weiteren interessanten Hinweisen aus den Frühkulturen Ausschau halten.

Überall im Umkreis, zum Teil auf Kuhweiden, stießen wir auf vereinzelte Megalithen, über deren Sinn und Zweck nichts herauszufinden war. Bei vielen Steinen konnte man meinen, es seien einfach Felsen in der Landschaft, aber bei anderen sah man sehr deutlich, dass hier Menschenhand am Werk gewesen war. Allerdings ist die Bezeichnung *Menschenhand* fraglich, denn viele Steine waren so groß, dass unklar war, wie sie eigentlich aufgestellt werden konnten. Die meisten von ihnen waren über zwei Meter hoch, andere, beispielsweise der Dolmen in Zambujeira mit fünf aufgestellten Steinen und einem quer darüber gelegten Steinbalken, ragten etwa sechs Meter in die Höhe. Ich hatte schon viel von Stonehenge und die verschiedensten Spekulationen gehört, die sich um solche Orte ranken. Ich hatte mich nie besonders dafür interessiert, wusste aber, dass Gerüchte über Steinkreise in Südengland und Schottland in aller Munde waren. Stonehenge war weltbekannt, aber diese steinreiche Gegend bei Évora und der Steinkreis bei Guadalupe lagen vollkommen unbewacht und unbekannt mitten in Portugal. Niemand wusste etwas über die wirkliche Geschichte dieser Megalithen, und auch bei meiner späteren Suche nach entsprechender Literatur wurde ich kaum fündig. Dafür gab es viele Spekulationen. Die Geschichtsschreibung setzt die Entstehung des Steinkreises auf den Zeitraum 4000–2500 v. Chr. an. Ich hatte mich bis dato nicht intensiv mit der Frühgeschichte befasst, aber durch meine

Eingebungen im Steinkreis begann ich mich mehr und mehr dafür zu interessieren.

Wir stießen in der nahen Umgebung auf begonnene Ausgrabungen, auch auf eine weiße Kapelle mitten auf einer Weide, die einen großen weiß getünchten Dolmen umschloss. In unmittelbarer Nähe gab es auch eine Höhle mit kleinen Felszeichnungen, die aus noch viel früherer Zeit stammten und denen bei den Höhlen von Lascaux in Frankreich ähnlich waren.

Kurz vor Einbruch der Dunkelheit kehrten wir zum Steinkreis zurück. Es war ein wahres Geschenk, dass es uns möglich war, an einem solchen Ort unbehelligt sein zu können, ohne Touristenführer, Rummel, Würstchenbuden und ähnlichem. In keinem anderen europäischen Land wäre das möglich gewesen. Möge dies lange erhalten bleiben, dachte ich.

Wir suchten uns einen Schlafplatz dicht neben dem Steinkreis. Man hätte sich im Grunde auch gleich in den Steinkreis legen können, aber ein innerer Respekt gebot mir, mich langsam zu nähern. Vor dem Schlafengehen ging ich noch einmal nachdenklich durch die Runde der Steine. Dieses Mal bekam ich weder kalte noch warme Hände, wenn ich mich prüfend zu ihnen beugte. Ich wollte auch noch einmal testen, ob es wieder funktionierte, dass sich meine Chakren auf die verschiedenen Steine mit verschiedenen Reaktionen meldeten, so, wie ich es von meinen ersten Besuchen her kannte. »*Du wirst uns mit keiner fest eingrenzenden schematischen Methode ergründen können. Nichts ist wie es gestern war. Beweise im alten Sinn funktionieren bei uns nicht. Das Einzige, das gilt, ist absolute Nüchternheit, Präsenz in der Wahrnehmung, Unvoreingenommenheit, Bereitschaft und Offenheit. Das sind Qualitäten, die man braucht, um sich immer tiefer auf unser Interaktionsfeld einzulassen. Es funktioniert sehr präzise, aber anders, als ihr es erwartet*«, empfing ich als Botschaft, während ich nachdenklich vor einem der riesigen *Denkmäler* saß. Ich hatte eindeutig das Gefühl, als ob ein Stein mit mir spräche. »*Du wirst lernen, Phantasie und Wirklichkeit zu unterscheiden durch die Evidenz deiner Er-*

fahrung und Wahrnehmung. Es gibt eine innere Instanz, die weiß, was wahr ist und was nicht. Zur Annäherung an die Wahrheit brauchst du als Mittel einen nüchternen Forschergeist, ein echtes Wissen-Wollen, Bereitschaft zur Veränderung und Entwicklung in deinem Leben; aber auch Phantasie, Neugier, Humor, Spielfreude sind ganz wichtige Qualitäten, um sich unserer objektiven Wahrheit überhaupt nähern zu können. Unsere Wirklichkeit hat etwas mit Kunst und Schöpfung zu tun. Ein Aspekt der Wahrheit des Lebens besteht darin, dass nie etwas bleibt, was es war. Diese Erkenntnis kommt in eurer Welt zu kurz. Viele Leiden entstehen dadurch, dass Menschen sich an bestimmte Denkmuster festklammern.« Ich nahm diese Eingebungen voller Staunen und Erregung auf. Plötzlich nahm ich all die Steine vor mir wahr, als sähe ich einen uralten lebendigen Stamm. »Aber wie lässt es sich dann beweisen, dass man mit euch kommunizieren kann? Woher nimmt man die Gewissheit, dass nicht alles nur Einbildung ist?« »*Indem du dich auf das einlässt, was du hier erfährst. Die Erfahrung selbst bringt die Evidenz mit sich und hat ihre eigene Logik und Eindeutigkeit. Was einen Menschen hindert, tiefer in unser Mysterienwissen einzudringen, das sind Eigenschaften wie Gesetzesdenken, Schuldgefühle, Verurteilungen sich selbst oder anderen gegenüber, Anhaftungen an die Materie, in welcher Art auch immer. Angst und Hass sind natürlich immer Kommunikationsblockaden. Auch wenn wir als Steine Zeugen von Dauer und Ruhe in der Geschichte sind, so sind wir doch auch Zeugnisse von unendlicher Flexibilität und Zeugungskraft. Gib dir erst einmal die Erlaubnis, alles wahrzunehmen, was dir an Eingebungen kommt. Du wirst schon erfahren, was es damit auf sich hat. Und geh nur so weit, wie du dich dabei angstfrei fühlst. Vertrauen ist die Urkraft einer heilenden Welt. Nur wer herausfinden will, was aus der Kraft des Vertrauens entsteht und welche Wirklichkeit sich daraus erschafft, wird die Geheimnisse dieses Steinkreises ergründen.«* Es entstand ein tiefes, fast kindliches Gefühl des Urvertrauens in mir. Was es bedeuten würde, in einem festen Stammeszusammenhalt aufzuwachsen, wo es klare Beziehungen, Heimat und Geborgenheit gab! Wo man mit Interesse in die Welt schauen konnte, statt mit Angst vor Gewalt und Strafe, Unterdrückung und Herrschaft. Ich sog dieses Grundgefühl von Urvertrauen tief in mich ein. Ich genoss auch den Hinweis, dass ich den Eingebungen erst einmal folgen dürfe, ohne sie in irgendeiner Weise zu beurteilen oder zu kommentieren. Mein Verhältnis zu den Steinen wurde immer persönlicher. »*Ihr werdet noch dieses Jahr den richtigen Ort finden und euch für den Kauf eines Platzes entscheiden. Der richtige Zeitpunkt ist wichtig. Mach dich leer und empfangsbereit wie ein Stein, und halte dich offen für die innere Führung*«, war noch ein letzter Hinweis, den ich mitnahm in die Nacht, bevor ich wohlig und glücklich in meinen Schlafsack kroch. Sehr frühe Kindheitserlebnisse tauchten vor meinem geistigen Auge auf, in denen ich mich ähnlich geborgen in der Welt fühlte. Ich war erstaunt, wie früh meine Erinnerung in diesem Moment zurückreichte. Ich sah mich zum Beispiel in meinem Kinderbett, an den weißen Stäben nagend, meinen Teddy neben mir, sah die weiße Wollstrampelhose mit einem bestickten Latz, die ich damals trug, sah, wie ich innigst einen Sonnenstrahl studierte, der durch die Gardinen ins Zimmer fiel, den welligen grünen Fußboden streifte und dort sein bewegliches Lichtspiel trieb. Ich war damals vielleicht acht Monate alt, auf jeden Fall konnte ich mich bereits an den Stäben des Gitterbettes in die Höhe ziehen und hatte die ersten Zähne bekommen. Diese Erinnerung fühlte sich gar nicht babyhaft an, im Gegenteil, da schaute ein durchaus umfassendes Wesen in die Welt und war versunken in eine fast buddhahafte Weltwahrnehmung.

Wir beobachteten noch die Sterne, zählten die Satelliten am Himmel und schliefen alle drei ziemlich bald in großer Zufriedenheit ein. Gegen Mitternacht erwachte ich. Ich setzte mich aufrecht hin und war auf der Stelle hellwach. Der Mond stand bereits leuchtend am Himmel und erhellte den Steinkreis. Ich hatte den Eindruck von turbulentestem Leben um mich herum. Die Steine wirkten vollkommen anders als bei Tag. Mein Blick war noch etwas verschwommen, und dadurch schien es, als wären die Steine von tanzenden Energieschwaden umgeben, die um sie herum kreiselten. Es war, als zögen sie die Energie an sich heran. Ich beobachtete diesen Vorgang lange. Zusätzlich lauschte ich dem Quaken der Frösche, was sich anhörte wie ein Klangkörper, der die gesamte Frequenz unterstützte. Man konnte sich in das Gefühl hineinsteigern, auf einer kosmischen Rampe, einer Empfangs- und Sendestation für kosmische Botschaften zu sitzen. Auch die Käuzchen, die ihre schrillen Balzschreie in die Nacht erschallen ließen, passten zu dem Szenarium. Nach einiger Zeit erhob ich mich und ging in den Steinkreis. Ich war nackt, aber dies passte irgendwie nicht, und ich kehrte um, um mir etwas anzuziehen. Dann ging ich zur selben Stelle, an der ich das erste Mal den Steinkreis betreten hatte. *»Nachts sind wir Energieakkumulatoren. Ähnlich wie die Pflanzen sind wir nachts genau in der entgegengesetzten Tätigkeit wie bei Tag aktiv. Nachts finden regelrechte Konferenzen statt. Wenn du den Energien folgst anstatt sie zu stören, und wenn du dich leer machst, dann sind dies günstige Vorgänge für die Erneuerung. Aber geh behutsam damit um, und wähle die Zeitpunkte, wann und wie du kommst, bewusst aus. Es handelt sich um hohe Energien. Es ist besser, sich gar nicht einzulassen als nur halb.«* Ich ging staunend durch den Kreis. Wie war das möglich, dass die Steine eine so vollkommen andere Energie ausstrahlten als bei Tag? Einmal hatte ich sogar den Eindruck, als löse sich einer vollkommen auf. Ich erschrak bei dieser Wahrnehmung, und sofort kehrte alles in einen ganz normalen Zustand zurück. Ein Stein ist ein Stein, dachte ich. Und wenn ich mir alles nur einbildete? Ich erinnerte mich an die Eingebungen am Morgen. *»Was dich hindert, das tiefere Mysterienwissen zu ergründen, sind bestimmte Voreingenommenheiten, Urteile aller Art, Gesetzesdenken, Ängstlichkeit usw. ...«* Bereitwillig stellte ich meine Energie wieder auf einen tripartigen Blick um, und dann erschien es wieder, als würden die Steine tanzen, und zwar nicht materiell, sondern als reine Energiepartikelchen, die sich zu einer scheinbaren Form zusammenfügten. Einmal war mir sogar, als könne ich mit meiner Hand hindurchfahren und der Stein würde nachgeben. Ich versuchte es. Und plötzlich war mir, als sei ich mit meiner Hand bereits einen Zentimeter im Inneren des Steines und als würde er sich öffnen. Ich lachte bei dieser Vorstellung, um meinen ersten Schrecken wegzuscheuchen. Auf der Stelle war der Stein wieder ein Stein. Und er stand mir etwas befremdlich gegenüber. Ich komme wieder, flüsterte ich, mit dem Eindruck, dass mir diese Lektion für das erste Mal eigentlich schon genug war. Ich bedankte mich und ging zurück zu meinem Lager.

Wir schliefen wunderbar. In der Nacht träumte ich von einem jungen Paar aus einem Stamm. Sie lagen nebeneinander, und sie bot ihm ihren Rücken an. Sie liebten sich, während die anderen Mitglieder des Stammes schliefen, und sie taten es mit dem Gefühl, dass es etwas fast Verbotenes war, aber wunderschön. Verwundert notierte ich den Traum am nächsten Morgen und erzählte ihn Pierre.

Am Anfang war der Traum

Schon kurz darauf fuhren Pierre und ich ein zweites Mal in die Gegend um Évora. Pierre war es ein Anliegen, noch vor unserer Heimreise ein Gemälde von der Steingegend zu machen, das die Qualitäten des typisch portugiesischen Sommers einfangen sollte. Wir hatten kein besonderes Ziel, sondern ließen uns eher intuitiv leiten. Wir waren in einen einfachen Schotterweg eingebogen, auf der Suche nach einem einzelnen Dolmen, der in einem Prospekt beschrieben war, und parkten den Wagen auf einer großen Weide, die mich bereits von weitem magisch angezogen hatte. Es war der heißeste Tag des Jahres, und wenn man ins Landesinnere fuhr, so steigerte sich die Hitze noch gewaltig, mir liefen die Schweißbäche wie Wasser herunter. Meine körperliche Fitness steigerte sich nicht gerade in der Hitze, und ich sehnte mich nach nichts anderem als nach einem kühlen Getränk und einem kühleren schattigen Platz für eine Siesta. Bei dieser Hitze konnte man die langsame Mentalität der Alentejo-Bewohner verinnerlichen und nachempfinden. Man hatte immer den Eindruck, dass sich die Bewohner hier in all ihren Tätigkeiten auf das Einfachste reduzierten. So erging es mir jetzt. Das eigene Tempo, die Gedanken und die Wahrnehmung verlangsamten sich wie von selbst, und ich minimierte meine Tätigkeiten wie Reden, Denken und Bewegen auf das Nötigste. Wir holten die Eisteedosen hervor, unsere Isomatten und unser Malzeug und suchten uns einen schattigen Platz unter einer Korkeiche, zwischen großen Steinbrocken, die hier überall herumlagen, so weit das Auge reichte. Die Landschaft wirkte auf mich so, als lägen die Steine nicht zufällig dort, sondern als hätte ein göttlicher Bildhauer die gesamte Region zu einer Parkanlage gestalten wollen, in der die Steine als Denkmäler lagen. Die Grillen zirpten laut und gaben einem das Gefühl, als sei die Luft elektrisch aufgeladen. Ich hatte mich kurz in meditativer Stimmung niedergelassen, um die südliche, hochsommerartige Atmosphäre ganz aufzunehmen. Mit leicht zugekniffenen Augen stierte ich halb träumend, halb wach in die flimmrige Luft. Ich genoss diesen Platz in seiner magischen Feierlichkeit und wollte mich schon schlaftrunken der Tagträumerei anheim geben, als auf einmal ein deutlicher Energiewechsel in mir stattfand. Ich fühlte Kraft in meine Beine steigen und eine erstaunliche körperliche Beweglichkeit. Trotz großer Hitze mochte ich auf einmal nicht mehr stillsitzen. Wie ein junges Tier sprang ich auf und folgte meinem Trieb, durch die Gegend zu laufen. Ich hatte den Eindruck, dass es überall besondere Plätze gab, die ich aufsuchen musste. In mir stieg das Gefühl auf, eine Nomadin zu sein, als sei ich bereits ewig unterwegs, und als sei ich es gewohnt, auch bei größter Hitze die Wüstenwanderung wie in Trance weiter fortzusetzen. Die Hitze war so gut wie vergessen. Ich fühlte mich von den riesigen Felsen magisch angezogen und ging in ziemlicher Geschwindigkeit, fast im Delirium von Stein zu Stein, ganz dem Rhythmus folgend, der in dieser tranceartigen Verfassung von mir verlangt war. Die Luft war ereignisschwanger, das spürte ich. Alles war eingetaucht in diese typische farblose, bleigraue Sommerstrahlung. Die Kraft, die ich in meinen Beinen fühlte, war ungewöhnlich stark. Nach und nach steigerte sich in mir ein Hochgefühl, fast war mir, als hätte ich irgendeine Art von Droge zu mir genommen. Vor einem großen Felsen, der aussah, als wäre er dort hingelegt worden, blieb ich überrascht stehen. Er hatte eine besondere Ausstrahlung, mir wurde ganz leicht zumute, als könnte ich fliegen. Die besondere Form, die er aufwies, zog mich magisch an. Ich lehnte mich an den Stein und schloss meine Augen. Es war ein Gefühl, als hätte ich Wurzeln, die tief in die Erde gingen. Gleichzeitig fühlte ich mich leicht und beweglich, als könnte ich davonschweben. Es begann in mir zu pulsieren, und plötzlich hatte ich den Eindruck, als wüchse mein Körper zu einer riesenhaften Größe. Eine Kraft schob sich von unten herauf, und ich meinte, abheben zu können. Dann tauchten Bilder vor meinen Augen auf.

Ich sah dunkelhäutige Menschen, die sich hier zwischen den Steinen bewegten. Sie waren auffallend schön und groß gewachsen. Die Pflanzen, die ich sah, waren vollkommen andere als die, die jetzt hier wuchsen, es sah aus wie im üppigsten Urwald. Dann tauchte eine alte Frau vor meinen Augen auf, die mich anschaute, und ich wurde von Bildern und Informationen überflutet. Ich versuchte mir alles zu merken und sprach anschließend folgenden Inhalt auf Band, in dem Versuch, meine Eindrücke so gut wie möglich wiederzugeben:

»Es war vor vielen Tausenden von Jahren, da hatte die Schöpfung einen Traum. So würdet ihr es in eurer Sprache ausdrücken. Versuche jetzt den Bildern zu folgen und es in deine Sprache und Denkweise zu übersetzen«, sagte die Frau zu mir. Ich kann nicht einmal sagen, dass sie es sagte, denn ich hörte keine deutlich sprechende Stimme, die Information kam bei mir gedanklich an, während sie mich anschaute. *»Es war also vor Tausenden von Jahren, als eine neue Ebene der Evolution eintrat. Die Geburt der personalen Liebe unter den Menschen wurde langsam vorbereitet. Jetzt siehst du Bilder von ca. 25 000 Jahren vor eurer Zeit, in euren Dimensionen gedacht, aber geh noch früher zurück an die Wurzel.«* Es pulsierte wieder in mir, und ich merkte, wie sich mein Zeitrad noch weiter zurückdrehte. *»Es war vor vielen Millionen von Jahren«*, setzte die Person wieder an zu sprechen, *»die Erde war längst im Schöpfungsvorgang, und aus eurer zeitlichen Dimension gesehen war sie bereits etwa vier Milliarden Jahre alt, nur gab es die Zeit damals noch nicht in eurem Sinn. Vor Urzeiten also, da wurde im All von der Urschöpfung die Idee eines humanen Wesens geboren. In der Bibel spricht man viel später von Adam und Eva, andere sprechen von der Geburt des Menschen, man hat ihn auch als Adam Kadmon bezeichnet. Wisse, dass diese ganze Sprache und Bilderwelt eine Übersetzung von Energievorgängen ist und natürlich auch abhängig von dem Subjekt, das diesen Traum gerade*

empfängt. Deshalb wirst du in jeder Kulturgeschichte eine andere Mythologie wiederfinden, überall aber findest du eine älteste Fassung, die den gleichen Urvorgang widerspiegelt und von einem ursprünglichen Paradies auf Erden erzählt, das noch vor der zeitlichen Dimension geboren wurde. Versuche ihrem Inhalt zu folgen und ihn in deiner dreidimensionalen Vorstellungswelt zu erfassen. Es handelt sich um einen Übersetzungsvorgang von geistigen Vorgängen. Wisse, dass die Schöpfung von Anbeginn an von geistiger Natur war. Alles, was ist, ist von geistiger Substanz. Ihr alle tragt einen ewigen Kern in euch, der am gesamten Schöpfungsgeschehen beteiligt war. Aus dieser geistigen Substanz heraus wurde die Erde geboren. Bildlich kann man sagen, dass sie aus dieser Substanz heraus erträumt wurde. In diesem geistigen Geburtsvorgang, an dem die gesamte Schöpfung beteiligt war, erträumten sich die geistigen Ursubstanzen den Traum von einem Paradies für den Menschen. Wenn wir von Traum sprechen, so kann man auch von Bewusstsein sprechen, einem Bewusstsein, das immer und zu jeder Zeit tätig, in einem dauernden Schöpfungsvorgang ist. Hier werden Bilderwelten erschaffen, aus ihnen heraus formieren sich Strukturen, Formen und Klänge. In jedem Augenblick existiert diese Neuschöpfung, und sie ist verbunden mit ihrem Ursprung und geht dorthin zurück. In eurem Wort »Information« ist das Wissen noch enthalten, dass alle Form von geistiger Natur ist. Stellt euch kleine Lichtpartikelchen vor, die alle von geistiger Substanz sind und alle in sich als Wesenheiten erfahren werden. In der Mythologie würde man von euren geistigen Urahnen sprechen. Sie erträumten sich die Mater, die weibliche Urkraft, die Erde. Bei dieser Mater sollte jedes Schöpfungswesen die Möglichkeit haben, immer wieder neu geboren zu werden, so oft es wollte. Der Gedanke der ›Humanität‹ war somit seit Urzeiten in der Schöpfung angelegt. Diese Mater sollte Schutz und Heimat sein für jeden Neuankömmling, aus ihr heraus wurde man geboren, und in sie kehrte man zurück, um sich von dort aus wieder in neue Stationen des Alls zu begeben. Es sollte ein Ort der Ruhe und Erfahrung werden und ein Ort der besonderen Erkenntnis. Das Wunderbare an der Mater war, dass sie materiell war. Materie ist nichts anderes als ein besonderer geistiger Daseinsraum, der nirgendwo sonst existiert. Man konnte hier sehen, riechen, hören, atmen, schmecken, tasten auf eine ganz einmalige Art. Im ganzen Universum gab es keinen vergleichbaren Platz. Vor allem sollte dies ein Ort für die Erschaffung und Entdeckung der sinnlichen Liebe werden. Liebe war bekannt seit Beginn der Schöpfung, in der es natürlich in Wahrheit kein Ende und keinen Anfang gibt. Die sinnliche Liebe aber sollte die Geburtsstunde der materiellen Zeugung sein. Jener materielle Daseinsraum wirkt als eine Sehnsucht in allem Sein und ist einmalig in der gesamten Schöpfung. Gravitation, Levitation, Bildung von Substanzen und materiellen Daseinsformen, alles dies ist Ausdruck dieses uranfänglichen Liebesgeschehens. Es sollte hier Raum und Zeit in einer Tiefe und irdischen Kraft geben, als besondere Daseinsqualitäten, wie sie sonst im All nicht erfahrbar waren. Raum und Zeit waren sozusagen das Wahrnehmungskleid des materiellen Energiefeldes, um es besonders geschmückt und vielfältig auskosten zu können. Die Urahnen der Schöpfung erträumten sich als weiblich und männlich. Das wirkte auf der Erde als polares Prinzip der Ergänzung. Wie eine Waage sollten sich diese beiden Urkräfte ausgleichen, durch sie sollte alles neu gezeugt und geboren und immer wieder ausgetragen werden, um in eine neue Spannung und einen neuen Schöpfungsakt hineinzutreten. Durch ihre Unterschiedlichkeit bekam die Schöpfung auf der Erde ihre Vielfalt und Lebendigkeit. In dieser polaren Spannung erdachten sie sich die Verwirklichung der sinnlichen Liebe in vielen Stufen und Variationen. Der Traum war für sie der Beginn jeder Schöpfung. Aus dem Traum wurden alle Dinge geboren, und in den Traum gingen auch alle Dinge zurück, wobei der Traum ein umfassender Bewusstseinsvorgang ist, ein hochaktiver geistiger Prozess, der allen Schöpfungsvorgängen immanent ist, egal auf welcher Bewusstseinsebene sie sich befinden. An der Mater, der großen Mutter, sollte ein Junge aufwachsen können bis zur Reife eines Mannes, und an der Mater sollten alle Frauen ihre eigene weibliche Fülle entdecken und entwickeln. Die Mater sollte und wollte als Erde und weibliches Prinzip dem männlichen Prinzip der Schöpfung einmal ihre ganze Schöpfungsfülle als Geschenk präsentieren.

So hatte sich nach und nach die Materie in einer immer größer werdenden Komplexität entwickelt. Es entstanden Täler und Berge, Steine, Kupfer, Gold und Silber und andere Metalle. Pflanzen wuchsen in großer Vielfalt, und sie erträumten sich eine reichhaltige Tierwelt, bis hin zu den Affen und Menschentieren. Jedes Wesen repräsentierte eine ganz besondere Art der Intelligenz, die in Ergänzung zu den anderen Wesen stand. Für jede Idee gab es eine entsprechende Form. Das ganze Universum sollte einen materiellen Ausdruck auf der Erde finden. Alles war Teil des Ganzen, bzw. ein Aspekt des Ganzen, und jedes hatte mindestens latent ein Selbstbewusstsein von sich als ein Aspekt des All-Einen. Aus Liebe wurde alles gezeugt und geboren, in Liebe war es geborgen, und dahin kehrte auch alles zurück. Als schließlich alles weit genug entwickelt war, war es auch den hoch entwickelten geistigen Kräften möglich, sich selbst zu materialisieren. In der Mythologie würde man sagen: Da entschlossen sich die Urschöpfungswesen, selbst in ihren Traum hineinzugehen, als eine humane Kreatur, oder als Adam Kadmon oder ›Mensch‹, wie ihr es nennt. Sie gingen in ihre Schöpfung, um sie selbst materiell zu erfahren. Das war die Geburtsstunde des Menschen als human gedachtes und kosmisch irdisches Wesen in seiner ganzen Vollkommenheit. Sie bezogen das materielle Kleid, das sie selbst gewoben hatten. Natürlich hatten sie ein Bewusstsein darüber, dass sie selbst diesen Traum erfunden hatten, und deshalb gingen sie äußerst behutsam damit um. Sie wussten, dass jeder Teil der Schöpfung ein Aspekt ihrer selbst war, und wenn sie diese Schöpfung verletzten, dann verletzten sie damit immer sich selbst. Insofern kamen sie gar nicht auf den Gedanken, etwas zu zerstören, zu verletzen oder zu vernichten. Deshalb töteten sie auch keine Tiere. Tiere hatten Augen wie sie selbst und waren gekommen, um zu sehen und zu erkennen. Ebenso hatten Tiere eine Seele wie sie, die man nicht mutwillig töten durfte. Jede Person wechselte aus dem materiellen Daseinsraum in einen transzendenten, wenn für sie die Zeit gekommen war und sie es von sich heraus wünschte. Das ist es, was ihr heute den ›Tod‹ nennt. Er ist nichts anderes als ein Wechsel der Daseinsräume, früher geschah dieser Wechsel immer gewünscht und bewusst. Alle Tiere und Pflanzen waren Aspekte des Großen Ganzen, und alles war für sie ein Aspekt ihrer selbst im Prozess des Werdens. Sie aßen Pflanzen, Beeren und andere Früchte und manchmal, in ganz seltenen Fällen auch Tiere, wenn diese es von ihnen erwarteten. Sie achteten immer auf den richtigen Zeitpunkt. Im Grunde lebten sie von Energie. Das Essen war ein sinnlicher Liebesakt, ein Akt der Kommunikation, aber nicht eine Sache der Notwendigkeit. Angst und Schmerz waren ihnen fremd. Sie kannten auch nicht den Gedanken, dass man in irgendeiner Situation Opfer sein könnte. Sie hatten diese Schöpfung ja selbst geschaffen, und jetzt waren sie in ihr eigenes Schöpfungswerk hineingegangen, um nachzusehen, wie es sich von innen her anfühlte. Sie blieben dabei immer im Zustand des schöpferischen Tuns, auch wenn sie schliefen. Der Schlaf war ein geeignetes Mittel, um bewusst von einem Daseinsraum in einen nächsten zu wechseln. Sie legten sich in ihr eigenes Schöpfungswerk wie in ein gemachtes Bett und ruhten von der Schöpfung aus. Während sie das taten, verarbeiteten sie im Traum ihr Schöpfungsergebnis und veränderten es. Diese ganz besondere Qualität, in der eigenen Schöpfung zu sein, nannten sie irdisches Leben. Wenn ihnen etwas nicht gefiel, dann gingen sie zurück in den Zustand des Traumes und veränderten von dort aus ihren Traum und damit ihr Werk. Um aber überhaupt entdecken zu können, ob es etwas gab, das nicht vollkommen war, mussten sie ihren Schöpfungstraum besonders intensiv und intim erfahren. Sie wollten ihren Traum so vollkommen wie möglich machen.

Jedes Detail im Ganzen hatte seinen Sinn, und niemand unternahm etwas, ohne diesen Sinnzusammenhang zu kennen. Da sie *weder Angst noch Schmerz kannten, waren sie in ihren geistigen Aktivitäten besonders flexibel. Sie konnten in das Wesen der verschiedenen Dinge hineingehen, ohne dabei einen Identitätsverlust zu erleiden. Sie wussten, dass alles, was existierte, aus Energie bestand, alles war eine besondere Form von Energie und konnte als solche entschlüsselt und verstanden werden. Natürlich kannten auch sie bereits so etwas wie das Ich-Bewusstsein, aber darin war gleichzeitig das ganze All anwesend. Das Ich ähnelte einem ganz besonderen Knotenpunkt, einer Wissensstation, einem Bahnhof von kosmischen Bewusstseinsenergien. Das Ich zeichnete sich dadurch aus, dass es auf besondere Weise kosmische Energien einfing und umgrenzte, es war ein eigener bewusster Schöpfungsakt, selbstgewählt, und doch geschah es immer verbunden mit dem Ganzen und unter Nutzung der gesamten Schöpfungsenergie. Die Vorstellung, etwas aus eigener Kraft tun zu können oder zu müssen, gab es nicht, diese wurde erst geboren, als sich der Mensch von dem Liebesakt des gesamten Alls trennte. Alles Sein bestand aus Kommunikation. Leben war ein Kommunikationsvorgang, es war ein natürlicher Vorgang wie das Atmen. Die Kräfte der Levitation und die Kräfte der Schwerkraft waren für sie kein Geheimnis, und so konnten sie sie jederzeit nutzen. Das Geheimnis bestand in der Kenntnis der verschiedenen Energiezustände, denn alles, auch der materielle Raum war nichts anderes als ein besonderer Bewusstseins- und Energiezustand, und sie konnten diese Zustände leicht wechseln, da sie an keinen Zustand fixiert waren. Da alles, was sie taten, ein Kommunikationsakt war, konnten sie nicht lügen. Es gab keine zurückgehaltene Energie, alles war ein Geben und Nehmen, ein Austausch, ein Schöpfungs- und Liebesakt. Es gab kein losgelöstes Tun, man wusste, dass ein kleiner Gedanke, hier gedacht, eine kleine Tat, hier getan, Auswirkungen hatte auf das gesamte Geschehen. So standen sie in telepathischer Verbindung mit dem gesamten Universum.«*

Während ich mich immer tiefer in die Mythologie dieser Urahnen-Schöpfungsgeschichte führen ließ, tauchten die schillerndsten

Farben und Bilder vor meinen Augen auf. Ich hatte den Eindruck, als könnte ich mich durch alles Seiende, durch alle Aggregatzustände von weich, hart, tief, hoch, warm, kalt, flüssig und fest hindurchbewegen, als könnte ich mit meinem Körper beliebig vom Schweren ins Leichte wechseln, als könnte ich Schwerkraft und Levitationskraft beliebig einschalten. Ich konnte in meiner Vorstellung in die Materie eintauchen, als sei sie immateriell und durchlässig, und ich konnte in ihr geädertes Energienetz gelangen, ich konnte mich in die Tiefen des Meeres hineinbewegen, als hätte ich Kiemen, ich konnte mich in Lichtgeschwindigkeit ins All hinausschleudern lassen und bewusst wieder in dem Körper landen, von dem ich ausgegangen war. Es war ein unglaublich geborgenes und bewegliches Daseinsgefühl, es war ein Gefühl von Freiheit und unendlicher Verbundenheit und Liebe mit der Schöpfung. Ich war im All, ich sah das Moos auf den Steinen, ich sah die Flechten, ich sah die Fische als Embryos der Schöpfung durch die Urgewässer schwimmen, und alles, ohne Ausnahme, trug Bewusstsein in sich und war verbunden mit allem Seienden. Und alles erstrahlte im Licht von Schönheit, Kraft und Vollkommenheit. Alles war durchflutet vom Licht der Schöpfungskraft und Erkenntnis, und die ganze Welt schien aus Klang, Licht und Bewusstsein gewoben, getragen vom Geist der universellen Liebeskraft.

Langsam kehrte ich von meiner kosmischen Reise zurück. Ich hatte keine Ahnung, wie lange ich da gestanden hatte. Es hätten Sekunden sein können oder Stunden, ich hatte jedes Zeitgefühl verloren. Immer noch fühlte sich mein Körper ungewöhnlich leicht und kraftvoll an. Ich beschloss zurückzugehen und alles, so gut ich konnte festzuhalten.

Unter die Korkeiche zurückgekehrt, empfing mich Pierre. Er hatte gerade sein Kunstwerk vollendet: eine Korkeiche in der Nähe eines großen Felsens. Gebannt schaute ich auf die typische Farbwelt des portugiesischen Sommers, die er mit so einfachen Mitteln eingefangen hatte. Dieses Bild war nicht naturalistisch gemalt, und doch stimmte es mit der Wirklichkeit überein. Woher kam diese innere Wahrnehmung, die einem so klar ein *richtig* und ein *falsch* eingab, wenn doch keine unmittelbare, offensichtliche Übereinstimmung bestand? Ich dachte dies eher nebenbei, noch ganz erfüllt von meinem vorangegangenen Erlebnis. Pierre bemerkte sofort, dass ich in einer besonderen Verfassung war. Sprudelnd begann ich zu erzählen, was ich erlebt und wahrgenommen hatte. Gemeinsam gingen wir noch einmal zu jenem Stein, bei dem ich diese starke Levitationskraft gespürt hatte und bei dem alles begonnen hatte.

»Ich habe nicht das Gefühl, dass das ein normaler Stein ist. Das ist eher ein Energiespeicher, ein Gedächtnis, an dem man besondere Schöpfungsereignisse abrufen kann«, meinte ich. Auch Pierre bestätigte, dass er an diesem Stein eine besondere Leichtigkeit empfand. Es war wohltuend, mit welcher Gewissenhaftigkeit er mir zuhörte und immer wieder nachfragte. Nach einem solchen Erleben fühlt man sich geöffnet und ungeschützt wie ein Kind. Es setzt ein Reflex ein, der alles wieder normalisieren möchte, damit niemand etwas bemerkt. Man hatte ja früh gelernt, dass die Erwachsenenwelt in der Regel solche Erfahrungen als Spinnereien und Phantasiegebilde abtat; wenn man Glück hatte, wurde es liebevoll belächelt, meistens aber mit Missachtung bestraft. Welcher Erwachsene fragt denn mit ernsthaftem Interesse nach, wer denkt denn daran, dass das Kind soeben eine reale Botschaft aus einem anderen Wissens- und Bewusstseinsraum erhalten haben könnte?

Ich hatte mir inzwischen längst angewöhnt, solche Erfahrungen ernst zu nehmen, ich wusste auch, dass sie von meinen Freunden ernst genommen wurden, und doch fühlte ich mich danach immer dünnhäutig und empfindlich und wartete unbewusst darauf, dass gleich irgendeine Strafe folgen musste. Es brauchte lange, bis ich diese Zusammenhänge immer mehr zu durchschauen lernte und bewusster handhaben konnte. Jetzt war ich so weit, dass ich Pierre mitteilen konnte, dass ich mich jetzt, da dieser Zustand nachließ, in einem äußerst labilen Bewusstseinsraum befand und behutsam mit weiteren Ereignissen umgehen musste. In einem aufgeweichten Zustand lief ich zurück zum Auto. Was für ein Gefühl, über die Erde zu laufen, in dem Bewusstsein, dass sie aus Energie besteht – und auch mein eigener Leib ein Energienetz war, zusammengesetzt aus Gedankenmustern und Träumen. Ich atmete tief ein, um so viel wie möglich von dieser Erfahrung und dem Grundgefühl, das mir dadurch verliehen wurde, zu halten und in meinen Alltag integrieren zu können.

Weibliche Magie

Évora sah man schon von weitem. Markant für das Stadtbild war der Hügel, der sich ziemlich abrupt aus der Ebene heraus abzeichnete und auf dem sich der alte Stadtkern befand. Dicht gedrängt standen hier Türme, Kirchen und andere geschichtliche Bauten aus allen Jahrhunderten. Eingegrenzt von einer hohen Stadtmauer war der Hügel ein einziges geschichtliches Museum, mit einem römischen Tempel direkt neben einer gotischen Kathedrale.

Wir fuhren ins Zentrum der Stadt, mitten durch die engen Gassen, in denen man immer wieder fürchtete, gleich eine Häuserecke mitzunehmen. Alles glich einem Szenenwechsel, der mir das Gefühl gab, durch die Jahrhunderte zu reisen. Wir parkten den Wagen und suchten uns in einem Restaurant einen Platz im Schatten. Ich bestellte mir die typische portugiesische Gemüsesuppe, um meinen Magen etwas zu beruhigen. Nach medialen Erlebnissen revoltierte er gerne.

Wir begannen noch einmal detailliert darüber zu reden, was ich soeben erlebt hatte. Den größten Eindruck hatte in mir ein Gefühl hinterlassen, das mir vermittelte, es habe einmal eine Zeit ohne Angst, ohne Gefahr gegeben. Paradiesisch. Aber waren es reale Bilder einer vergangenen Zeit, die ich da gesehen hatte? Wenn dem so war, was war dann mit den Säbelzahntigern, den Dinosauriern, den Skorpionen, Giftschlangen, was war mit Naturkatastrophen, klimatischen Umwälzungen, die es ja wohl tatsächlich gegeben hatte? Aus der Sicht der Biologie und Evolutionsgeschichte war der Mensch schon immer gezwungen, sich vor der Welt und der Natur zu schützen. Wir dachten darüber nach, wie das Ganze einzuordnen war. Die Dinosaurier und anderes gefährliches Getier waren vor meinen Augen nicht aufgetaucht. Ich vermutete, dass es auch zu der Zeit, die ich gesehen hatte, gefährliche Tiere gab, nur hatten die Menschen keine Angst vor ihnen, weshalb sie auch nicht bedrohlich waren. Weil sie die Angst nicht kannten, hatten sie ein vollkommen anderes Verhältnis zu den Elementen der Natur. Sie standen in einer völlig anderen Verbindung mit der Schöpfung, waren von ihr nicht getrennt und konnten deshalb ganz anders mit diesen Kräften umgehen. Sie konnten sie nutzen, da sie mit ihnen verbunden waren, das war ihr Schutz. Was ich gesehen und erlebt hatte, wirkte auf mich wie eine real nacherfahrene Schöpfungsmythologie. Das, was wir im tiefsten Sinne als human bezeichnen, das hatte in dieser urgeschichtlichen Vision seinen materiellen Anfang. Die Menschen, die den Steinkreis aufgebaut hatten, kamen einige Jahrtausende später. Aber sie waren wohl noch ganz mit diesem ursprünglichen Feld der Humanität verbunden.

Mit solchen und ähnlichen Gedanken versuchten wir das Ereignis des Tages zu verstehen. Es blieb die Frage offen, woher die Informationen, die ich empfangen hatte, kamen? Es war eigentlich unglaublich: Da kam ich an einen Stein, und plötzlich tauchte ich in eine ganz andere Welt ab. Waren die Informationen im Stein gespeichert, oder woher stammten sie? Solche Fragen mussten wir uns natürlich stellen. Denn mit dem besonderen Kontakt zu diesem Stein hatte alles angefangen. Ich war zu ihm gekommen, hatte die Augen geschlossen und gleichzeitig einen starken Energiewechsel verspürt. Ich hatte nicht das Gefühl, an einem normalen Stein zu stehen. Er erschien eher hohl, wie ein Energiebecken. Man hatte den Eindruck, dass hier vor Urzeiten die kosmischen Wesen landeten, um auszuprobieren, wie sich Materie anfühlt. Der Stein war für sie so etwas wie ihr erster materieller Fokus gewesen, bevor sie sich selbst ganz materialisierten.

Dass ich jetzt auf einmal so labil war, hing wohl auch damit zusammen, dass ich ziemlich verunsichert war, wie ich das Ganze einzuordnen hatte. Ich konnte ja nichts von dem, was ich erlebte, beweisen, es war nur unglaublich intensiv und real. Pierre bekräftigte mich darin, den seelischen Eindrücken ganz zu folgen. Er verstand nicht, woher ich immer meine Zweifel nahm. Er sah es als ein riesiges Geschenk an, dass ich solche Erlebnisse erfahren konnte.

Ich schaute über den Platz, an dem wir saßen. Hier befanden wir uns in einer vollkommen anderen Zeit. Ich hatte starke Kopfschmerzen, und mir war übel. Bilder von Hexenverfolgungen, Folterungen, Todesqualen stiegen in mir auf. Ich war wohl gerade sehr empfänglich für geschichtliche Vorgänge und überempfindlich. Die Häuserfassaden, die Kirche, alles strahlte eine düstere Vergangenheit aus.

Pierre machte mich darauf aufmerksam, dass wir tatsächlich an einem geschichtlichen Ort saßen. In Portugal setzten die Hexenverfolgungen sehr spät ein, aber es geschah auch hier, dass engagierte Frauen als Hexen oder denkende Menschen als Ketzer verfolgt und gefoltert und zu Tausenden verbrannt wurden. Wir saßen genau an jenem Ort, an dem die Urteile vollstreckt wurden und sich das schaulustige Volk versammelt hatte. Pierre war manchmal wie ein wandelndes Lexikon. Ich kenne keinen anderen Menschen, der ein so inniges Verhältnis zur Geschichte hat. Ich wunderte mich immer wieder darüber, wie es ihm möglich war, all die Daten und Ereignisse in seinem Kopf abrufbar gespeichert zu haben. Während ich eher darin begabt war, Dinge intuitiv wahrzunehmen und sehr schnell in ihrer seelischen Qualität zu erfassen, so lag seine Stärke darin, Wissen zu sammeln, zu speichern, zu kombinieren und sich einen systematischen Überblick zu verschaffen. Das erhöhte immer wieder die Spannung zwischen uns, und es konnte zu Konflikten führen, wenn der eine sich vom anderen gänzlich missverstanden fühlte, weil die Herangehensweise so verschieden war. In den meisten Fällen führte es aber zu einer reichhaltigen gegenseitigen Ergänzung, die uns immer wieder in unserer Forschung beflügelte und unsere Sichtweise oft erheblich erweiterte. Auf diese Weise führten wir bereits seit 18 Jahren immer wieder spannende thematische Gespräche miteinander. Das führte unter anderem auch dazu, dass es uns erotisch und sexuell nie langweilig wurde.

Pierre bestellte die Rechnung und schlug vor, ein Hotel zu suchen und sich erst einmal gründlich auszuruhen. Wir fanden ein kleines Haus in einer schmalen Gasse, das schlicht und einfach »Hotel Diana« hieß, benannt nach der römischen Göttin. Der Name und der günstige Preis waren Reiz genug, sich hier für eine Nacht einzumieten. Wir legten uns auf das Doppelbett in einem kühlen Raum, wohlig ermüdet, und lauschten auf die Stimmen und Schritte, die durch das geöffnete Fenster in unser Zimmer drangen. Ich liebte inzwischen die portugiesische Sprache mit ihren zischenden Lauten und der runden, manchmal fast russisch klingenden Färbung. In Halbschlaf klang es fast wie Musik. Die schmale Gasse vor unserem Fenster führte in Richtung Dom, den Hügel hinauf und zum Tempel der Göttin Diana, der *Himmelskönigin*. Lauschend auf die singenden Klänge der Altstadt fiel ich sofort in einen leichten Schlummer. »Hast du nicht Lust, dich in einen meditativen Halbschlaf zu begeben und von dort aus noch einmal auf alles zu schauen?«, flüsterte mir Pierre zu. Ja, ich hatte Lust. Ich hätte es in aller Stille sowieso getan, wäre dabei aber sicher eingeschlafen. Indem Pierre Fragen an mich stellte, fiel es mir viel leichter, bei Bewusstsein zu bleiben und alles halb wach zu verfolgen. Pierre legte seine Hand auf meinen Bauch und führte mich mit leiser Stimme in einen tranceartigen Zustand. Sofort sah ich wieder das gütige, dunkelhäutige Gesicht einer alten weisen Frau vor mir. »*Ja, schau dir die Bilder aus dieser uralten Traumwelt ruhig genauer an*«, sagte sie. »*Sie sind Heimat und Kraftquelle für den Menschen.*« Die Menschen, die dort lebten, hatten eine sehr hohe Intelligenz, konnten lesen und rechnen, lebten aber in einer kargen Einfachheit und Schlichtheit. Sie wohnten in kleineren Nomadenstämmen zusammen und schienen die sinnliche Liebe sehr zu mögen; eine leise Erotik spielte zwischen den Geschlechtern in allen ihren Tätigkeiten, in ihren Blicken, in der Art, wie sie sich bewegten, wie sie sich begrüßten, wie sie lachten. Ich sah noch keine Details, nichts über ihre Regeln in den Beziehungen, ich sah eher den erotischen Glanz, der das gesamte Alltagsleben umflutete. Auch die alten Menschen hatten noch das erotische Feuer in ihren Augen, und sie begleiteten das Leben der Jugendlichen mit Achtsamkeit und Wohlwollen. Ich sah mit Erstaunen, welche Rolle die Träume in ihrem Alltagsleben spielten. Sie achteten gewissenhaft darauf und entnahmen ihnen, wohin sie wandern würden, welche Beziehungen Aufmerksamkeit bräuchten und vieles mehr. Kein Traum blieb ohne Beachtung. Sie lebten einige tausend Jahre in dieser ungestörten Glückseligkeit, dann schienen sie zu ahnen, dass ein Unglück in ihre eigene Schöpfung eintreten würde, das sie nicht verhindern konnten. Orakelpriesterinnen, die ihre Botschaften aus ihren Visionsreisen empfingen und sich dafür regelmäßig drei Tage und drei Nächte zum Schlafen legten, hatten diese Nachricht empfangen.

Dann schien meine Traumreise einen Sprung zu machen. Plötzlich fand ich mich etwa 5 000 Jahre vor unserer Zeitrechnung wieder. Inzwischen lebten nicht mehr alle Menschen als Nomaden, und ich sah, dass sie inzwischen auch Pflanzen setzten. Das Unglück schien bereits in fernen Gegenden geschehen zu sein, und die Menschen wussten davon. Sie beschlossen, den Steinkreis als Informationszentrum aufzubauen und die Steine als biokosmisches Gedächtnis einzusetzen für die Generationen, die nach dem Unglück kommen würden und auf der Suche waren nach ihrem eigentlichen Ursprung, aus dem alle Menschenwesen geschaffen sind.

All diese Bilder sah ich wie einen Traum ablaufen, sehr schlicht und einfach. Pierre fragte nach, was es denn mit diesem Unglück auf sich habe und warum es eingetreten sei, aber ich spürte, dass diese Information später zu mir kommen würde und dass es noch nicht der richtige Zeitpunkt war, um tiefer in diesen Schöpfungsmythos hineinzuschauen. Auch für die genaue Fokussierung auf

Jahreszahlen, Stammesorganisation, Liebesleben und vieles mehr reichte meine Konzentration nicht aus.

Am nächsten Morgen besuchten wir die Knochenkapelle, die aus 5 000 Menschengerippen aufgerichtet wurde. An und für sich fand ich den Gedanken, Knochen für einen Bau zu verwenden, nicht abstrus. Knochen an sich sind ein Urstoff, wie etwa auch Muscheln. Wenn wir Knochen sehen, reagieren wir sofort emotional, weil sie unmittelbar mit den Schrecken des Todes assoziiert werden. Diese emotionale Verbindung aber gibt es nicht, wenn wir ein Gebäude aus Muscheln vor uns sehen. Warum sollte man Knochen nicht für etwas Sinnvolles verwenden? Bei Tieren machte man doch auch nicht so viel Aufsehens darum, was mit ihren Knochen geschah. Diese Kapelle war so zum Gedächtnis an die Toten gebaut worden. Eigentlich ein durchaus einleuchtender und sinnvoller Gedanke. Ein Ausspruch, der auf dem Boden geschrieben stand, erinnerte daran, dass wir alle einmal in das Reich der Toten übergehen und sich unsere Gerippe in die der anderen einfügen werden. »Wir, die hier versammelten Gebeine, warten auf die euren«, stand in Latein auf dem Boden geschrieben. Ich schaute auf einen Schädel, und Pierre meinte nachdenklich zu mir: »Stell dir vor, das könnte ja auch einer von uns beiden sein. Ein seltsames Gefühl, die Vorstellung, dass man seine eigenen Gerippe bewundert.« Die Vorstellung, dass man sich ein Gerippe von sich selbst aus einem früheren Leben ansieht, berührte mich eigenartig und rief einen gewissen Schauder hervor. Aber bei nüchterner Betrachtung änderte sich meine innere Einstellung. Für unsere Urahnen war es wahrscheinlich ganz normal, dass man kam und wieder ging, wenn man wollte. Und womöglich wusste man noch ganz genau, wo man das letzte Mal diesen Planeten verlassen hatte.

An der Decke waren die verschiedensten Situationen aufgezeichnet: wann, wo und wie der Tod einen überall einholen konnte. Bewegende, manchmal tragische und manchmal fast erheiternde Bilder. Aber irgendetwas stimmte nicht. Nachdem ich etwa zehn Minuten alles in Ruhe betrachtet hatte, verspürte ich einen heftigen Krampf in der Magengegend. Das Gefühl, dass hier eine perverse Hand kräftig mitgestaltet hatte und nicht etwa eine heilige Ehrfurcht vor dem Tod, drängte sich mir mit aller Macht auf. Wo kamen diese Knochen überhaupt her? Hatte man einen Friedhof ausgeraubt, waren es Leichen einer Schlacht oder Opfer der Inquisition? Ich sah auffallend viele Krüppel durch diese Kirche laufen mit sehr kranken Gesichtern. »*Das sind alles Seelen, die nicht loskommen von ihren Gebeinen, die auf unnatürlichem Raum viel zu dicht zusammengedrängt sind. Deshalb können sich die Seelen nicht wirklich lösen. Die meisten von ihnen sind auf unnatürliche Weise gestorben. Deshalb gibt es viele, die bis heute nicht begriffen haben, dass sie tot sind*«, schoss es mir durch den Kopf. Was für eine gruselige Vorstellung, dass die Seelen an ihren Gerippen festhängen und nicht loskommen können. »Hey, ihr seid tot, ihr könnt euch in viel angenehmere Sphären verziehen«, flüsterte ich ins Dunkel der Kapelle, als würde ich mit den Toten sprechen. Dann wurde mir so übel, dass ich das Kirchenschiff eiligst verließ. Draußen auf dem Marktplatz, der sich direkt an die Kirche anschloss, tummelte sich viel Volk. Auch hier gab es seltsamerweise viele Krüppel. Der Eindruck, den ich im Inneren der Kirche hatte, dass hier viele Seelen sich immer wieder inkarnieren, weil sie unbewusst durch ein früheres Leben an diesen Ort gebunden waren, verstärkte sich noch. Ich bat Pierre, den Ort zu wechseln. Wir stiegen die Gassen hoch in Richtung der Kathedrale, und ich erzählte Pierre von meinen Eindrücken. »Es ist schon etwas Besonderes, mit dir geschichtliche Orte aufzusuchen«, meinte er nachdenklich.

An der Kathedrale empfing uns eine vollkommen andere Stimmung. Ich liebte den Kreuzgang dieser Kirche auf Anhieb. Hier hatte sich etwas erhalten und sich in der Architektur ausgedrückt, was den positiven Geist der christlichen, reinen Religiosität wiedergab. Es ist wohltuend, manchmal Orte zu finden, die einem den Eindruck vermitteln, dass es auch in unserer Kulturgeschichte einen edlen, aufrichtigen, suchenden Geist gegeben hat, der tatsächlich die Humanität, den Frieden und die christliche Nächstenliebe suchte. Warum sind solche Orte so selten? In dieser Kathedrale konnte ich sofort zur Ruhe kommen. Hier sah man die christlichen Mönche vor sich, die studierten, arbeiteten und beteten, um sich Gott zu nähern, gemäß dem Spruch *Ora et labora*. Hier wehte nicht der Mief einer perversen Sexualität und der Gestank einer lüsternen Scheinheiligkeit, die man sonst so oft in den kirchlichen Gemäuern findet. Allerdings sah man auch hier ernste Männer und Knabengesichter vor sich, die alle dem Irrglauben folgten, dass sie mit ihrer körperlichen Lust der Frau und damit dem Frevel des Teufels verfallen würden. Die reine Askese des Mannes strahlte einem hier entgegen, der die Seele einer Frau vielleicht achtete, nicht aber ihren Leib. Ich selbst hielt Teilhard de Chardin für einen der edelsten Geister, die aus dieser Kulturgeschichte bis in die heutige Zeit ragten und Zeugnis von einer echten Suche und Humanität gaben.

»Wie lange noch wird es dauern, bis Leib und Geist zusammenfinden?«, sann ich nach, während ich durch den Kreuzgang wandelte. »Wie lange noch wird es dauern, bis sich der weibliche und der männliche Geist tatsächlich miteinander versöhnen und verständigen können?«

Wir stiegen gemeinsam die Stufen auf das Dach der Kathedrale empor und genossen den erhebenden Blick auf die Stadt. Pierre war ganz in seinem Element. Wir setzten uns auf die Stufen, und er erzählte mir über die Kultur der Bauhüttenorden, über die Templer und die Schule von Chartres. Unbewusst ahnte ich, dass es einen Zusammenhang gab zwischen der Kultur des Steinkreises und dem Templerorden, zwischen den Bauwerken der gotischen Architektur, den Plätzen, die man dafür gewählt hatte, und den Kraftplätzen urzeitlicher und vor allem weiblich geprägter Kulturen, aber ich konnte diese Ahnung noch nicht zu einem klaren Gedanken formulieren. Mir fiel nur auf, wie viele Kathedralen *Nossa Senhora* hießen und wie viele Kirchen an prähistorischen

Kultorten gebaut worden waren. Hatte man unbewusst das weibliche Wissen über die Jahrhunderte retten wollen, obwohl es äußerlich dauernd unterdrückt wurde? Oder hatte man diese Orte gewählt, um ihre alte weibliche Magie zu entmachten?

Die konkrete Utopie

In diesem Jahr musst du es schaffen. Jetzt ist die Zeit des Erwachsenwerdens und der eindeutigen Berufsfindung. Die Zeit des Sesshaftwerdens steht bevor. Wenn ihr dieses Jahr den Ort für das Heilungsbiotop nicht findet, dann wird es in den nächsten zehn Jahren bestimmt nichts mehr werden. Es ist deine berufliche Aufgabe mitzuhelfen, dass in Europa ein Ort entsteht, eine Art geschichtliches Modell für ein neues Zusammenleben, für die Entwicklung neuer gesellschaftlicher Modelle und für neue Gemeinschaftsformen.«

Nach dieser Eingebung im Steinkreis wusste ich, dass ich in diesem Jahr all meine Kraft zu mobilisieren hatte, um den Kauf eines Platzes verwirklichen zu können. Aber wir mussten die Gelder erst noch finden, denn wir hatten selbst viel zu wenig, um einen solchen Platz kaufen zu können. Der Besitzer des Geländes in Rogil war einer von den Gutsherren, die bestimmt keine kommunistische Gesinnung hatten, sondern jemand, der den Zeiten vor der Revolution noch nachtrauerte. Er war durch unsere Begeisterung von seinem Platz in anderer Weise angesteckt worden. »Wenn denen mein Land so gut gefällt, dann können die sicher auch gut bezahlen«, schien sein Gedankengang zu sein. Er war durchaus freundlich, aber bestimmt. Drei Millionen DM war seine Erwartung, die er fest und klar immer wiederholte. Ich hing mit Leib und Seele an diesem Ort, doch bei der Nennung der Summe war ich betroffen, denn sie schien mir, trotz des herrlichen Platzes, maßlos überhöht. Ich wusste, dass ich sehr viel einsetzen würde für die Erreichung des Heilungsbiotops, aber drei Millionen waren einfach nicht angemessen. Ich trainierte mich zwar seit langem in der Regel: »Wenn du etwas wirklich willst, dann streiche jedes ›Ich kann nicht‹ aus deinem Leben«, aber drei Millionen DM für diesen Platz zu besorgen, dafür gab es keine zuversichtliche Resonanz in meinem Inneren. War ich vielleicht wieder einmal zu fixiert? Oder wollte ich es in Wirklichkeit eben doch noch nicht ganz? Hatte ich mich an den Platz gebunden und konnte mich jetzt nicht mehr für die eigentlichen Geschenke öffnen, die kosmisch für uns bereitlagen? Ich erinnerte mich noch gut an die Vision, die mir auf meiner ersten Reise nach Portugal kam, als ich an einer wunderschönen Bucht an der Westküste stand. »*Dieses ist kein Ort zum Siedeln. Hier ist ein Ort für Exerzitien von besonderer Art, hier geht man hin für die Besinnung, wenn es um die Sammlung von neuem Aufbruchsgeist und neuen Ideen geht. Der Westen ist die Energie des Aufbruchs.*« Das hatte ich nicht vergessen. Aber genau vor der Siedlermentalität war ich im Grunde immer zurückgeschreckt. Ich hatte mich in meiner Vorstellung schon sehr fixiert auf das Meer, auf die wilde Küste, die den utopischen Geist anregt und frei macht. Ich liebte Wasser in meiner Nähe. Im Landesinneren fürchtete ich, die Mentalität eines Auswanderers anzunehmen, der nur noch seinen Spaten, seine Möhren und sonstigen Pflanzen im Sinn hatte und selbst so grün geworden war wie die Natur um ihn herum. Ich wollte ja nicht zurück zur Natur und in die Steinzeit, sondern in eine noch nie da gewesene Zukunft, danach stand mir der Sinn. Deshalb hatte ich auf meiner Suche das Landesinnere lange Zeit vermieden. Manchmal träumte ich sogar von einem eigenen Hafen direkt an der Küste, wo wir unser Delphinforschungsschiff ankern könnten.

In Portugal gibt es bereits viele deutsche Auswanderer, die in Alentejo-Bauernhäusern wohnen, ohne Perspektive, oft dem Alkohol oder anderen Drogen verfallen. Sie haben resigniert. Ihr Traum von einem besseren Leben im Ausland ist erloschen. Sie hatten geträumt vom eigenen Garten auf dem Land, von freierem, autarkem Leben und von Gemeinschaft, von Kindern und Tieren in einer ländlichen Idylle. Sie hatten nicht gewusst, dass der Traum nur mit größten Schwierigkeiten eine Chance hatte auf

Realisierung und nur unter riesigem Einsatz verwirklichbar war. Die Kinder plärrten, den Nachbarn wurde misstraut, das Geld wurde knapp, und eine Vision gab es nicht mehr. Keiner wusste, wie ein besseres Leben funktionierte, und so bearbeiteten sie zwar ihre Gärten, aber ansonsten stand keine Hoffnung mehr in ihren Gesichtern geschrieben. Die vielen ziel- und planlos lebenden Auswanderer drohten bereits für das Land ein echtes Problem zu werden.

Durch meine vielen Gemeinschaftserfahrungen ging ich nicht mehr ganz blauäugig an den Traum vom autarken Leben heran. Unser Vorhaben bestand darin, einen Modellfall für ökologisches Wohnen, Bauen und Leben zu schaffen, eine Gestaltung eines Gesamtbiotopes, in das der Mensch mit seinen Lebensmöglichkeiten und seiner Selbstveränderung einbezogen war. Eine Schwierigkeit bestand darin, dass das ganze Küstengebiet erst kürzlich zum Naturschutzgebiet deklariert worden war und man es mit Baugenehmigungen aller Art besonders schwer haben würde. Utopische Träume sind das eine, ihre konkrete Verwirklichung das andere Ende einer langen Kette von Ereignissen. Es war eine hohe Kunst, diese beiden Elemente so zusammenzuführen, dass sie sich wirklich ergänzten und gegenseitig annäherten.

Ich spürte, dass ich mich noch einmal neu auf eine Suche einlassen musste. Ich hatte schon beim Steinkreis gemerkt, dass zwar eine unterstützende Energie da war, die aber den Platz, den wir uns ausgesucht hatten, nicht so eindeutig betraf. Immer wieder tauchte die Mahnung auf, mich für neue Wendungen offen zu halten. In stillen Stunden fragte mich Pierre, warum ich eigentlich ein so riesiges Projekt verwirklichen wollte, und das in einer Zeit, in der so viele Zeichen dagegen sprachen. »Wieso denkst du, dass es überhaupt gewünscht ist? Und wie glaubst du, es verwirklichen zu können, wenn es überhaupt nicht erwünscht ist?«, fragte er mich immer wieder eindringlich. »Die Presse, die Medien, der schleppende Verkauf unserer Bücher. Sind das nicht alles eindeutige Zeichen dafür, dass unsere Idee einfach nicht mit dem gegenwärtigen

Zeitgeist kompatibel ist? Die Menschen sind zu verletzt im Liebesbereich, als dass sie noch an eine positive Möglichkeit im Leben und der Liebe glauben könnten, geschweige denn in der freien Liebe. Da sie selbst nicht daran glauben, können sie es aber auch nicht in ihrer Nähe ertragen. Warum wollen wir immer noch mit dem Kopf durch die Wand? Warum fügen wir uns nicht den Geschehnissen der Zeit und widmen uns ganz anderen Vorgängen? Warum reicht uns nicht ein Haus der offenen Tür in Deutschland, wo wir unsere Freunde einladen, ein freies erotisches Leben führen und langsam einen politischen Kreis aufbauen, der unsere Ideen weiterträgt?«

Er wollte dabei seine alte Liebe zur Malerei und zur Natur wieder aufnehmen. Ich kannte Pierre. Er führte neue Denkexperimente immer bis zum Ende durch. Ich ahnte, dass er nicht wirklich ein Haus der offenen Tür in Deutschland realisieren wollte. Er dachte sich solche Vorhaben aus, um sich vor möglichen Enttäuschungen zu schützen, und stellte mich damit auf die Probe. Ich fühlte, dass ich im Notfall auch alleine nach Portugal gehen würde, fest entschlossen und mit der inneren Gewissheit, dass er irgendwann nachkommen würde. Es wäre wie eine innere Notwendigkeit. Ich wusste, dass ich in diesem Jahr noch einmal alles daransetzen würde, um den richtigen Ort zu finden. War dies so etwas wie karmische Berufung? Ich wusste es nicht. Ich wusste nur, dass ich es tun musste, ich war beseelt von dem Gedanken. Sollte es in diesem Jahr wirklich nicht klappen, dann war ich innerlich bereit, noch einmal umzudenken. Aber jetzt gab es nur eine Richtung.

Um mir über den ganzen Vorgang Klarheit zu verschaffen, schrieb ich in mein Tagebuch: »Ich werde jetzt alles dafür tun, dass der Platz für das Heilungsbiotop bald gefunden ist. Daran werde ich wachsen und meine Verwirklichungskräfte einschätzen lernen. Es findet ein ganz existenzielles Ringen statt. Auch wenn wir im Bereich von Eros und Liebe weiterkommen wollen und wenn das irgendeine gesellschaftlich heilende Relevanz haben soll, brauchen wir diesen Platz. Man wagt sich erst in die erotischen Themen, wenn man mit ihrer Lösung auch eine Aussicht auf Heimat verbindet. Das Heilungsbiotop muss ein Ort werden, an dem dauerhaft ein sinnliches Leben geführt werden kann. Wir brauchen auch einen Platz für die Forschung im Bereich der Ökologie, der Architektur, der Kunst, der Ernährung usw. Frauen werden ihr erotisches Thema erst lösen wollen, wenn sie auch in ihrer Freundschaft zum Mann eine Perspektive sehen und wenn sie auch in anderen Themenbereichen eine echte, spannende Verankerung gefunden haben. Auf die Dauer ist Sex langweilig, wenn er nicht mit einer Lebensperspektive und der Freundschaft zum Mann verbunden ist. Dafür bietet diese Kultur, die sich immer mehr von der sinnlichen Liebe der Geschlechter abwendet und den Sex in die Pornoecke verbannt, keinerlei Perspektiven. Ein spannendes erotisches Leben ist mit der Suche nach neuen Lebensperspektiven verbunden, sonst könnte das erotische Leben gar nicht spannend bleiben. Es sprengt den bürgerlichen Rahmen unserer Kultur in allen Bereichen. Frauen und Männer brauchen langfristige Berufsperspektiven, die etwas mit dem Abenteuer des Lebens und der Liebe zu tun haben. Ganz konkret. Wir können nicht ständig weiter zwischen einer alten Welt und einer neuen herumbaumeln. Transformation verlangt einen anderen Einsatz. Wer den ersten Schritt tut, sollte auch den zweiten tun und den dritten. Wir stehen längst alle in einem Verbürgerlichungsprozess, über den wir vor kurzem noch gelacht haben. Wir standen in einer ständigen Vorbereitung, jetzt muss die Ernte eingeholt werden. Das, woran Pierre schon so lange gedanklich und konzeptionell gearbeitet hat, der Gedanke der »Feldbildung«, den er in seinen *Politischen Texten für eine gewaltfreie Erde* so einleuchtend beschrieben hat, das wofür ich meine letzten Jahre voll eingesetzt habe, das verlangt jetzt volle Verwirklichung. Es ist ein so kraftvolles Bild, das zur Verwirklichung drängt. Und wenn die Widerstände noch so hoch sind. Es wird. Es will. Es muss. Es ist, als würde mich der Steinkreis aus ferner Vergangenheit rufen und mir meinen Weg in die Zukunft weisen.«

Ich schrieb und schrieb und sammelte auf diese Weise Kraft und Entschlossenheit. Ich wurde krank, bekam hohes Fieber, es war, als würde sich mein ganzer Leib für eine neue Entscheidung vorbereiten wollen. Geläutert und entschlossen ging ich aus diesem Prozess hervor. Selbst der Gedanke, dass Pierre zu einem anderen Entschluss kommen würde, hielt mich nicht mehr ab. Ich wusste, dass dies unserer Freundschaft keinen Abbruch tun würde und dass sich dadurch unsere Wege gewiss nicht real trennen würden. »Je komplexer der Verwirklichungswille, desto stärker die kosmische Kraft, die einströmt. Dieses Funktionsprinzip braucht jetzt Einlösung«, schrieb ich noch. Wieder einmal sprang ich die Glaubensleiter nach oben, die mich neuen Lebensufern entgegentragen sollte. Ich fühlte mich darauf angewiesen, die geistigen Regeln herauszufinden, die höher im Universum stehen als die alten Strukturen von Macht und Geld, von Herrschaft und Unterdrückung, von Täter und Opfer und die deshalb Verwirklichungskraft in sich tragen. Dass es dafür abrufbare Informationen geben würde, davon war ich überzeugt. Ich wusste, dass es immer feiner und präziser darauf ankam, eine Vision und ein Bild von einer konkreten Utopie zu entwickeln, die ich für lebbar hielt und die der Liebessehnsucht des Menschen entsprach. Sehnsucht und Hoffnung waren meine Energiereservoirs, von denen ich wusste, dass ich sie pflegen und kultivieren musste. Ich wusste auch, dass es der bestehenden Wirklichkeit zum Trotz um die Schulung der inneren Vertrauenskräfte ging. Darin übte ich mich immer wieder neu.

Ein Deutscher, der in Portugal lebte und mein Buch *Der Hunger hinter dem Schweigen* kannte, hatte mir einen längeren Brief geschrieben und uns ein Gelände im Landesinneren empfohlen, etwa 25 Kilometer von der Küste entfernt. Eines Morgens, während meiner Meditation, sah ich hoch oben einen Adler fliegen. Er zog über uns seine Kreise, kam immer wieder, und ich nahm ihn wahr, als sei er ein Zeichen, als wolle er ein Gebiet eingrenzen. »*Heute sei wach. Heute werdet ihr fündig. Ihr müsst schnell sein und präzise in der Entscheidung.*« Diese Eingebung war sehr stark, und ich nahm sie mit auf den Weg, als wir zu dem empfohlenen Grundstück losfuhren. Zwei Schweine liefen vor unserem Wagen entlang und zwangen uns, im Schritt-Tempo zu fahren. »Schau, die Göttin führt uns«, sagte ich lachend und dachte dabei an die urweibliche Göttin, die in der Mythologie immer wieder als Schwein dargestellt wurde. Pierres Malerseele wurde von der Kargheit der Landschaft und dem farblosen Leuchten, von den Korkeichen und der trockenen rotbraunen Erde zu immer inspirierteren Ausschmückungen hingerissen, und wir näherten uns in bester Laune dem Grundstück. 140 Hektar Land, mit den verschiedensten Hügeln und Tälern, mit mehreren kleinen Seen, vielen Korkeichen und den für die Gegend typischen Zistrosen, breitete sich vor unseren Augen aus. Auf dem ganzen Gelände standen einzelne Ruinen herum, alles Funktionsbauten, die nie fertig gestellt wurden. An einer Wegschneise hielten wir den Wagen an. Rechts ging es zu einem alten Bauernhaus hinauf, links zu einer riesigen Halle. »Da ist deine Kunsthalle«, sagte ich lachend zu Pierre. »Die haben wir doch schon im Ruhrgebiet immer gesucht, als wir mit dem Aufbau der Gemeinschaft anfingen.« Pierre stieg aus dem Wagen und lief direkt in Richtung Halle, ich stieg den Berg hinauf zum Bauernhaus. Hinter dem Haus, das als Stall benutzt wurde, erstreckte sich ein großer ebener Platz. Ich begrüßte den Schäfer und seine Frau mit meinen wenigen portugiesischen Brocken, die ich kannte. Er begann sofort wie ein Wasserfall zu reden. »Boa, boa«, wiederholte er immer wieder. Dass es hier wunderschön sei. Dass er hier seit zehn Jahren arbeite. Dass der Platz zu verkaufen sei und viel Wasser habe, verstand ich bzw. erahnte ich aus seinen Worten. Er lief los und winkte mir, ihm zu folgen. Eilig sprang er den Hang hinunter, wo aus einem großen Rohr Wasser sprudelte, das er mir zum Trinken anbot. »Boa, boa« wiederholte er immer wieder. Dann führte er mich noch weiter hinunter ins Tal. Wir bogen auf eine

Wiese ein, die Landschaft verwandelte sich in eine liebliche, fruchtbare Ebene. Von weitem sah ich eine hohe Palme im Tal stehen. Hier gab es Hunderte von Olivenbäumen, die das Flimmern der Sommerluft durch ihre silbergrauen Blätter noch erhöhten. Am Ende der Wiese, bei der Palme, kamen wir an ein großes Becken. Wieder floss Wasser in Hülle und Fülle, was mir bei der großen Trockenheit, die Portugal in den letzten vier Jahren erlebt hatte, wie ein Wunder vorkam. Diese Quelle schien hier das ganze Jahr über reichlich zu fließen. In der Nähe hatte der Schäfer für sich einen kleinen Gemüsegarten angelegt, und viele wunderschöne Orangenbäume gaben einem das Gefühl, mitten im Paradies zu stehen. Dass es hier in dieser kargen Gegend auch so fruchtbar sein konnte!

An diesem Ort ergriff mich ein innerer Jubel und eine stille Freude. Ich ging kurz allein zur Quelle und schloss meine Augen. Erstaunlicherweise kam mir sofort der Steinkreis ins Bild. Ich wusste schlagartig, dass ich angekommen war. Es war wie ein Nachhausekommen. Es war, als hätte dieser Ort seit Ewigkeiten auf uns gewartet. »*Du musst hier den Orakelplatz einrichten*«, meldete sich mein Inneres. »*Dieser Platz hat eine hohe und heilige Energie, er bedarf aber auch der Heilung. Eine Verletzung liegt vor. An seiner Oberfläche gibt es viel Zerstörung, die Aufmerksamkeit braucht. Wenn ihr eure heilenden Kräfte einsetzt, werdet ihr die tiefer liegende Schicht von Heilung und Gesundheit abrufen können, die er auch bereithält, die er im Innersten geschützt hält und die auf Abruf warten.*«

Der Platz wartete also darauf, erlöst zu werden. Dieser Eindruck verstärkte sich im Laufe der Zeit immer mehr. Es war das erträumte Biotop nicht etwa schon vorhanden, aber alles wartete darauf, dass es hier errichtet würde. Es war, als träumte die Landschaft seit langem schon einen Traum, als wären wir durch viele Dornen und Disteln hindurch vorgedrungen zum Schloss von Dornröschen, das dort seit Jahrhunderten schlief und nun aus seinem Traum geweckt werden sollte.

Ab jetzt sollte alles ganz schnell gehen. Mich zog es noch einmal in den Steinkreis. Ich fuhr hin, um mich dort für die weiteren Ereignisse zu sammeln und die Richtigkeit meiner Eindrücke noch einmal zu überprüfen. »*Handelt jetzt schnell. Es ist richtig und wichtig*«, das war die nüchterne Bestätigung, die sich hier noch einmal festigte. In den nächsten Tagen traf ich den Besitzer, einen ehemaligen Großgrundbesitzer. Wir sprachen Französisch. Er schien angespannt und sehr krank zu sein. Es schien, als kämen wir wie ein Geschenk des Himmels zu ihm. Er erzählte, dass er den Platz verkaufen müsse, weil er sich bei der Bank verschuldet habe. Dann sagte er, dass es sehr eile, denn wenn sich der Käufer nicht in der nächsten Woche fände, dann ginge das gesamte Gelände in den Besitz der Bank über. Ich erfuhr, dass der Platz mit Halle, zwei fertigen Gebäuden, den Ruinen, Quellen, Seen usw. 600 000 DM kosten sollte. Das war so gut wie geschenkt. Die Bank würde ihn anschließend gewiss nicht zu diesem Preis verkaufen. Jetzt verstand ich, warum wir schnell handeln sollten. Ich rief in Deutschland an und erklärte die Situation. Noch am selben Tag erfuhren wir, dass die Freunde, die sich beim Kauf beteiligen und beim Aufbau mithelfen wollten, uns volles Vertrauen schenkten, dass wir einfach handeln sollten, obwohl noch in keiner Weise klar war, wie wir die Gelder zusammenbekommen würden. Aber an der Möglichkeit, es mit Hilfe von Freunden, die sich an diesem Vorhaben beteiligen würden, zu schaffen, zweifelte ich keine Sekunde. Ich beschloss, den Vertrag zu unterschreiben. Ich fühlte mich wie die Geburtshelferin und Hüterin eines zukünftigen Stammes, und für das, was wir für den Aufbau alles benötigen würden, kannte ich die Informationsquelle im Herzen Portugals, die seit Tausenden von Jahren auf die Abrufung von Menschen wartete: meinen geliebten Steinkreis.

Am Urquell

Jetzt war eingetreten, wonach ich mich schon seit meiner Jugend gesehnt hatte: Wir hatten einen Platz gefunden, der groß genug war, um dort eine größere Lebensgemeinschaft aufzubauen und zu verwirklichen. Wir hatten in den letzten Jahren genügend Wissen angesammelt, um diesen Traum auch einigermaßen realistisch in die Tat umsetzen zu können.

Wir bezogen die ehemalige Bodega und entwarfen unsere Pläne. Täglich machten wir unsere Touren über das Gelände und entdeckten immer wieder neue Stellen, die uns begeisterten. So entstand vor unserem visionären Auge sehr schnell ein Modell und Grundriss, wie wir uns die Verwirklichung in einigen Jahren vorstellten. Ein Reiterhof, ein Sanktuarium und Heilungsplatz, ein Gästehaus und Campingplatz, verschiedene Kraftplätze, das Zentrum des Ortes mit einem Sakralbau, der Orakelplatz verbunden mit einem Erospark, das Labor mit Technologiepark, das Jugendhotel, der Ort für die freie Schule, die internationale Begegnungsstätte, ein Empfangsgebäude mit einer Galerie und einem Kiosk, ein Restaurant und ein Laden, ein Badetreffpunkt, Gärten und Landschaftsparks, all das malten wir uns bereits in unserer Phantasie aus. Sprühenden Geistes entwarfen wir, was wie und wo entstehen würde. Am Campingtisch wurde all dies in die Pläne eingezeichnet. Erstaunlicherweise kamen wir zu ziemlich vielen gleichen Sichtweisen, obwohl wir diese vorher nicht abgesprochen hatten. Es war, als träumte das Gelände einen Traum, den wir jetzt abrufen sollten.

Mir war ziemlich schnell klar, dass wir diesen Ort *Tamera* nennen würden, ein Name, der uns schon auf unserem letzten Camp eingefallen war. Er bedeutete *Am Urquell*. Erst viel später erfuhr ich, dass das frühe Ägypten ebenfalls Tamera genannt wurde. Dieser Name passte nicht nur wegen seiner Schönheit des Klanges, auch die Bedeutung erschien uns sehr passend, weil wir durch die Quelle am Orakelplatz und die vielen Seen besonders reich mit Wasser gesegnet waren. Später sollte sich auch herausstellen, dass wir noch über eine zweite Quelle mit reichlich Wasser verfügten.

Die andere Sinnlinie, die ich mit dem Namen Tamera verband, führte mich zum Steinkreis, denn er war für mich längst geistig zu einem Urquell geworden, von dem ich viel lernen wollte und den ich mit Sicherheit oft befragen würde, um neue Informationen für den Aufbau des gemeinschaftlichen Lebens in Tamera zu bekommen. Schließlich standen wir vor der Aufgabe, einen gewaltfreien und zeitgemäßen »Stamm« aufzubauen, bzw. eine Form der autarken Lebensgemeinschaft, die Modellcharakter für eine Zukunftsgesellschaft des wirklichen Friedens hatte. Wir hatten uns zwar auch in den letzten 20 Jahren, man kann fast sagen hauptberuflich mit den Fragen funktionierender Gemeinschaften beschäftigt, aber jetzt standen wir vor der ganz neuen Stufe der Verwirklichung, und der Steinkreis eröffnete mir immer neue Sichtweisen und Perspektiven dieses Themas. Wenn ich das Stammesleben, das mir dort nach und nach vorgestellt wurde, auch nicht kopieren wollte, so wurde es mir doch immer mehr ein Vorbild und war ein gewaltiger Denkanstoß für das, was wir verwirklichen wollten.

Täglich suchte ich die Quelle auf, den zukünftigen *Orakelplatz*, denn zu diesem Ort fühlte ich eine besondere Verbindung. Hier begann für mich eine ganz neue spirituelle Entwicklung, die natürlich in Verbindung mit meinen Erfahrungen stand, die ich im Steinkreis gemacht hatte. Ich möchte nur ein Beispiel nennen: Während ich mich an der Quelle in die Meditation versenkte, hatte ich oft den Eindruck, als kämen von den Vögeln, von der Palme oder auch unmittelbar von dem Feigenbaum Nachrichten zu mir. Immer stärker vertiefte sich der Eindruck, die gesamte Landschaft um mich herum wäre beseelt und spräche ihre eigene Sprache, die vom Menschen zu entschlüsseln ginge. So kam es, dass plötzlich, ich hatte die Augen geschlossen, die Palme besonders laut mit ihren Blättern raschelte. Natürlich dächte jede normale Person, dieses Rascheln käme vom Wind. In diesem meditativen Zustand empfand ich es aber als personalen Ausdruck der Palme und hörte gleichzeitig im Inneren: »*Nimm alles, was dir hier begegnet, als Zeichen und lerne sie zu verstehen.*« »Hat denn dieses Rascheln der Palme eine besondere Botschaft?«, fragte ich gespannt zurück. Wieder tauchte das laute Rascheln auf, und ich konzentrierte mich verstärkt darauf. »*Befreie mich von den Brombeeren*«, nahm ich sehr nüchtern und auch deutlich als Botschaft wahr. Ich musste darüber lachen, zu welch elementaren, einfachen Arbeiten meine Kontaktversuche führten. In diesem Moment setzte sich eine Nachtigall oben in die Palme und begann zu trällern. Ich empfand auch sie sofort als Botin der Göttin, den Schutzgeist des Platzes repräsentierend. »*Ich begleite diesen Platz mit meinem schützenden Geist. Dieser Ort steht in unmittelbarer Beziehung zum Steinkreis. Es ist kein Zufall, dass hier eine Palme und ein Feigenbaum stehen. Beides sind uralte Symbole der Göttin.*«

Während ich diese Eingebungen aufnahm, sah ich die Landschaft vor mir und sie erschien mir wie eine schlafende Frau, die dort wie hingegossen lag. Auch wenn mir der unmittelbare Kontakt auf diese Art neu war, so spürte ich doch seine innere Autorität. Ab jetzt begann ich täglich, Brombeeren von der Quelle zu entfernen, und fühlte mich dabei wie in einem Märchen. Die Nachtigall kam regelmäßig, wenn ich ins Gebet ging. Nicht dass ich den Vogel selbst als die Göttin wahrnahm, es war vielmehr so, als würde sich die Göttinnen-Energie all dieser Kräfte bedienen, um ihre Botschaften zu vermitteln und ihre umfassende Sprache zu sprechen, die in der Palme, in der Feige, in der Nachtigall, überall auf eigene Art zu hören war. War ich im normalen Zustand, dann war der Vogel ein Vogel. Ging ich ins innere Gebet, dann hörte ich durch den Vogel eine bestimmte Nachricht der Göttin heraus. Diese Sprache würden nur diejenigen erlernen und verstehen, die sich ganz mit ihren Sinnen verbanden. Ich selbst fühlte mich immer mehr als Botin *der Göttin*.

Tamera nahm uns in die Lehre. Ich nenne es die Lehre *der Göttin*, denn immer mehr hatte ich mir angewöhnt, mich mit dem Bild zu verbinden, das mir im Steinkreis vom Leben der Urahnen so nahe gelegt wurde, und tatsächlich direkt mit der Göttin zu kommunizieren. Immer weniger blieb sie ein nur verstaubtes und altes Symbol für ferne Vergangenheiten. Unmittelbarer nahm ich den beseelten Teil der Schöpfung wahr, der durch die Erde, die Pflanzen und Tiere, durch die Elemente und synchrone Ereignisse mit dem Menschen kommunizieren wollte, sofern der Mensch bereit dazu war. Die Frösche, Schlangen, Gottesanbeterinnen, Skorpione und vieles mehr wurden für mich im Laufe der Zeit immer mehr zu Aspekten der Göttin. Die Erde selbst war die Göttin, dies lernte ich mit Hilfe des Steinkreises immer mehr zu sehen und zu verstehen. Hier, in Tamera, konnte man wirklich nur leben, wenn man bereit war, sich mit den Elementen auseinander zu setzen. Auch brauchte man hier ein verändertes Zeitverständnis, um sich mit den Elementen und der Natur vertraut machen zu können.

Als ich mit der Gestaltung des Orakelplatzes beginnen wollte, ging ich mit meinem Malzeug ins Tal, und mir begegnete eine Schlange, die größer war als ich. Ich hatte bis dahin ziemliche Angst vor diesen Tieren. Jetzt aber beachtete ich sie mit großem Interesse. Ich nahm ihr Erscheinen unmittelbar als ein Zeichen auf. War sie nicht ein uraltes Symbol für Heilung und Sexualität? War sie nicht die intime Begleiterin der uralten Göttinnenfiguren? Gemeinsam mit Pierre verbrachte ich einige Tage und Nächte am Orakelplatz und beschäftigte mich mit dem Thema der Göttin und der Schlange. Parallel arbeitete ich an einer Eingangstafel, auf die ich eine Göttinnenfigur mit einer Schlange als Begleiterin, einer Feige und einer Palme im Hintergrund malte. Im Orakelbecken begegnete uns eine weitere Schlange. Wir kamen durch unser Tun in einen eigenen Raum der medialen Wahrnehmung und feierten gemeinsam die Schöpfung und den Ort. So schnell konnte sich meine Schlangenphobie also verwandeln? Ich war erstaunt und habe seither tatsächlich keine Angst mehr vor Schlangen.

An einem Sommerabend saß ich mit geschlossenen Augen auf der Terrasse der Bodega und lauschte den Grillen, den Fröschen und den Rufen der Käuzchen. Es schien, als würden sie gemeinsam eine bestimmte Schwingung und Frequenz herstellen, die in Resonanz stand zu einem größeren Energiegeschehen. Es war ein heißer Tag gewesen, und ich war froh über die Abkühlung, die der Abend brachte. Ich dachte daran, wie schön es jetzt wäre, wenn etwas Regen der Natur und uns eine Erfrischung schenken würde. Ich hielt die Augen geschlossen und versuchte dem Resonanzgeschehen nachzufühlen. Immer wieder stieß ich selbst bestimmte Rufe aus. *Auf diese Weise haben früher die Hexen mit den Fröschen, Grillen und Vögeln kooperiert, um die Wettergeister herbeizulocken und Regen zu machen«*, schoss es mir durch den Kopf. Ich lauschte weiter auf das Geschehen, stieß meine Rufe aus und horchte, ob die Tiere mir antworteten. Mir war, als würden wir gemeinsam ein großes Konzert veranstalten, zu Ehren der Göttin. Ich mag fast eine Stunde gedankenversunken so dagesessen sein. Als ich die Augen öffnete, stellte ich erstaunt fest, dass schwarze Gewitterwolken aufgezogen waren. Das war nicht gerade üblich zu dieser Jahreszeit. Nach etwa zehn Minuten blitzte und donnerte es, und heftige Regenschauer fielen vom Himmel. Dieses Schauspiel flößte mir so großen Respekt ein, dass ich nicht so ohne weiteres das Rufspiel mit den Fröschen und Käuzchen wiederholen wollte, sondern nur dann, wenn ich einen klaren inneren Auftrag dazu bekäme. Ich bemerkte, dass ich mich in einem Prozess der Schulung und Transformation befand. Mein spirituelles Leben davor war eher mit der geistigen Welt und der Welt des Lichtes verbunden gewesen, jetzt lernte ich immer mehr den geistigen Aspekt der Materie kennen, und auch diejenigen Kräfte, die in unserer Kultur oft eher als dunkle Kräfte abgetan werden, so dass sich schnell eine unbewusste Angst oder Abwehr hineinmischt. Es fanden immer wieder Ereignisse statt, die viele Emotionen weckten und zu Streitigkeiten führten, die aus unbewussten Schichten stammten. Es kam darauf an, auch den nüchternen und präzisen Geist der Schöpfung zu entdecken und zu verstehen. »*Wenn du nicht deinen Emotionen erliegst, hat das Leben immer eine helfende und heilende Antwort und hält eine wichtige Information für dich bereit. Die göttlichen Kräfte sind gewaltig, aber von sich aus nicht gewalttätig*«, war einer der spirituellen Kernsätze, die ich immer tiefer zu ergründen hatte.

Interessant war, wie uns *die Göttin* immer wieder die richtigen Leute schickte, die uns bei der Lösung von Problemen behilflich waren. In kürzester Zeit wurden die Hallen ausgebaut und winterfest gemacht. Die ersten Energieforscher kamen, und so war bald der erste Schafstall in ein Computer- und Empfangsbüro umgebaut worden, und das, obwohl unser Platz nicht an das regionale Stromnetz angeschlossen war. Wir hatten uns bewusst dagegen entschieden, denn wir wollten auch in der Energieversorgung autarke Modelle entwickeln. Es entstand sehr schnell eine interessante Verbindung von Hightech und einfachem Leben.

Wir machten uns mit dem Platz vertraut, indem wir meistens draußen schliefen, Traum- oder Kunstkurse durchführten und mit Pierre das Gelände malend kennen lernten. Wir erlebten die Trockenheit und die Dürre des Sommers und die portugiesische Hitze und später, im Winter, außergewöhnliche Regenfälle, die ein Jahr danach sogar so heftig wurden, dass sich im Orakelgarten ein gewaltiger Strom bildete, der unsere neu aufgebauten Kunstwerke und eine ganze Mauer aus Lehm mit sich nahm. Der Regen fiel in solchen Mengen vom Himmel, dass er in ganz Portugal zu schweren Überschwemmungen führte und im Nachbarort sogar einige Menschenleben forderte. Wir erlebten zwei größere Brände, so als wolle uns die Göttin mit allen ihren Elementen unmittelbar vertraut machen. Aber immer erlebten wir auch den unmittelbaren Schutz, so dass wir vor größerem Unglück verschont blieben.

Der erste Brand wurde durch den Funken eines Baggers ausgelöst. Dieser Brand war so heftig, dass ich schon ganz Tamera in Asche vor mir liegen sah. Das Feuer raste mit hoher Geschwindigkeit über den Campus. In meinem Schock sah ich schon meine Wohnhütte in Flammen stehen, die erst im vorangegangenen Herbst fertig gestellt worden war und die auf der anderen Seite des Campus stand. Wir hatten kein fließendes Wasser und waren darauf angewiesen, mit Eimern Wasser aus den Teichen zu holen oder die Flammen auszuschlagen. Ich sah keine Lösungsmöglichkeit mehr, wie wir aus eigener Kraft das Feuer zum Stillstand zwingen könnten, obwohl alle Anwesenden sofort in vollem Einsatz waren. In meiner Verzweiflung kam mir plötzlich sehr eindeutig der Befehl: »*Geh in die Meditation!*« Ich setzte mich vor meine Hütte und ging ins innere Gebet. Wie ein Kind bat ich um Hilfe und sprach auch die Winde direkt an, mitzuhelfen, dass das Feuer gelöscht werden könne. Wie ein synchrones Ereignis verband sich das innere Erleben mit den äußeren Umständen. In mir setzte auf der Stelle eine große Ruhe ein, was damit zusammenhing, dass sich der Wind etwas legte und tatsächlich leicht drehte. Die Panik verschwand, und ich fühlte, dass alles gut gehen würde. Mir war, als stünden wir unter Schutz. Das Feuer kam tatsächlich nicht zu meiner Hütte, sondern zog jetzt den Hang hinunter. Optisch nahm es noch einmal gewaltig zu. Die Zistrosen loderten wie Zunder, und auch die größeren Bäume wurden erfasst. Mit etwa 30 Leuten holten wir eimerweise Wasser aus den Teichen, bildeten Schlangen und taten, was wir konnten. Ich war jetzt ganz ruhig geworden. Es war beeindruckend, wie einfach wir uns in unserem Einsatz ergänzten und jeder ganz leicht herausfand, wo er benötigt wurde. Diese Aktion wurde für mich nachträglich zu einem Symbol für eine funktionierende Gemeinschaft, in der jeder seinen Platz ganz ausfüllt und in der Lage ist, ohne viel Worte den Kommunikationsfluss aufrechtzuerhalten. Schließlich kam die Feuerwehr zu Hilfe und setzte vom Hubschrauber aus mit Löschaktionen ein. Nach etwa zwei Stunden war der Brand gelöscht. Nur einige Baumstämme kokelten vor sich hin, und der schwarzverbrannte Campus erinnerte noch lange danach an das Geschehen. Mein Glaube an die göttliche Unterstützung, die sofort eintritt, wenn wir mit ihr in Resonanz treten, wuchs. Diese Resonanzgesetze zu verstehen wurde immer mehr zu meiner Lebensaufgabe.

Auch wegen des Geldes erlebten wir unsere Wunder. Genau am Stichtag hatten wir das Geld zusammen, das wir für den Platzkauf brauchten. Darüber hinaus aber hatten wir so gut wie nichts. Wenn gar nichts mehr da war und wir schon dazu neigten, uns ernsthafte Sorgen zu machen, dann griff immer irgendwie die Göttin ein, durch eine Durchsage, eine ungewöhnliche Eingebung, einen Traum oder einen zufällig auftauchenden Gast, der uns weiterhalf. Durch diese existenziellen Ereignisse, aber auch durch unscheinbarere Vorkommen wandelten auch wir selbst uns unmerklich. Wir begannen gesünder zu leben, der Kontakt zur Natur wurde inniger, und in uns wuchs nach und nach so etwas wie eine Naherwartung, die uns immer mehr Kraft und Mut gab, den Traum von Tamera in vollem Umfang anzugehen. Der Steinkreis als Vorbild hatte mir Mut gemacht, auch im Bereich der Heilung zu forschen und diejenigen Lebensbereiche anzugehen, in denen bereits eine mehr oder weniger bewusste Resignation eingesetzt hatte. Jeder von uns versuchte immer mehr, seine eigene Funktion im Ganzen zu erkennen und auszufüllen. Wenn dies nicht von selbst geschah, dann wurden wir durch äußere Ereignisse, kleinere Unfälle oder Glücksmomente darauf gestoßen. Besonders Pierre setzte sich immer wieder dafür ein, dass die geistigen Ziele von Tamera, auch die der Heilung und Selbstheilung, bei all den Aufbauarbeiten für alle präsent blieben. Die Neigung des Menschen, in der Arbeit zu versinken und darüber seinen eigentlichen Sinn zu vergessen, war immer wieder ein Problem, mit dem wir alle zu kämpfen hatten. Wir hatten ja nicht nur materielle Themen zu lösen, sondern vor allem auch geistige. Wie oft glaubt man aus Gewohnheit viel lieber an ein Problem und seine Unlösbarkeit als an seine mögliche Lösung! An der Lösung zu arbeiten verlangt die dauernde Bereitschaft zu einer veränderten Lebenshaltung in allen Details. Wir erhielten klare Hinweise, die Sache langsam und gründlich genug anzugehen.

Wir wollten, dass das ungelöste Eros-Thema unserer Zeit in Tamera eine Chance bekommen sollte. Dazu musste es noch umfassender angegangen und gelöst werden, als es uns bis dahin möglich war. Der Steinkreis hatte mir den Blick auf die geschichtliche Verletzung im Bereich des Eros und auf die Notwendigkeit der sexuellen Heilung noch wesentlich vertieft. Immer wieder konnten wir beobachten, wie viele Menschen an den ungelösten sexuellen Themen scheiterten. Man konnte sehen, dass sie die Sehnsucht nach einer intimen sexuellen und dauerhaften Freundschaft mit einer Person einfach nicht mit der Sehnsucht nach einem freien erotischen Leben und nach einer größeren Gemeinschaft zusammenbekamen. Für die meisten Menschen sah es wie ein kategorisches Entweder-Oder aus. Beziehung ohne Eros oder Eros ohne feste Freundschaft. Im Steinkreis hatte ich in das urgeschichtliche Drama dieses ungelösten Themas Einsicht bekommen. Schien es doch so, dass in der Mythologie die geschichtliche Wurzel für das Entstehen des Patriarchats mit seinen Strukturen von Gewalt und Unterdrückung zu suchen war. Sowohl für junge Menschen als auch für diejenigen, die älter waren und sich selbst keine großen Chancen mehr ausrechneten, bedurfte es neuer Lösungsansätze, wenn man eine gewalt- und angstfreie Lebensperspektive aufbauen wollte. Das aber war nur möglich, wenn jedes Glied der Gemeinschaft einen umfassenderen Sinn und eine übergeordnete Perspektive für sich kannte, die über die Frage der jeweiligen Kontakte weit hinausging. Nur wenn wir überhaupt ein Verhältnis zum Leben aufbauen würden, das hinausführen konnte aus dem Vergleich mit anderen, aus Konkurrenz und Machtspiel, das uns stattdessen mit einem Bild von uns selbst wieder verbinden würde, so wie wir kosmisch gemeint waren, würden wir dieses schwierige Thema lösen können. Der Steinkreis war für mich zu einem Modellfall geworden, an dem demonstriert wurde, wie eine Gemeinschaft davon lebte, dass jeder Einzelne seine ganz spezielle Funktion und Aufgabe im Universum wieder erkannte und annahm. Eine gesunde und funktionierende Gemeinschaft war ein Biotop der Ergänzung, nicht der Hierarchie.

Im Steinkreis fand ich Antworten bezüglich Krankheit, Tod und Sterben, genauso wie für Jugend, Liebe und Gemeinschaft, die für das Konzept von Tamera von Bedeutung waren. Hier gab es Lebensperspektiven für die Jugend und für das hohe Alter. Wenn wir den Schlüssel finden würden, der uns helfen könnte, die latente Grundangst zu überwinden, von der jeder Mensch unserer Gesellschaft befallen war, und stattdessen das Urvertrauen in die Kräfte und Rhythmen des Lebens selbst wieder aufzubauen, dann würden wir in Tamera ein Modell aufbauen können, das auch für Generationen nach uns noch Bedeutung haben würde. Dann könnte es ein Beitrag zur Heilung von Mensch und Erde sein. Mit dieser Sicht lebten und arbeiteten wir in Tamera. Das gab uns die Kraft in schwierigeren Situationen und lenkte auch von einer zu persönlichen und damit leicht betroffenen Haltung dem Leben gegenüber ab.

Ich begann immer gezielter mit der Traumforschung und der Arbeit an der Visionsbildung. Die feste Wiederverbindung mit der eigenen Zielgestalt jedes Einzelnen war für mich zu einer wichtigen Voraussetzung für das Funktionieren des Ganzen geworden. Und ebenso die feste Wiederverbindung mit einem gemeinsamen kollektiven Traum des Menschen und seiner Heilung, einem Traum vom paradiesischen und tatsächlich humanen Leben, das diesen Namen auch verdiente. Wir müssten viel Geist, Zeit und Energie aufbringen, um das richtige Sehen zu erlernen. Es war für mich selbstverständlich geworden, dass es nur ein Sein gab und dass wir die Aufgabe hatten, den ursprünglichen Traum vom Paradies, den die Erde und wir mit ihr träumten, wiederzufinden und sinnvoll weiterzuführen. Tamera sollte und soll in diesem Sinn ein wirkliches Heilungsbiotop werden. So wächst die Gemeinschaft langsam und beständig. In den nächsten Jahren werden wir mit dem Aufbau einer Schule beginnen können, einer Schule der Schöpfung, einer Weiterführung der urgeschichtlichen Utopie für alle Fragen des Überlebens, der Heilung, der Liebe, der Kunst, der Religion und der Gemeinschaft.

Ein Urmodell der menschlichen Gemeinschaft

Der Steinkreis rief mich wieder. Ich hatte beschlossen, noch in diesem ersten Jahr, das wir in Tamera waren, mit einer ganzen Gruppe zum Steinkreis zu fahren, um die mediale Erforschung dieses Ortes fortzusetzen. Zur Vorbereitung machte ich mich noch einmal allein auf den Weg. Angekommen bei den Steinen, war mir, als würde ich von meinen alten Freunden begrüßt. Ich wählte immer denselben Eingang, den ich als das energetische Tor für einen inneren Meditationsgang durch den Kreis wahrnahm. *Der Wächterstein* hatte für mich bereits ein ganz persönliches Gesicht bekommen. Von ihm fühlte ich mich abgeklickt, wie ich es von den Delphinen kannte, hier wurde ich empfangen und erhielt in der Regel gleich die ersten Hinweise. Ich war gekommen, um ein Konzept zu finden für ein zehntägiges Traumforschungsseminar mit einem Besuch im Steinkreis, wie ich es noch für diesen Sommer plante.

Dieses Mal reagierten meine Zellen wieder überdeutlich mit Kribbeln. Je nachdem, zu welchem Stein ich trat, tauchte es an einer anderen Stelle meines Körpers auf. Es war mir, als würde ich dadurch aufmerksam gemacht, durch welches Körperorgan oder Chakra dieser entsprechende Stein mit mir zu kommunizieren wünschte. In der oberen Hälfte des Kreises lud mich ein größerer Stein zum Verweilen ein. Ich setzte mich hin und lehnte mich an ihn, machte mich innerlich leer von allen Gedanken und Dialogen und ging in Empfangshaltung. Ich hatte mich hingesetzt mit der Frage: »Welche Funktion hatte der Steinkreis in früheren Zeiten? Wann und zu welchem Zweck wurden diese Steine hier aufgebaut?« Ich musste nicht lange warten, denn sehr schnell begannen viele Informationen auf mich einzudringen, die ich alle auf mein kleines Tonband sprach.

»*Es war vor Tausenden von Jahren, da lebten Menschen auf der Erde, Männer und Frauen, die waren sehr glücklich. Sie lebten in einem völlig anderen Bewusstsein als ihr heute, und deshalb könnt ihr ihre Gedanken und Werke auch nur in Ansätzen verstehen. Aber wer eine Erinnerung trägt in seinem Herzen, der kann ihren Ruf aus vergangenen Zeiten auch heute noch hören. Viele Steine, Pflanzen und Tiere erzählen ihre Geschichte, und es wird eine Zeit kommen, in der ihr Menschen ihre Sprache wieder verstehen werdet, in der ihr ganzes Geheimnis gelüftet wird und sich ein lange ersehntes Paradies vor euren Augen entfaltet und schließlich zur Wirklichkeit wird. Es ist unwichtig, ob ihr dieses Paradies zunächst als vergangenes vor euch seht oder als das darauf folgende Paradies der Zukunft, wichtig ist, dass ihr die Informationen, die im Schöpfungscode angelegt und die zur Verwirklichung einer vollkommenen Welt nötig sind, wiederentdeckt. Sie wurden über die Jahrtausende vergessen und entstellt. Das hatte schreckliche Konsequenzen für die Erde und das Leben auf der Erde. Du findest hier alle Informationen versammelt, die für den Aufbau eines Stammes von Bedeutung sind. Sie wirken für den Aufbau eines genetischen Codes für eine gewaltfreie Kultur, die in späteren Zeiten einmal von großer Bedeutung sein wird. Im Moment bist du verbunden mit der Information deiner Urahnen, die für die Zukunft wichtig ist, denn jede Zukunft braucht den richtigen Ursprung, die richtige Quelle, um die gewünschte Richtung zu nehmen. Um die richtige Zukunft zu erreichen, braucht man auch die richtige Vergangenheit. Eure Kultur heute hat die Verbindung zu einer positiven Vergangenheit verloren, sie hat ihre Wurzeln verloren und damit ihren Sinn. Eine neue Beziehung zur Vergangenheit herzustellen, das ist für das Gelingen unerlässlich. Der Blick in die Vergangenheit und in die Zukunft öffnet sich gleichermaßen, wenn ihr die Steine sprechen hört. Sie halten Informationen auf vielen verschiedenen Ebenen bereit. Die Informati-*

on schlummert als Urahnung auch in den heute lebenden Menschen. Hier liegt euer Ursprung, aus dem ihr selbst kommt und den ihr alle vergessen habt. Systematisch wird und wurde diese Erinnerung bekämpft, denn sie ist der Keimling für die Entstehung neuer, gewaltfreier Kulturen, was von den heute Herrschenden in keiner Weise gewünscht und gewollt wird. Hier liegt der Code für eine mögliche Zukunft, der als Information und Traum schon lange in euren Zellen abrufbar schlummert. Heute waltet ein Informationskörper über der Erde, der diese Informationen systematisch ausschaltet, deshalb ist es so schwierig, bis zur Erinnerung vorzudringen. Es bedarf dafür einer gedanklichen und zellulären Schulung und Vorbereitung. Ohne diese könnt ihr gar nicht zu eurer erhofften positiven Zukunft gelangen. Denn eine heile Zukunft verlangt nach Heilung und Genesung in der Vergangenheit. Diese Urahnen repräsentieren eure positive Vergangenheit, in der ihr den Schlüssel finden könnt für eine gewünschte Zukunft. Der Schlüssel für eine lang ersehnte Zukunft, das Paradies auf Erden, liegt in der Vergangenheit verborgen und wartet darauf, von den ersten Menschen wiederentdeckt zu werden.«*

Ich tauchte aus meiner medialen Versenkung wieder auf. Der Steinkreis repräsentierte also eine Art von genetischem Code für eine Friedensvision? Die Steine trugen so etwas wie eine bewusst aufgebaute Informationsstruktur über die Entstehung des Friedens in sich, über die Entstehung gewaltfreier Kulturen und das Leben von Stämmen? Ich kam mir vor, als sei ich mitten in ein Märchen abgetaucht. Wie sollte man sich bei einem normalen kritischen Menschenverstand plausibel machen, dass jetzt auch schon Steine sprechen können und Informationen weitergeben? Ich sah schon die Pressezeilen vor mir: »Lichtenfels fahndet jetzt munter nach Steinkreisen, hört ihre Urahnen sprechen, kommuniziert mit uralten Wesen aus der Vergangenheit, die ihr und ihren Anhängern das Paradies auf Erden versprechen.« Ich konnte nicht umhin, mich immer wieder mit den Augen meiner früheren Lehrer und Freunde zu sehen. Die würden mich doch reif für die Psychiatrie halten, wenn sie mitbekämen, was ich da tat. Überhaupt: Wer antwortete mir denn da? Was, wenn man mich fragen würde: »Ja, sitzt denn da die Seele eines Verstorbenen über die Jahrtausende in den Steinen fest? Eine schreckliche Vorstellung!« Etwas in mir musste lachen bei dem Bild, dass ich mit einem verschrobenen Alten aus der Urzeit kommunizierte.

Folgende Gedanken schossen mir durch den Kopf: »*Durch Drogenerfahrungen wissen doch heute viele, dass auch andere Wirklichkeiten neben euren existieren. Eine Leugnung dieser Tatsache kann nicht verhindern, dass sie da sind. Die Ausrede, dass alles nur durch Drogen bewirkt worden sei, hilft euch, das Ganze eben doch nicht als reale Wirklichkeit annehmen zu müssen. Ihr seid alle schreckliche Gefangene eines materialistischen Weltbildes geworden. Dabei wurde es doch ursprünglich zur Befreiung aus den religiösen Ghettos erfunden, die den Menschen domestizierten und in moralischen Zwangsjacken gefangen hielten. Eure Vorstellung von Objektivität dient schon lange nicht mehr der Wahrheitsfindung.*« »Ja, aber wie muss ich mir das Ganze denn vorstellen? Mir ist zwar klar, dass hier kein Ahne in den Steinen sitzt, der mit den Menschen spricht, trotzdem bekommt man über die Steine Kontakt mit einer personalen Energie, wenn man sich dafür sensibilisiert.«

Eine humorvolle Welle durchfuhr mich und brachte mich bei der Vorstellung der Ahnen im Stein erneut zu einem Lächeln. »*Wie ist es denn beim Radio? Fragst du beim Radio hören auch danach, ob jemand im Radio sitzt, der dir antwortet, während du die Nachrichten hörst? Oder hocken deine Freunde im Telefon, wenn du mit ihnen sprichst? Kannst du erklären, wie zwei kleine Batterien in einem Sprechapparat es möglich machen, dass du anschließend deine eigene Stimme hörst? Allein technische Begriffe und Erklärungen beruhigen euch, und ihr fragt nicht mehr weiter. Bereitwillig und gläubig öffnet ihr euch für die Schwingungen aus Fernsehen, Rundfunk und Telefon. Universelle Energie und Information ist überall vorhanden, ihr müsst euch nur auf die entspre-*

chende Frequenz einschwingen. Der Steinkreis ist so etwas wie eine Sendestation, der zur Fokussierung dient. Es ist eine übergeschichtliche Information, die den Prozess der Veränderung und des Werdens in sich integriert hat, deshalb ist das Material von Steinen, das die Jahrhunderte in sich verdichtet und überdauert, besonders geeignet. Du kannst auch aus Felsen Informationen abrufen. Hier aber handelt es sich um die Informationen von Menschen, da sie die Steine speziell zu diesem Zweck errichtet haben. Du hast Glück, dass es sich um ein relativ unzerstörtes Exemplar von einem Steinkreis handelt, deshalb kommen die Mitteilungen ziemlich klar und leicht durch. Du findest hier die Urinformation vom Wesen des Überlebens und der Entwicklung, frei von Gewalt.«

Meine Einführungsstunde in das Mysterienwissen des Steinkreises ging weiter. Ohne Unterbrechung kamen die Informationen in dicht gedrängter Geschwindigkeit. Meine einzige Aufgabe war es, mich ganz wach zu halten, um alles genau aufnehmen zu können.

»Jeder Stein verkörpert einen bestimmten Archetypen, der notwendig ist für das Gesamte. Jeder, der hier aufmerksam ist, findet Informationen über das Wesen der Archetypen, über ihre notwendige Zusammenarbeit und Ergänzung und auch über die Entsprechungsarchetypen jedes Einzelnen. Im Menschen verbinden sich bestimmte archetypische Kräfte und Grundgestalten. Die wichtigsten Archetypen sind im Steinkreis dargestellt. Es ist wichtig, dass der Mensch dazu eine wissende Verbindung findet, das gibt ihm Kraft und Schutz. Denn alle Menschen tragen archetypische Energie in sich. Du kannst hier die archetypische Energie auffinden, die dir entspricht, das gibt dir auf der Stelle Kraft. Die Steine geben dir einen Anstoß und Inspiration für deine eigene Entwicklung. Sie helfen dir nur, dich selbst zu fokussieren, indem du dich auf eine bestimmte Frequenz einstellst. Sie sind sozusagen deine Droge. Das funktioniert aber nur, wenn ihr eure Phantasie und schöpferische Kraft nicht in feste Gesetze und

Vorstellungen, wie die Wirklichkeit zu funktionieren hat, einzementiert habt.«

Während ich diesen Eingebungen folgte, ergaben sich vielfältige Bilder von einem bunten Stammesleben vor meinen Augen; ich folgte also nicht nur den Sendefrequenzen und hörte eine innere Stimme, sondern ich verfolgte noch dazu einen ganzen inneren Fernsehfilm, ohne dass ich einen Fernseher eingeschaltet hatte. *»Dieses Stammeswissen unterscheidet sich beträchtlich von der gegenwärtigen gesellschaftlichen Struktur. Es steht im Gegensatz zu Hierarchie und Herrschaft. Natürlich wissen einige mehr und andere weniger, es gibt in allen Bereichen das Verhältnis von Schülern und Lehrern, aber niemand benutzt den Vorsprung zur Unterdrückung des anderen. Alles lebt vom Prinzip der gegenseitigen Ergänzung. Jeder Archetyp, für den die Steine stellvertretend stehen, nimmt einen notwendigen Platz im Ganzen ein, ohne den der Stammeszusammenhalt nicht funktionieren würde. Die alten Stämme pflegten das Bewusstsein von einem höheren kollektiven Selbst, in das alle individuellen und persönlichen Informationen eingebettet waren. Heute reagiert der Mensch sehr empfindlich auf solche Schwingungen, weil sie durch kollektive Herrschaftsstrukturen über die Jahrtausende missbraucht worden sind und der Mensch deshalb sein Vertrauen in diese ursprünglich universellen Vorgänge verloren hat. Damit hat sich der Mensch aber auch von einer elementaren Lebenskraft und Energiequelle getrennt, die er eigentlich für ein kraftvolles Leben braucht. Was ist ein Mensch ohne die Urkraft des Vertrauens und der Geborgenheit? Der ganze Stamm lebte von einem höchstmöglichen Ausmaß der Transparenz und Durchlässigkeit. Betrug und Korruption wären nicht möglich gewesen, sie hätten das ganze System sofort gekippt. Dieses System funktioniert nur unter gewaltfreien Bedingungen, dann aber hat es die höchstmögliche Überlebensqualität und Vielfalt in sich und gilt für alle Zeiten. Du kannst hier viel über angstfreie Kommunikation erfahren. Wenn du dich mit dem Mysterienwissen ganz verbindest, dann wirst du* *von unendlicher Ruhe und Kraft erfüllt sein. Das ist aber nicht von Dauer, da ihr noch anfällig seid für die alten Informationen von Angst und Gewalt.*

Die Archetypen, die du hier siehst, entsprechen einer überzeitlichen Gestalt. Wenn du ihre Energie aufnehmen kannst, dann kann sie dir helfen, die gegenwärtigen Ereignisse zu sehen, zu verstehen und richtig in dein Leben zu integrieren. Denn jeder Mensch hat ja so etwas wie eine ewige Gestalt, nur hat er meistens die Verbindung dazu verloren. Sie kann hier remobilisiert werden. Man kann das nicht sofort auf der intellektuellen Ebene verstehen, du musst erst einmal die Bereitschaft mitbringen, dich für eine solche Erfahrung zu öffnen und sie auf dich wirken zu lassen.

Es bleibt immer die Frage, auf welcher Ebene der Einzelne bereit ist, sich einzuschwingen. Ein Mensch, der als kritischer Journalist mit dem festen Vorsatz hierher kommt, sich rauszuhalten, um objektiv beurteilen zu können, ob die Steine wirklich sprechen können, der also diese Tatsache prüfen möchte, indem er sich selbst für jedes unmittelbare Erlebnis verschließt, der wird diese Erfahrung nicht machen können. Denn durch seinen Maßstab der Objektivität und seine Vorstellung davon trennt er sich von jeder möglichen inneren Erfahrung. Das ist ungefähr so, als wolltet ihr prüfen, ob ein Radio tatsächlich Radiowellen auffangen kann, das Gerät aber nicht anschaltet oder nicht an den Strom anschließt. Sollte der arme Kerl möglicherweise doch plötzlich ganz zufällig eine Schwingungsfrequenz der Steine empfangen, dann wird er erschrocken wie bei einem Stromschlag zurückweichen, denn er hat schon seinen Maßstab der Objektivität verlassen, indem er eine unerwartete Erfahrung zugelassen hat. Der Schreck und die Angst werden ihn zum Angriff motivieren, denn es wurde etwas in seinem Inneren berührt, das er partout nicht an sich heranlassen möchte. Er wird alle warnen und in der Öffentlichkeit kundgeben: Vorsicht Steinkult.

Im Grunde ist die Angst vor eigenen inneren Erfahrungen ein Zeichen für eine unbewusste seelische Struktur, bei der auch die vermeintlich kritischsten Menschen an okkulte Zusammenhänge glauben und vor ihnen eine tiefe Angst haben. Um sich vor diesem eigenen Aberglauben zu schützen, haben sie dann die Vorstellung von der so genannten objektiven Welt dazwischengeschaltet. Das beruhigt euch und enthebt euch von der eigenen Verantwortung für euer Tun. Das Schwierige ist, dass es in diesem Fall keinen Knopf gibt, den man ein- oder ausschalten kann und der eure Vorstellung von einer objektiven Wirklichkeit beruhigt. Hier seid ihr selbst die Frequenzempfänger, ohne dass ein objektives Gerät dazwischengeschaltet ist, und ihr müsst in euch selbst eine bestimmte Empfangsbereitschaft ein- oder ausschalten. Ohne die innere Öffnung und Bereitschaft für den Empfang der Information geht es nicht. Fülle dich zunächst einmal mit deiner leiblichen und geistigen Gesundheit und mit deinem Werden. Wenn du mit mehreren Menschen hierher kommen möchtest, so ist es sinnvoll, sich einige Tage vorher vorzubereiten. Esst nur einfache Kost, möglichst kein Fleisch. Versucht in eine durchlässige und empfangsbereite Haltung zu kommen. Befasst euch geistig mit dem Wesen der Affirmation und der Visionsbildung. Gut ist es, wenn ihr vorher schon auf eure Träume achtet. Es kommt überhaupt darauf an, den Raum des Vergessens durch regelmäßige Traumforschung zu überwinden. Bedenkt, dass ihr euch fast ein Drittel eurer Zeit unbewusst in anderen geistigen Räumen aufhaltet. Es ist gut, sie zu kennen. Durch tägliche Traumforschung, durch tägliche Affirmationen und durch konkrete Visionsübungen überwindet ihr den Raum des Vergessens, und das ist in dieser Zeit das Wesentliche. Auf diese Weise könnt ihr es auch lernen, bewusst die Sehräume aufzusuchen. Durch regelmäßiges Training kommt ihr dauerhaft in den Raum des Bewusstseins, des Wissens und der Selbstkenntnis.«

Nachdem mich diese Flut von Informationen erreicht hatte, hielt ich inne. Nachdenklich saß ich im Kreis und schaute mich um. Natürlich drängte sich eine große Frage auf, die sich sofort meldet, wenn das eigene liebende Herz mit Visionen der Hoffnung in Berührung kommt. »Wenn es die Information für ein gewaltfreies Zusammenleben bereits seit Tausenden von Jahren auf der Erde gibt, wieso herrschen dann Macht, Krieg und Gewalt? Wieso wissen die Menschen so wenig über sich selbst, wieso gibt es den Raum des Vergessens, was ist geschehen?« Ich stellte diese Frage und musste auch nicht lange warten. Sofort begann das innere Radio wieder zu sprechen:

»Ein großes Unglück zwischen den Geschlechtern hat die Menschen in die Verblendung geführt. Die Erbauer des Steinkreises wussten bereits, dass es eingetreten ist, aber sie selbst waren noch nicht berührt von der Angst und dem Unglück, sie konnten aber nicht verhindern, dass die Energie der Gewalt irgendwann auch zu ihnen vordringen würde. Dieser Ort diente ihnen als Gedächtnis und als Schutz. Sie schufen durch diesen Steinkreis und andere geschichtliche Denkmäler ein Gedächtnis, denn sie wussten, dass eines Tages Menschen auftauchen würden, die ihr Wissen brauchten, um sich zu erinnern und neue Systeme vorzubereiten und einzuleiten.

Das Unglück nahm seinen Anfang im Liebesbereich. Noch heute zeugen die frühen Dokumente der Geschichtsschreibung von einem Umbruch des Matriarchats ins Patriarchat. Dieser Geschichtswechsel war die Folge eines Unglücks, das in den verschiedensten Kulturen zu verschiedenen Zeiten eingetreten war. Es war ein sexuelles Unglück. Auch im Alten Testament findet ihr das Zeugnis vom Unglück zwischen den Geschlechtern, was natürlich ganz entstellt wurde und einer neuen Deutung bedarf. Dass Adam und Eva aus dem Paradies vertrieben wurden, ist das überlieferte Zeugnis vom Wechsel der Kulturen. Sexualität ist die verdichtetste materielle Zeugungskraft und damit eine hoch spirituelle Energie. Durch sie werden nicht nur Lebewesen gezeugt, sondern überhaupt materielle Wirklichkeiten. Natürlich ist die sexuelle Energie eine viel umfassendere Kraft, als man sich heute im Allgemeinen vorstellt. Überall in den alten Mythologien findet ihr Zeugnisse von diesem geschichtlichen Unglück. Wenn ihr sie genügend studiert, dann werdet ihr immer mehr verstehen, was vorgefallen ist.

Das dir jetzt schon mitzuteilen wäre viel zu früh. Lass dich behutsam darauf ein, und du wirst immer mehr erfahren. Es existieren noch heute Kulturen, die das alte Wissen hüten und die die Traditionen der Megalithkultur und der Göttin fortgeführt haben. Sie leben zwar auch nicht mehr im Goldenen Zeitalter, auch ihre Kulturgüter wurden verdrängt und entstellt, aber sie haben das Wissen geschützt und gehütet, trotz vieler Verfolgungen.

Noch heute tobt der Geschlechterkampf zwischen Männern und Frauen in immer neuen Varianten. Das sind nach wie vor die Folgen dieses urgeschichtlichen Traumas, das nur überwunden werden kann, wenn das Vergessen aufgehoben wird. Durch dieses urgeschichtliche Trauma wurde das Patriarchat mit seinen Strukturen von Gewalt, Macht, Herrschaft und Angst eingeleitet. Das Vergessen ist so groß geworden, weil der Schmerz und die Angst zu groß geworden sind. Nur in Verbindung mit einer neuen Vision der Zukunft und der positiven Vergangenheit werdet ihr die Wunden behutsam heilen können. Deshalb ist es so wichtig, dass ihr euch erst einmal an den Stamm in seinem positiven Ursprung erinnert; der ursprüngliche Traum von menschlicher Gemeinschaft kann hier wieder erlebt und gesehen werden. Dann wird es auch leichter sein, die Wunden zu erkennen, zu verstehen, wodurch sie eingetreten sind, und die Quellen der möglichen Heilung aufzudecken. Seit Tausenden von Jahren erlebt die Erde den geschichtlichen Geburtsvorgang der personalen Liebe. Durch viele Verirrungen hindurch webt sie ihren Traum der Kenntnis und der Selbsterkenntnis. Auch du, in allem was du erfährst, bist ein Zeugnis und Teil dieses universellen Geburtsvorganges.

Dieser Vorgang ist in der Evolution schon lange vorgesehen, aber er ist auch ein ganz junges Kind der Geschichte. Euer Dilemma in der Zeit, in der ihr lebt, besteht darin, dass ihr den universellen Vorgang kaum noch wahrnehmt, dafür die Dinge aber ungeheuer persönlich nehmt. Ein ganz falsches Verständnis vom individuellen Ich hat sich herausgebildet. Ihr tragt dadurch immer wieder zu erneutem Unglück bei. Liebe lässt sich nicht allein auf der persönlichen Ebene erfahren. Jeder Mensch muss zwangsläufig daran scheitern, denn die Liebe ist per se ein universeller Vorgang. Deshalb haben auch nur universell aufgebaute Stämme eine Überlebenschance. Gesellschaftsformen, die sich von der universellen Struktur des Menschen getrennt haben, werden früher oder später alle zugrunde gehen, denn sie haben sich von der universellen Überlebens- und Liebesquelle getrennt. Ihr erlebt die Schwierigkeiten in euren Liebesbeziehungen. Nach einiger Zeit meint ihr, einander zu kennen oder gar zu gehören. Ihr beginnt, euch zu definieren, und merkt gar nicht, wie ihr dabei die ursprüngliche spirituelle Kraft eingrenzt und tötet. Das, was ihr ursprünglich am anderen geliebt habt, das beginnt ihr zu töten. Ihr legt euch gegenseitig fest auf eure Vergangenheit und beraubt euch damit des Blickes auf eure Zukunft.«

Nach dieser ausführlichen Einführung erhob ich mich und ging nachdenklich durch den Steinkreis. Wie wahr diese Zusammenhänge dargestellt waren! Wie nun würde sich der richtige Blick auf die Zukunft finden lassen, wenn er doch in unserem Urgedächtnis angelegt war? Ich hatte wenig Zeit zu grübeln, denn da kamen auch schon die nächsten Eingebungen:

»Wenn du das nächste Mal hierher kommst, dann versuche herauszubekommen und zu verstehen, welche Steine für welchen Teil der Gemeinschaft stehen. Du kannst auf diese Art viel darüber erfahren, was auch heute für den Aufbau funktionierender Gemeinschaften notwendig ist. Am besten ist es, wenn ihr euch in Tamera drei Tage geistig vorbereitet und dann hier in der Nähe an einen Platz fahrt, zu dem wir euch noch hinführen werden, und später hier im Steinkreis dann eine Wachnacht verbringt. Eine gute Möglichkeit besteht darin, dass ihr euch in Zweiergruppen zusammentut. Einer der beiden Partner sollte für drei Stunden schlafen, der andere drei Stunden im Steinkreis wachen. Wählt eine Zeit um Neumond oder Vollmond, da sind die Informationen besonders leicht erfahrbar. Wichtig ist, dass ihr eure Fragen entsprechend vorbereitet. Die Welt ist voll mit Antworten, die

Schwierigkeit besteht darin, die richtigen Fragen zu finden. Ganz besonders sind für diesen gesamten Vorgang die Zeiten um die Sonnenwende geeignet. Zu dieser Zeit haben auch die früheren Völker den Steinkreis besucht, ihre Ahnen gerufen und das Orakel befragt. Es war die Zeit der Informationsfindung und die Zeit des Neubeginns. Hier konnte jeder seine begonnenen Werke und Träume korrigieren und ihnen eine neue Richtung geben, wenn sich etwas als nicht gut erwiesen hatte.«

Ich betrachtete unter diesem Gesichtspunkt noch einmal den Steinkreis. In der oberen Hälfte standen besonders große Steine. Sie bildeten im Gesamtsteinkreis, der sich wie eine Eiform an dem Hügel erstreckte, noch einmal einen inneren Zirkel, der sich um einen großen liegenden Stein gruppierte, auf dem Paul bei unserem ersten Besuch eingeschlafen war. Warum lag er hier, war er umgefallen, oder war er schon immer so dagelegen wie jetzt? Ich beugte mich zu ihm hinunter, legte meine Hand auf ihn und wartete darauf, ob ich irgendein Zeichen erhalten würde. »Bist du auch ein Archetyp? Und wofür stehst du?«, fragte ich. Aber es blieb alles still, es wurde weder warm noch kalt, noch erhielt ich irgendein anderes Zeichen. Trotzdem zog dieser Stein mich irgendwie magisch an. Ich ging zu einem großen einladenden Stein in seiner Nähe.

»*Leg dich das nächste Mal, wenn du kommst, auf den dort liegenden Stein. Versuche, dort zu schlafen und zu träumen, dann wirst du erfahren, was es damit auf sich hat.*« »Steht noch irgendetwas an, was ich jetzt wissen sollte und was für mich wichtig für die Vorbereitung ist?«, fragte ich in der Erwartung, noch irgendwelche praktischen Hinweise für das Seminar zu erhalten. Stattdessen erfuhr ich gleich existenzielle Hinweise für mein weiteres Leben und ich verstand, warum es gut überlegt sein wollte, ob man sich diesem inneren Biocomputer öffnete oder nicht. Ein bereitwilliger Besuch im Steinkreis entließ einen nie unverändert und ohne beträchtliche Aufgaben für sein weiteres Dasein. »*Ja, wenn du dich auf die Schulung im Steinkreis einlässt, dann beginnt für dich eine neue spirituelle Entwicklungsstufe. Eine neue Stufe des Frauwerdens steht für dich an. Du wirst Bücher schreiben und die Aufgabe haben, für die Entwicklung eines neuen Frauenbewusstseins an die Öffentlichkeit zu gehen. Das ist zeitgeschichtlich wichtig. Du musst dich aus den letzten Resten eines negativen Selbstbildes befreien, indem du dich immer stärker mit einem angstfreien Ziel und deiner Vision verbindest. Du kannst aufhören, dich mit einer Antigone oder Rahab zu identifizieren, die sich gegen die Übermacht des männlichen Urteils auflehnen mussten. Nicht Revolte, sondern der Aufbau einer positiven Vision ist heute das geschichtliche Thema. Gib den Männern in deinem Inneren erst gar nicht so viel Macht über das weibliche Geschlecht, so dass du gegen sie revoltieren musst. Denn solange du das tust, verstärkst du das Unheil nur. Erinnere dich an die eigentliche weibliche Urmacht, auch wenn ihr Jahrtausende durch eine Opfergeschichte gegangen seid. Es geht nicht um Schuld oder Unschuld, es geht um Aufhebung und Veränderung dieses grausamen Schicksals beider Geschlechter.*

Hilf mit, dass das Geschlechterverhältnis in die richtige Balance kommt, das ist die Voraussetzung für eine mögliche geschichtliche Heilung. Entwickle in dir die positive reife Frau, die du bist, und mache anderen dadurch Mut, dasselbe ebenfalls zu tun. Folgt nicht länger eurem viel zu kleinen Selbstbild, das euch in einem viel zu kleinen Alltag gefangen hält, folgt auch nicht eurem heimlichen Größenwahn, der euch in falsche Machtvorstellungen führt. Erkennt, wer ihr wirklich seid. Ruht euch nicht länger auf euren alten Ausreden aus. Lass dich von niemandem mehr in Schranken halten, setze dir selbst die Schranken, die du noch brauchst. Freiheit und Beschränkung sind zwei wesentliche Schöpfungsmerkmale des Menschen, durch die ihr eure Wirklichkeit schafft, bewusst oder unbewusst.

Jede Wirklichkeit entsteht durch die Freiheit des umfassenden Traumes und durch das bewusste Eingrenzen der Träume. Eine Form entsteht dadurch, dass ihr dem Traum bewusste Grenzen gebt. Löse dich aus jeder Abhängigkeit und aus dem Glauben, abhängig zu sein. Wenn du glaubst, dass jemand anders schuld daran ist, dass du dich nicht entwickeln kannst, so ist das Faulheit. Vertiefe und erkenne das Bild der selbstgewählten Beziehungen. In diesem Sinn bist du nie unabhängig, denn Leben besteht aus einem feinen Netzwerk von Beziehungen. Es liegt an dir selbst, ob du hieraus als Opfer hervorgehst oder als freie Persönlichkeit. Jeder hängt vom anderen ab. Fülle diese Beziehungen immer umfassender mit der Freude der universellen Liebe, dadurch erhalten sie ihr Leuchten, ihre Kraft, ihre Freiheit und ihre Schönheit. Wirkliche Beziehung ist das Gegenteil von Abhängigkeit. Erst wenn du dich in den Glauben an die Abhängigkeit fügst, dann wird das, was dein Albtraum ist, zur Realität. Wenn du dich dem Glauben hingibst, dass der andere etwas habe, was du nicht hast, aber haben müsstest, nährst du deine Vorstellung von Abhängigkeit. Abhängigkeit wird auch genährt durch falsche Abgrenzungen. In dem Ausmaß, wie du das erkennst und akzeptierst, wird deine Verantwortung und deine Bereitschaft dazu, Verantwortung zu übernehmen, steigen.

Nimm deine Autorität an. Jeder Mensch hat eine bestimmte Aufgabe und Autorität, die nicht zu ersetzen ist durch irgendjemand anders. Deshalb ist es so wichtig, dass jeder seine eigene Aufgabe erkennt und findet, denn davon hängt das Ganze viel mehr ab, als ihr glaubt. Du wirst in deiner unmittelbaren Umgebung immer weniger Albträume zulassen, sondern sie in Träume der Liebe und der Anteilnahme verwandeln, wenn du deine eigene Autorität siehst und akzeptierst.«

Für heute hatte ich genug Stoff. Ich schaute mich andächtig und staunend um. Mich erfüllte die Ehrfurcht und der Schauder vor der Tatsache, dass ich überhaupt hier war, auf dieser Erde. Was wussten wir schon über sie, wenn wir einmal alle antrainierten Vorstellungen über das, wer wir selbst sind und was unsere Umgebung darstellte, fallen ließen. Ein einziges Mysterium. Staunen war der Ausgangspunkt für jede Neuentdeckung, dafür liebte ich diese Daseinsqualität. Ich sprach alle Eingebungen auf mein Tonband und machte mich dankbar und inspiriert auf den Heimweg. Selbst wenn ich alles anzweifelte und alle gemachten Eingebungen nur aus mir selbst entsprangen, konnte ich noch über dieses Wunder der Weltsicht staunen. Die Rückfahrt verging in Windeseile, während ich inspiriert nachdachte über diese wunderlich verschraubten Zusammenhänge unserer subjektiven und objektiven Welt.

Dies war die erste umfassende Einsicht in die Zusammenhänge des Steinkreises, seine Heilkraft und Bedeutung für uns heute. Diese Einführung veranlasste mich, das Stammesleben und die Bedeutung der Archetypen in allen Einzelheiten zu befragen und auch mehr zu erfahren über die Art, wie wir heute davon lernen können. Kurz darauf erhielt ich bereits meinen ersten inneren Auftrag, ein Buch zu schreiben, das Buch *Weiche Macht – Perspektiven für ein neues Frauenbewusstsein und eine neue Liebe zu den Männern*. Im Zusammenhang damit entstand die erste zusammenfassende Erzählung über den Steinkreis. Nach vielen weiteren Besuchen kam es zu dem Auftrag dieses Buches und zu meiner spirituellen Reise nach Malta.

II

Vorbemerkung

Im folgenden Teil werde ich zunächst zusammenfassend die Informationen vom Steinkreis darstellen, wie sie sich mir im Laufe meiner vielen Besuche eröffnet haben. Der Zusammenhalt eines Stammes wurde mir hier in vielen Einzelheiten offenbar. Ich erlebte die Gedanken, Visionen und Träume von Menschen nach, die sich in einem Sein mit der Erde verbunden fühlten, für die die gesamte Materie eine personale Seele hatte, mit der sie gemeinsam einen Traum träumten, den sie verwirklichen wollten. Ich erlebte den Steinkreis wie eine universelle Matrix, die auf vielen verschiedenen Ebenen Informationen gespeichert hat, die wir alle abrufen können. In den Durchsagen, die ich erfuhr, spielten Jahreszahlen noch keine große Rolle. Aus dieser Sicht heraus sind einige Jahrhunderte ein winziges Element der Kulturgeschichte. Manche Angaben, die ich intuitiv, in Träumen oder Trancen erhielt, decken sich erstaunlich mit geschichtlichen Angaben, wie ich sie später beim Nachschlagen in Büchern fand, andere entfernen sich weit von der gängigen Geschichtsschreibung. Ich bin sicher, dass sich in dieser Darstellung mythologische Eingebungen noch mit geschichtlichen Ereignissen vermischen. Es ging in meinen Eingebungen mit viel mehr Eindringlichkeit um geistige Zusammenhänge und neue Einsichten in alte mythologische Bilderwelten als um geschichtliche Fakten. Aber nach und nach bekamen auch geschichtliche Ereignisse immer mehr Gewicht.

Die Frage der Objektivität meiner Trancen wurde immer spannender. Mit Sicherheit werden wir den geschichtlichen Zusammenhängen in Zukunft noch viel detaillierter nachgehen. Ich denke an ein gemeinsames Forschungsteam, an dem Archäologen und Geomanten beteiligt sind, die der spirituellen archäologischen

Forschung offen gegenüberstehen. Ich bin sicher, dass man in der Gegend des Steinkreises noch auf viele unentdeckte Funde stoßen wird.

Ich beschreibe zunächst nur die Informationen, die aus der frühen Urgeschichte zu mir kamen, obwohl mir später in Träumen und Trancen auch Informationen zugetragen wurden, wie der Steinkreis von späteren Kulturen genutzt und zum Teil auch missbraucht wurde. Mein Interesse in diesem Buch besteht aber darin, die konkrete Utopie einer urgeschichtlichen Vergangenheit als Inspirations- und Kraftquelle für eine lebenswerte Zukunft vor unserem Auge lebendig werden zu lassen.

Der Steinkreis in Portugal ist bis heute allen Besuchern zugänglich. Sollte jemand aufgrund dieses Buches eine Reise nach Portugal antreten und den Steinkreis besuchen wollen, so bitte ich eindringlichst um ein umsichtiges Verhalten. In den letzten Jahren, mit Anwachsen der touristischen Besuche, hat sich die Situation drastisch verändert. Straßen wurden gebaut, Schilder wurden aufgestellt, und der Steinkreis droht zu einem viel besuchten Touristenort zu werden, wie in anderen Ländern auch. Dadurch wird es natürlich schwieriger, die ursprüngliche Kraft und Heiligkeit dieses Ortes unmittelbar zu erfahren. Ich hoffe, dass dieses Buch mithilft, ein Bewusstsein dafür zu schaffen, wie man einen solchen Ort auch betreten kann. Es ist ein großer Unterschied, ob ich einen Ort nur betrachten möchte oder ob ich mit der inneren Bereitschaft einer Umwandlung dorthin gehe. Beide Haltungen haben ihre Berechtigung, es ist aber sinnvoll, sich der eigenen Einstellung bewusst zu sein. Wenn man mit eigenen Fragen in den Steinkreis geht, dann sollte das sehr bewusst geschehen. Halbheiten führen sonst nur zu seelischen Verrenkungen und Verwirrungen. Es bedarf einer gewissen spirituellen Schulung der inneren Aufmerksamkeit, um mit den vorhandenen Energien richtig umzugehen.

Unabhängig davon, mit welchem Interesse die Besucher kommen: Der Steinkreis ist ein Tempel der Andacht. Man möge sich ihm behutsam nähern. Wer diese innere Ehrfurcht nicht findet, der wird auch keine Botschaften erfahren. Ausgangspunkt sollte immer das Stillwerden im eigenen Herzen sein und die innere Bereitschaft für die Informationen, die der Ort für uns bereithält. Noch ist es möglich, in der Gegend des Steinkreises zu lagern und möglicherweise dort eine Wachnacht zu verbringen. Man sollte das aber niemals einfach im Steinkreis selbst tun. Wenn es immer öfter vorkommt, dass »Freaks« ihr Lager mitten im Kreis errichten, die Steine zum Wäschetrocknen benutzen, und noch um zehn Uhr, wenn die Tagesbesucher kommen, schnarchend im Zentrum des Kreises liegen, so wird der Steinkreis bald geschlossen und nur noch für wenige zugänglich sein. Wir werden die Steine nur zum Sprechen bringen, wenn wir eine bewusste und uns selbst angemessene Form der Annäherung finden. Das bedeutet natürlich vor allem Achtsamkeit für die Umgebung, in der ich mich befinde und auch für das Land, in dem ich mich gerade aufhalte. Portugal ist ein gastfreundliches Land.

Gerne würde ich mithelfen, einen geistigen Schutz für diesen Ort aufzubauen. Kaum jemand ahnt beim Besuch dieses Kraftplatzes, dass er sich nicht nur an einem Kulturdenkmal, sondern gleichzeitig an einem geomantischen Kraft- und Knotenpunkt für die gesamte Landschaft befindet, von dessen gesundem Funktionieren viel abhängt. Wir haben den Steinkreis gemeinsam mit dem Landschaftsheiler Marco Pogačnik besucht. Es gab erstaunlich viele Übereinstimmungen in seiner und meiner inneren Wahrnehmung für diesen Ort und seine Funktionen.

Mögen die Leser dieses Buches mithelfen, dass der Steinkreis noch lange so erhalten bleibt. Und wenn man die Steine befragt, so möge man vielleicht auch an die Frage denken, welches Geschenk dieser Ort von uns wünscht und braucht.

Das Leben der Urahnen und warum sie den Steinkreis bauten

Die folgende Erzählung ist eine Zusammenfassung von verschiedenen Trancen, die wir nach Besuchen beim Steinkreis durchgeführt haben, und von Informationen, die ich in meinen Wachnächten im Steinkreis erhielt. Ich wiederhole noch einmal einiges, das bereits im ersten Buchteil angedeutet wurde, zusätzlich habe ich wichtige Eindrücke und Bilder aus verschiedenen Träumen, die ich im Steinkreis hatte, in eine Zusammenschau des Lebens unserer Urahnen eingeflochten.

Meine Traumreise führte mich zunächst in eine Zeit, in der der Steinkreis noch nicht existierte. Ich traf auf eine Daseinsweise, wie sie für uns kaum vorstellbar und deshalb auch schwer zu beschreiben ist. Ich denke, dass man sie am ehesten in mythologischen Bildern einfangen kann: Ich sah ein Nomadenvolk im Umkreis des heutigen Évora vor mir, vereinzelte Felsen in der Umgebung, große Megalithen und vereinzelte Dolmen als hinterbliebene Zeichen ihrer vollkommen anderen Kultur und Lebensweise. Als rätselhafte Riesen ragen die Steine in das heutige Zeitalter, kaum jemand ahnt, dass diese scheinbar sinnlosen Monumente den damaligen Menschen dazu dienten, ihre Zeitreisen zu starten. Die riesigen Steine sind die einzigen heute noch vorfindbaren Zeichen ihrer damaligen Kultur. Sie hatten weder Häuser noch Hütten, noch brauchten sie die Schrift, denn sie verstanden auf andere Weise zu kommunizieren.

Die Bilder, die ich sah, spielten sich etwa 30 000 Jahre vor unserer Zeitrechnung ab. Es schien, als hätten sich die Wesen nicht lange davor in Südportugal niedergelassen. Sie waren auffallend schön, hatten große stattliche Körper und waren geschmeidig in ihren Bewegungen. Ihre dunkle Haut, ihre vollen Lippen und ihre große schlanke Gestalt erinnerten an Stämme, die heute in Afrika, südlich von Ägypten im früheren Nubien oder auch in Indien anzutreffen sind. Wenn sie auch viel unterwegs waren, so lebten sie doch monatelang an den gleichen Plätzen.

Sie hatten ihre verschiedenen Treffpunkte, es gab bestimmte heilige Orte für Männer und für Frauen. Diese trafen sich immer zur Neumondzeit. Sie standen in inniger Verbindung zu den Kräften des Mondes, ihr Körper und ihr Geist nutzte den Neumond als Kraft der Reinigung und des erneuernden Lebens. Der Vollmond war die Zeit der allgemeinen Fruchtbarkeit, ihr gesamter Zyklus war darauf abgestimmt. Bei Neumond besannen sie sich auf die Dinge, die sie in der nächsten Periode, der Umlaufbahn eines Mondes, tun würden. Der Mond, sie sprachen von der Mondin, war ein lebendiges Wesen, mit dem man kommunizieren konnte, so wie mit allem Seienden, ein Aspekt der Göttin.

Die Männer liebten und verehrten die Frauen, denn sie alle waren ein Sinnbild für Nammu, wie sie die Göttin nannten. Frauen waren auf geheimnisvolle Weise mit den Zyklen der Natur und dem Wissen von Nammu verbunden. Die Männer verstanden sich als pflegende und dienende Kräfte der Göttin, in deren Dienst sie alle ihre Tätigkeiten stellten. Dies hatte nichts mit Unterwürfigkeit zu tun. Es war eine demütige und gleichzeitig stolze Lebenshaltung, die sie allem Seienden entgegenbrachten und die ihnen selbstverständlich war. Sie wussten, dass diese Erde den Schöpfungstraum von Nammu repräsentierte, als einen Traum der universellen Liebe. Und sie waren ein Teil dieses Schöpfungstraumes, sie waren auf dieser Erde, um zu seiner Vollendung beizutragen. Gleichzeitig fühlten sie sich mit anderen universellen Daseinsräumen verbunden, die eher männlicher Natur waren und deren göttliche Lebensquelle sie hier im Laufe der Jahrtausende im Namen von Nammu und der sinnlichen Liebe zur Geburt bringen sollten.

Es gab Plätze für Geburt und Tod, Plätze und Zeiten für Tanz und Fest. Alle Mitglieder des Stammes ernährten sich von den Pflanzen und Früchten der Umgebung, wovon sie äußerst wenig brauchten. Sie nahmen entgegen, was Mutter Erde ihnen schenkte. Und sie zogen weiter, wenn sie dazu die Aufforderung von Mutter Erde vernahmen. Sie hüteten die heiligen Plätze der Pflanzen und horchten auf ihre Träume. Sie wussten, dass sie in zukünftigen Zeiten auch säen und ernten würden.

Ihre Begleiter waren die Pflanzen und heiligen Tiere, die ihnen oft den Weg wiesen. Besondere Begleiter aber waren die Bienen. Von ihnen nahmen sie zu bestimmten Zeiten auch die Gabe der heiligen Süße entgegen, die wir heute Honig nennen. Sie lebten also in jener Zeit, von der oft in uralten Mythologien berichtet wird. Sie pflegten den Kontakt zu den weißen Büffeln und nahmen von ihnen immer wieder das Geschenk des heiligen Trunkes, die Büffelmilch, entgegen. Sie wussten, dass sie sich in einem Traum befanden, den sie selbst erzeugt hatten, aber sie wussten auch, dass jedes Ding in der Schöpfung ab dem Zeitpunkt, an dem es erzeugt war, ein Eigenleben führte und einen eigenen Traum und eine eigene Sprache schuf. So beachteten sie behutsam alle Zeichen, die ihnen entgegengebracht wurden, und lasen in den Träumen, die ihre Mitwesen, die Erde, die Steine, die Pflanzen, die Tiere und die anderen Menschen träumten. Ihre Aufgabe war es, alle Dinge und alle Wesen darin zu unterstützen, dass sie ihren ursprünglichen Schöpfungstraum verwirklichen konnten.

Sie wussten, dass außer ihnen auch noch andere Stämme auf der Erde lebten, und sie pflegten mit vielen von ihnen eine telepathische Kommunikation. So waren ihnen natürlicherweise die verschiedenen Kontinente bekannt. Man mag sich fragen, warum diese Menschen, wenn sie doch so hoch entwickelt waren, so einfach lebten. Sie hatten weder Technik noch eine ausgeprägte Architektur. Sie kannten keine Maschinen und keine Häuser, und doch waren sie Liebhaber der Mathematik und der Astronomie. Mit diesem Wissen berechneten sie die Sternenläufe, die Jahreszeiten, die Sonnenaufgänge und -untergänge. Sie bauten Informationslinien zu den Sternen. Als besondere mathematische Grundlage diente ihnen das Ei, weil sie im Ei die kompakteste Form der harmonikalen Weltenenergie sahen. Der hyperbolische Tonkegel war ihnen als Informationsträger bekannt, der alle universellen Informationen weiterleiten konnte. Das Ei repräsentierte die Urschöpfungsformel. Und eine wesentliche Form für alle Materialisierungen war die Spirale. Sie nutzten dieses Wissen für den telepathischen Kontakt zu anderen Urvölkern oder auch Sternenbewohnern. Sie waren als Nomadenvolk ständig unterwegs und kehrten in regelmäßigen Abständen an bestimmte Orte zurück, die ihnen heilig waren. Neben den Steinsetzungen malten sie in Höhlen bestimmte Tiere, Pflanzen, Symbole und Zeichen an die Steinwände. Dieses künstlerische Hinterlassen der Zeichen war gleichzeitig ein Kommunikationsvorgang mit Nammu, der Mutter Erde, mit der sie in allen ihren Tätigkeiten Kontakt hielten. Das Ritzen der Figuren und Symbole in den Stein und das Bemalen mit Naturfarben war ein Empfangs- und Schöpfungsakt gleichzeitig, durch den eine magische Schöpfungsenergie erzeugt wurde. Sie verstanden sich als ein Teil von Nammu, beteiligt und mitverantwortlich am gesamten Schöpfungswerk. Ihre künstlerischen Tätigkeiten waren Gebet und Besinnung, durch die die Realisierung ihrer Schöpfungsträume verfeinert und bereichert werden konnte. Jede Zeichnung hatte eine ganz präzise Bedeutung im Schöpfungsgewebe.

Sie verschönerten ihre Kultur im Laufe der nächsten Jahrtausende immer mehr. Dazu ist es wichtig zu verstehen, dass sie ein vollkommen anderes Zeitverständnis hatten, als wir es heute haben. Diese Kultur dauerte über viele Jahrtausende an. Die Menschen wussten, dass sie viel Zeit hatten, um immer wieder nach Belieben zu kommen und zu gehen. Tod und Geburt waren nicht mit Angst und Schmerz verbunden, und auch nicht mit Vergessen. Wenn sie wiederkamen auf diese Erde, dann konnten sie sich gut an ihr vorheriges Dasein erinnern und schlossen ihre Arbeit an ihr vorangegangenes Werk aus dem letzten Leben an. Da sie mit der

Urschöpfung verbunden waren, waren sie sehr flexibel und angstfrei. Sie waren nicht fixiert an bestimmte Vorstellungen. Deshalb waren sie auch viel weniger materiell verhaftet. Für sie war es selbstverständlich, dass man vorübergehend seinen Körper verlassen und im Bewusstsein andere Orte besuchen konnte. Es war für sie auch selbstverständlich, dass es neben der Ebene von Raum und Zeit die Schwingungsebene der Ewigkeit gibt, mit der man sich jederzeit verbinden kann. Aus diesem Grund war es für sie ein Leichtes, die Dimensionen ihrer Existenz zu wechseln. Sie waren mit einer Bewusstseinsebene verbunden, in der alle Dinge und Zeiten gleichzeitig existieren.

Sie waren so eins mit der Urschöpfung, dass sie ohne weiteres zwischen einem Sonnenaufgang und einem Sonnenuntergang Bewusstseinsreisen machen und den Sirius oder die Plejaden besuchen konnten, ohne dabei in Schwierigkeiten mit ihrem Zeit- oder ihrem Selbstverständnis zu kommen. Ihr absolutes Vertrauen in die Schöpfung und ihre Verbundenheit mit dem Wissen, dass sie selbst am Schöpfungswerk beteiligt waren, ermöglichte es ihnen, mit anderen Bewusstseinsfrequenzen, die auch heute noch existieren, aber nicht mehr genutzt und wahrgenommen werden, mitzuschwingen. Wichtig war für sie, dass sie ihren Ausgangspunkt kannten, von dem aus sie ihre Zeitreisen starteten und zu dem sie dann jederzeit, wenn sie es wünschten, zurückkehren konnten. Anfang und Ende hatten für jeden Schöpfungsakt eine besondere Bedeutung. Das gab den Dingen ihre Grenze und damit ihre Besonderheit in Raum und Zeit, wie sie auf der irdischen Wirklichkeitsebene erfahren werden.

Diese Menschen wussten bereits von der bevorstehenden Gewalt auf der Erde, da sie die Fähigkeit hatten, sehend durch die Geschichte zu reisen, auch durch die Zukunft. Obwohl sie insgesamt sehr glücklich schienen, waren sie doch bereits von einem gewissen Schmerz und einer Trauer gekennzeichnet, die darin begründet lagen, dass sie gegen das bevorstehende Unglück kaum etwas unternehmen konnten. Es war ein Fehler geschehen in der Urschöpfung, der aber unvermeidlich schien, was daran lag, dass alle Wesen ihre eigene Freiheit hatten. Damit war auch die Freiheit verbunden, sich gegen die Schöpfung, die große Mutter selbst zu wenden. Da alle Wesen, Männer und Frauen, Tiere, Vögel und Blumen ein Eigenleben hatten, und da darüber hinaus die Menschen mit eigener Intelligenz und Schöpfungskraft ausgezeichnet waren, bestand die Möglichkeit, dass sich einige eines Tages von Nammu, der großen Mutter, aus der in der Materie alles Leben kam, abwenden würden.

Im Zuge des Wachstums der männlichen Kraft würde der Zeitpunkt kommen, an dem Männer den Status der Söhne verlassen würden. Die Gefahr war groß, dass eine große Ungeduld die menschlichen Träume und Körper erfassen würde. Frauen würden in ihrer Sehnsucht nach dem Mann von einer Unruhe ergriffen und nicht mehr warten wollen, bis von Nammu der richtige Zeitpunkt vorgesehen war. Männer würden überschäumen vor Kraft und ebenfalls keinen Grund mehr darin sehen, dass sie mit der Erfüllung ihrer Träume warten sollten.

Es war kein Leichtes in dieser starken neuen Schöpfungskraft des Planeten, mit Nammu und der gesamten Materie verbunden zu bleiben. Die ganze materielle Schöpfung war entstanden für ein großes Fest der göttlichen Begegnung zwischen den weiblichen und den männlichen Schöpfungskräften. Nammu hatte diesen Daseinsraum in Verbindung mit den männlichen Licht- und Schöpfungskräften geschaffen, um eine einmalige Begegnung der männlichen und der weiblichen Kraft zu ermöglichen, wie sie nirgends sonst im Universum möglich war. Diese elementare Urkraft drückt sich bis heute bewusst oder unbewusst in der Liebe zwischen den Geschlechtern aus, und ganz besonders in der Sexualität. In dem Moment aber, in dem sich die Menschen gegen Nammu, die Mutter Erde, wenden würden, würde die Kraft der Zerstörung in die Schöpfung als Ganzes eintreten. Die Menschen würden Jahrtausende brauchen, um diesen Fehler zu erkennen und zu korrigieren. Und so taten sie jetzt alles dafür, um die Erinnerung und das Gedächtnis an den ursprünglichen Schöpfungstraum lebendig zu halten. Würde er auch jahrtausendelang in den Zellen der Mutter Erde schlummern müssen, ohne lebbar abgerufen und verstanden zu werden, würde Nammu auch Schmerzen ertragen müssen, so würde es doch die Möglichkeit geben, dass der Traum von einem lebendigen Paradies nach vielen Tausenden von Jahren wieder entdeckt werden würde und die Menschen sich mit neuem Wissen und neuer Erinnerung wieder einfügen und einbetten würden in die Heimat des allgegenwärtigen Universums und der universellen Liebe. Um das zu erreichen, mussten sie dafür sorgen, dass der Traum vom Paradies so weit wie möglich erfüllt werden würde und so lange wie möglich in einzelnen Menschen lebendig bleiben konnte. In diesem Zusammenhang sorgten sie im Laufe von Tausenden von Jahren dafür, dass die Menschen überall auf der Erde Steine setzten, zur Erinnerung an die Urschöpfung und das Urwissen ihrer Ahnen.

»Das ist für Menschen, die lange nach uns kommen werden«, sagten sie. *»Das ist für die, die hörend sind, das wird ihnen helfen, den Raum des Vergessens zu überwinden. Denn zur Veranschaulichung der Dinge werden sie das Zeitalter der Objektivität erzeugen. Darüber treten sie ein in den Raum der Getrenntheit, sie werden alle Dinge so vergegenständlichen, dass sie darüber vergessen werden, dass sie selbst seelisch mit den Dingen verbunden sind. Da sie sich nicht erinnern werden, aus welchem Ursprung sie kommen und wer sie eigentlich selber sind, werden sie viel Leid und Schmerz erzeugen. Es werden große Illusionen geschaffen, die die Menschen für Realität halten werden, und das wird ihre scheinbare Getrenntheit von Nammu immer mehr vergrößern. Sie werden die Existenz von Nammu selbst vergessen und sie für leblose und seelenlose Materie halten.*

Viel Angst, Leid, Hass und Zwietracht wird über die Völker kommen. Der Gedanke der Macht wird sie gefangen halten und von einem Krieg in den nächsten treiben. Das alles wird so lange geschehen, bis sie die Information der Erde wieder hören und verstehen werden. Als Erinnerung dafür sind diese Steine gesetzt, sie tragen und verstärken die nötigen Informationen. Es wird zunächst ein großer Schmerz des Erwachens eintreten, denn das Mitgefühl wird wieder geweckt und sie werden sich daran erinnern, dass sie allen Schmerz, den sie der Welt zufügen, sich selbst zufügen.«

Die Kultur dieses Volkes entwickelte sich friedvoll über viele Jahrtausende. Etwa um 7000 vor unserer Zeit setzten die ersten Entfremdungen ein, das Unglück in der Geschichte nahm seinen Lauf. Es begann mit einem Unglück in der entstehenden personalen Liebe zwischen Mann und Frau. Überall setzten sich mordende und kriegslüsterne Völker durch. Aber der Stamm bei Évora arbeitete geduldig weiter an dem großen Schöpfungstraum des Friedens auf der Erde. Die Mitglieder entwickelten immer genauere Informationen, die für das Überleben der Völker nach ihnen wichtig werden würden. So kam es schließlich zum Bau des Steinkreises.

Der Steinkreis war ein Jahrtausendkunstwerk, ein differenziertes Modul, das die gesamte Information des ursprünglichen Schöpfungstraumes in sich enthielt. Hier sollten alle nötigen Informationen über die Jahrtausende hinweg abrufbar erhalten bleiben. Sie hatten mit der Errichtung des Steinkreises im 7. Jahrtausend vor unserer Zeitrechnung begonnen. Er repräsentiert eine lebendige Bibliothek, ein codiertes Gedächtnis, das wir entschlüsseln können, wenn wir uns behutsam den Zugang eröffnen. Ähnliche Plätze wurden überall auf der Erde errichtet, viele davon sind bis heute erhalten und helfen mit, dass das geodätische Gleichgewicht und das geomantische Informationsnetz erhalten bleiben, und sie helfen auch, dass trotz der zugespitzten apokalyptischen Situation des Planeten Erde, trotz Zerstörung, Krieg, Vergiftung und Vernichtung aller Lebenskräfte, Mutter Erde weiterhin atmet, ihren Traum hütet, Pflanzen, Tiere und Menschen nährt und in vielen Menschen den ursprünglichen Lebenstraum vom eigentlichen Sinn des Lebens auf dieser Erde wieder weckt. Wer ihn wiederfindet, steht unter seinem Schutz, er findet auch die Kräfte des

Urvertrauens und der Heilung wieder. Es ist eine Weisheit von Nammu, die sagt: »*Je größer, umfassender und verbundener dein Traum vom Leben ist, den du träumst, desto mehr Kräfte zu seiner Verwirklichung erhältst du. Im Ganzen waltet die universelle Liebe. Es liegt an euch, sich wieder mit ihr zu verbinden.*«

Der Traum auf dem Orakelstein

Die folgende Erzählung befasst sich mit dem Leben der Menschen, wie es zur Zeit der Erbauung des Steinkreises war. Wir betrachten das Volk, das dort einige Jahrhunderte nach dem Beginn der Erbauung lebte. Ich erzähle hier einen Traum, den ich selbst hatte, als ich das erste Mal auf dem flachen Stein im Steinkreis lag, auf dem Paul eingeschlafen war. Ich nenne ihn den Orakelstein.

Ich sah eine junge Priesterin, die auf dem flach liegenden Stein im Zentrum des Kreises lag und schlief. Sie befand sich im Stadium der Einweihung und erhielt von den umstehenden Priesterinnen ihre erste Einführung in das Wissen der Ahnen. Um die Schlafende wachten verschiedene Priesterinnen und Priester. Es schienen die Stammesältesten zu sein. Die schlafende Priesterin selbst war noch sehr jung und sehr schön. Sie betrat das Alter des vollen Erwachsenwerdens, was dem Zyklus des vollen Mondes entsprach. In dieser Zeit wurde jedes Mitglied des Stammes in seinen zukünftigen Beruf und in seine spezielle Verantwortung eingeweiht. Diese Priesterin, sie wurde Bechet genannt, war für den Status des Orakels und später für den Status des Weisenrates vorgesehen. Sieben Zyklen von 364 Tagen würde die Einweihung in Anspruch nehmen. Die Stammesmitglieder galten in der Regel als voll ausgebildete und erwachsene Mitglieder, wenn sie ihr 50. Lebensjahr erreicht hatten. Im Weisenrat gab es überwiegend Frauen. In den Orakelschlaf wurden nur Frauen eingeweiht, denn der Schlafstein lag stellvertretend für Nammu da, die Urahnin der Schöpfung, die große Mutter, aus der alles Leben kam und in die alles Leben zurückkehren würde. Dieser Stein stand nicht, sondern lag, weil sich Nammu im Stadium der Ruhe befand, weil sie von ihrem

Schöpfungswerk ruhte und neuen Schöpfungswerken entgegenträumte. Da Nammu weiblich war, wurde dieser Stein auch nur von Frauen aufgesucht, die die Aufgabe hatten, den weiblichen Schöpfungstraum ganz zu ergründen und zu verstehen. Sie hatten den Auftrag, die Botschaften von Nammu oder auch von anderen Wesen im Universum oder auf der Erde zu empfangen. Gleichzeitig sollten sie Nammu mitteilen, wenn etwas im Stamm fehl gelaufen war und irgendeiner Korrektur bedurfte.

Mindestens viermal im Jahr versammelten sich die Weisen aus der Umgebung hier in diesem Steinkreis. Die Steine sollten im Laufe der Zeit immer weiter aufgeladen werden mit dem göttlichen Gedächtnis und mit göttlicher Information. Der Steinkreis sollte Schutz gewähren und denjenigen Überlieferung bieten, die nach den Erbauern kommen würden. Wir befinden uns etwa im Jahre 6500 vor unserer Zeit, also lange nachdem die ersten Urahnen vom Eintreten des Unglücks auf der Erde erfahren hatten. Es schien, als würden sich diese Menschen hier versammeln, um eine besondere geschichtliche Situation vorzubereiten und noch wichtige Informationen zusammenzutragen.

Der Steinkreis stand in besonderer Beziehung zur Sternenkonstellation. Er war wie ein Fokus aufgebaut, eine Art Sendestation, wo man Informationen in jede Richtung des Alls senden und auch empfangen konnte. Es erschien mir in meinem Traum, als läge ich in einem ganz besonderen geometrischen, kosmischen Gewebe und als könnte ich von überall her Informationen abrufen. Die Priesterin, die ich hier liegen sah, empfing im Schlaf Informationen, die für den Stamm von Bedeutung waren. Es war sehr wichtig, während des Schlafens ein Wissen darüber zu haben, dass man schlief, und ganz genau die Position zu kennen, in der man dalag. Dies glich einer Ortung des Bewusstseins. Von hier aus konnte das Bewusstsein alle möglichen Reisen unternehmen und immer wieder an den Ort zurückkehren, von dem es ausgegangen war, also in den schlafenden Leib. Es war dabei auch wichtig, die Himmelsrichtungen zu kennen und die verschiedenen Sterne. Deshalb kannte sich der gesamte Stamm bestens in Astronomie und Geographie aus. Viele der Stammesmitglieder waren nach bestimmten Sternen benannt. Es war selbstverständlich, dass sie ihre Herkunft von diesen Sternen kannten und mit ihnen in Verbindung standen. Diese Sterne oder Planeten suchten sie in ihren Träumen auf, um dort wichtige Informationen zu erhalten.

Obwohl kaum jemand von ihnen physisch weit gereist war, wussten sie von anderen Stämmen in Afrika, Asien, Australien und Nordeuropa und standen mit ihnen in Kommunikation. Besonders eng verbunden waren sie mit einem Stamm bei Eritrea, von dem einige Stammesmitglieder bereits zu Besuch gewesen waren.

All dies sah ich in meinem Traum, und während ich auf dem Orakelstein von der schlafenden Priesterin träumte, sah ich, wie sich die Steine um mich herum bewegten und veränderten. Zunächst wurden sie riesig, dann wieder »entmaterialisierten« sie sich fast, schließlich verwandelten sie sich in Menschen. Ich lief im Traum durch den ganzen Steinkreis und legte mein Ohr an die verschiedensten Steine. Sie schienen alle zu schlafen und dadurch viele Informationen zu sammeln. Der Schlaf schien für diesen Stamm eine sehr hohe Funktion und Bedeutung zu haben. Er war mindestens so wichtig wie der Zustand im so genannten Wachbewusstsein und hatte mindestens genauso viel Realität.

Ich betrachtete im Schlaf die Priesterin, die auf dem Stein lag, sehr genau, denn sie war faszinierend in ihrer Schönheit. Während ich sie anschaute, gab es einen Energiewechsel in meinem Leib. Plötzlich fühlte ich mich unmittelbar mit allen Informationen verbunden, die diese Priesterin erhielt. In diesem Moment war ich selbst die Priesterin.

Folgenden Teil dieses Traumes behielt ich besonders gut im Gedächtnis: Ich unternahm selbst als Priesterin eine Traumreise nach Malta. Ich kam in einen höhlenartigen Raum, zu dem Stufen hinabführten, und konnte eine Priesterin betrachten, wie sie üppig und rund auf einem flachen Stein in einer kleinen halbrunden Steinkammer lag und schlief, umgeben von anderen Frauen, die um sie herum wachten. Ich sah, dass in der Nähe der schlafenden Priesterin ebenfalls ein Steinkreis stand. Auch hier waren Wächtersteine um einen liegenden Stein aufgestellt. Er schien Fokus und Anlaufstelle für die geistige Traumlandung in Malta zu sein. Und während ich das alles sah, konnte ich durch den Kreis von Stein zu Stein laufen und sah mich immer noch träumend wieder in meiner realen Gestalt. Ich schien mich in verschiedenen Zeiten der Geschichte gleichzeitig aufhalten zu können, und das kam mir vollkommen normal vor. Dieser Traum fächerte sich immer mehr auf in ein unglaublich komplexes Zeitgeschehen.

Ich möchte hier anmerken, dass sich das Traumbild von dem Steinkreis bestätigte, als ich drei Jahre später auf Gozo war, einer kleinen Insel, die zu Malta gehört. Ich fand dort – ganz in der Nähe jener Tempelanlage, die ich auch in meinen Träumen gesehen hatte – tatsächlich diesen Steinkreis. Er wurde erst kürzlich wiederentdeckt und ist bisher in keinem Reiseführer erwähnt.

Die archetypische Begegnung mit einem zwölfjährigen Mädchen

Die folgende Erfahrung machte ich, als ich mit einer Traumgruppe in den Steinkreis fuhr. Wir weckten uns alle drei Stunden und sammelten unsere Erfahrungen. Es geschah während einer Nacht im Juni zur Sonnenwende.

Liegend und träumend auf dem Orakelstein wurde ich im Traum durch den Steinkreis geführt und nach und nach in seine tieferen Geheimnisse eingeweiht. Die Zahl der Steine war nicht zufällig. Sie repräsentierte die notwendige Anzahl an Personen für die Grundform eines Stammes, die ihm Stabilität und Flexibilität verlieh und die für das schöpferische und stabile Funktionieren nötig war. Jeder Stein verkörperte einen ganz bestimmten Archetypen. Ein Archetyp ist so etwas wie ein Urbild und damit auch Vorbild für eine Person, eine Kraft- und Informationsquelle, ein Stütz- und Orientierungspunkt für die Entwicklung jedes Einzelnen. Die 96 Steine schienen alle Archetypen zu vertreten, die für die Bildung eines Informationsnetzwerkes und eines Liebesnetzwerkes auf der Erde nötig sind. 92 Steine stehen im Steinkreis, vier fand ich später in der näheren Umgebung.

Ich hörte im Traum die Stimme der jungen Orakelpriesterin Bechet, sie schien mir eine wichtige Mitteilung machen zu wollen: *»Wenn du durch diesen Kreis läufst, dann wirst du auch deine eigenen Archetypen wiederfinden. Für jeden Menschen gibt es drei Archetypen. Der eine repräsentiert die Vergangenheit, aus der er kommt. Der andere repräsentiert die Gegenwart, in der er sich gerade befindet, und der dritte repräsentiert die Zukunft, in die er sich hineinbewegt. Das gilt sowohl für den Zyklus eines Lebens als auch für die gesamte Gestalt einer Person, die das jeweilige*

Leben weit überdauert. Du kannst dich im Schlaf oder auch im Wachbewusstsein durch diesen Steinkreis bewegen, und wenn du danach suchst, wirst du zu gegebener Zeit deine Archetypen wiederfinden. Du wirst sie erkennen durch eine ganz besondere Energie und Information, sie teilen dir das mit, was für dich gerade von Bedeutung ist. Das bedeutet, dass du wichtige Informationen über frühere Leben oder dieses Leben abrufen kannst. Es kommt immer darauf an, was für die jeweilige Person gerade wichtig ist zu wissen.«

Im Traum bewegte ich mich, aufgeladen von dieser Information, neugierig durch den Kreis. Ein kleiner Stein im unteren Bereich des Kreises lockte mich besonders. Ich näherte mich ihm, und er raunte mir zu: »*Warte, bis du geweckt wirst, und besuche mich dann. Du sollst etwas bei wachem Bewusstsein mit mir erfahren und erleben.*« In dem Moment beugte sich jemand aus meiner Traumgruppe über mich und flüsterte mir zu: »Es ist Wachzeit. Die drei Stunden Traumzeit sind vergangen.« Ich war sofort hellwach und erzählte ihr in kurzen Umrissen, was ich geträumt hatte, stand auf und meinte, dass ich jetzt versuchen würde, etwas über die Archetypen zu erfahren. Ich lief von Stein zu Stein. Ich wurde gebeten, bei keinem zu lange zu verweilen, sondern immer sofort weiterzugehen, wenn ich das Gefühl hatte, dazu aufgefordert zu werden. So lief ich immer schneller, fast tanzend, von einem zum anderen und legte mein Ohr an die großen runden Gesellen, um zu lauschen, ob irgendeine Information mein Ohr erreichte.

Hätte man mich so gesehen, hätte mich manch einer für verrückt erklärt, denn diese Art der Geschichtsforschung ist bis heute eigentlich nicht besonders üblich. Aber mir war das in diesem Moment vollkommen egal, ich wollte wissen, was es mit meinem Traum auf sich hatte. Ich spürte immer wieder eine ganz besondere Reaktion in meinem Körper, wie ich es schon von früheren Besuchen her kannte. Daraufhin folgten Eingebungen. So wurde es beispielsweise plötzlich warm in meiner Magengegend, wenn ich einen Stein befragte, oder meine Hand erwärmte sich, oder ich spürte plötzlich ein Kribbeln im Kopf. Und immer folgten anschließend ganz konkrete Informationen. In aller Kürze stellten die Steine vor, welchen Archetyp sie im Stamm repräsentierten. Dann schickten sie mich weiter, um den Stein zu finden, der für mich jetzt ein besonderes Erlebnis bereithalten würde.

Als ich bei meiner Rundwanderung auf einen Bereich traf, der mir als Pflanzenzentrum und Bereich der Kinder vorgestellt wurde, da berührte mich bei einem Stein eine ganz besondere Kraft. Fast schüttelte sie meinen Leib, ich blieb wie angewurzelt stehen. Ich stand vor einem kleinen, schlanken Gebilde, das mir etwa bis zu den Brüsten reichte. Ich wusste sofort, dass ich jetzt auf einen meiner Archetypen getroffen war. Ich schloss die Augen und hielt inne. Ich fühlte in mir ein ganz inniges Bild von mir selbst als zwölfjährigem Mädchen aufsteigen. Ich wurde berührt und von Erinnerungen aus meiner Vergangenheit überflutet. Das waren Erinnerungen aus diesem Leben. Ich fühlte in mir die aufkeimende Sexualität wieder, meine Verliebtheit zu einem Jungen aus der Nachbarschaft. Ich sah mich in meiner Kraft und Beweglichkeit, ich sah aber auch meine Schüchternheit und aufkeimende Scham den Jungen gegenüber. Und ich erinnerte mich wieder sehr genau daran, wie ich Pflanzen, Tiere, Steine und die Elemente wahrgenommen hatte. Ich war voller Entdeckungsgeist und Vorfreude auf die kommende Pubertät. Wie würde es sein, wenn ich den ersten Kuss erhalten würde, wann würde ich meinen ersten Freund haben? Voller Sehnsucht wartete ich darauf, erwachsen zu werden. Ich fühlte mich genau zwischen zwei Stadien, dem Stadium des Kindes und der Stufe des Erwachsenseins. Meine Brüste hatten zu wachsen begonnen, und ab und zu kündigte ein Ziehen im Unterleib meine Frauwerdung an. Ich hatte aber auch Angst. Ich sah vor mir, wie ich vor den Männern und der drohenden Gefahr der Sexualität gewarnt wurde. Männer schienen die zu sein, die immer nur das eine wollten und vor denen man sich gewaltig in Acht zu nehmen hatte. Sie repräsentierten Faszination, aber vor allem Bedrohung und Gewalt. »Wer zu früh nach den Jungens schaut und sich auf sie einlässt, wird später keinen Mann mehr bekommen«, hatte man mir eindringlichst eingeprägt. Hinter dieser Angst spürte ich jedoch die drängende Neugier auf das erotische Leben erwachsener Menschen. Es wohnte also bereits eine gewisse Gespaltenheit in meiner Seele. Die drohende Gefahr, die Liebessehnsucht und der Reiz des Verbotenen kämpften im Inneren miteinander.

Während ich viele solcher Eindrücke und Erfahrungen in Blitzesschnelle vor mir ablaufen sah, wechselte mein Zustand mit einem Mal. Ich sah nicht mehr mich im jetzigen Leben vor mir, wie ich mit zwölf Jahren gefühlt und gedacht hatte, sondern ich sah ein zwölfjähriges Mädchen, das viel elementarer war und aus einer vollkommen anderen Zeit zu stammen schien. Jetzt ging mein Gedächtnis weit über die Erfahrungen dieses Lebens hinaus. Ich traf auf ein zwölfjähriges weibliches Wesen der Urzeit. Ganz direkt sah ich sie vor mir, mit ihren schwarzen Zöpfen und ihren dunklen Augen. Ich sah ihre Schönheit und ihre Kraft. »*Man nennt mich Weiße Liane*«, stellte sie sich vor. Ihre Energie versetzte mich auf der Stelle in einen neuen Erlebnis- und Erfahrungsraum. Meine Beine füllten sich mit unbändiger Kraft, ich befand mich im Zustand eines elementaren Urvertrauens und einer Vorfreude und Erwartung auf das Leben. Ich stand in der Begleitung und Obhut von Wasima, der Orakelpriesterin, die mich immer wieder zu neuen Lehren und Erfahrungen zu sich rief.

Seit zwei Jahren war ich mit der Hütung und Pflege bestimmter Pflanzen im Urwald betraut, deren Wissen ich abrufen konnte, um es anschließend zu meinem Stamm nach Hause zu tragen. Alle Kinder, bis zum Alter von mindestens zwölf Jahren, wurden in das Pflanzenwissen eingeweiht und hatten spezielle pflanzliche Begleiter, die ihnen jeweils in den Träumen erschienen. Daraus konnten unsere Orakelpriesterinnen auch vieles über unsere zukünftigen Berufe lesen. Ich wusste, dass ich demnächst eine neue Einweihungsstufe vor mir hatte. Ich würde in das Reich der Sinne und der Tiere eingeführt werden. Ich würde im Stammeskreis und im Zyklus des Lebens eine Stufe weiterkommen. Ich würde aufgenommen werden in den Kreis der Jugend und würde innerhalb der nächsten sieben Jahre in das sexuelle Wissen eingeweiht werden.

Drei Lebensräume und Wissensräume durchlief man während der Kindheit und auch während jedes weiteren Lebensabschnitts. Ich stand in meinem zweiten Stadium, das dem Bereich der Pflanzen zugeordnet war, und wurde vorbereitet auf die dritte Stufe, die man in der Regel mit 14 Jahren betrat. Hier war das Reich der Tiere und Sinne. Der Höhepunkt des Stadiums bestand in der Einweihung in das sexuelle Leben, und diese Einweihungsstufe wurde bei uns besonders heilig gehalten. Sie wurde über mehrere Jahre vorbereitet und von den Tempelpriesterinnen der sinnlichen Liebe behutsam begleitet. Ich fühlte mich von einer kaum zu bändigenden Kraft erfüllt. Ich fühlte eine deutliche, telepathische Verbindung zu Wasima, der Orakelpriesterin, und zum Ältestenrat, die mich immer mahnten, die Erfahrungen, die ich in diesem Alter machte, gut im Gedächtnis zu speichern. Ich wusste, dass ich mein Pflanzenwissen und die Weltwahrnehmung, wie ich sie jetzt erlebte, immer lebendig halten musste, um in den Status einer weisen Orakelpriesterin kommen zu können. Diesen Beruf fühlte ich als mein inneres Entwicklungsziel. Auch meine Entsprechungspflanze, die weiße Liane, nach der ich benannt war, wies darauf hin, dass dieser Beruf in späteren Jahren auf mich warten würde.

Während ich dastand und all diese elementaren Gefühle nacherlebte, spürte ich deutlich den elementaren Unterschied zwischen dem Zustand des Urvertrauens und dem einer zellulären Ängstlichkeit, die mir in meinem jetzigen Leben schon mit zwölf Jahren längst zur zweiten Natur geworden war. In diesem Zustand der Grundangst leben alle Menschen unserer westlichen Kultur, das sah ich überdeutlich vor mir. Im Gegensatz dazu war mir jetzt, in dem angstfreien Zustand des Urvertrauens, so zumute, als blickte ich mit vollkommen neuen Augen in die Welt. Obwohl es Nacht war, leuchtete der Steinkreis und alles um mich herum in einer eigenartigen speziellen Leuchtfarbe. Ich nahm die Lebendigkeit, die

Sinnlichkeit und die Dinglichkeit alles Seienden um mich herum als heilig und sakral wahr. Das Leben selbst leuchtete mir in seiner sakralen Kraft entgegen, da brauchte ich zusätzlich keine Religion oder anderen Trost. Mir war, als würde ich mich mitten im Paradies befinden. Ich konnte nicht mehr ruhig verweilen, ich musste mich bewegen und begann zu tanzen. Wellenartige und schlangenförmige Bewegungen zogen meinen Körper mit sich fort. Dann begann ich mit starken Schritten zu laufen. Ein Nachtvogel begleitete mich und flog neben mir her. Die ganze Welt um mich herum strahlte und leuchtete mir in starker Verbundenheit und Sinnhaftigkeit entgegen. Ich war im All und in der Heimat zugleich. Wohin auch immer ich hinausrief, fragte, lauschte, roch, fühlte, tastete, schmeckte, es kam mir in allem eine Antwort entgegen. Ganz besonders die Stille tat sich in einer großen erhabenen Sinnfülle vor mir auf. Nichts erschien tot. Ich blickte mit Interesse und elementarer Wachheit in eine Welt, die durch nichts getrübt war.

Obwohl mir alles bekannt vorkam, gab es doch nichts, was einfach gewohnheitsmäßig erschien und damit langweilig war. Es gab keine Langeweile in dieser Wahrnehmung. Jedes Ding, jeder Vogelruf und jedes Rauschen war voller Mitteilung, und ich spannte meine Wahrnehmung in katzenhafter Präsenz. Während ich mit kraftvollen Schritten über den Weg lief, war mir plötzlich, als könne ich einfach so einen Salto probieren. Noch war sich ein Teil meiner selbst bewusst, dass ich ja real im 20. Jahrhundert war, und so hielt mich eine Scheu und Vorsicht zurück, es einfach auszuprobieren. Irgendwann nahm ich einen Energiekreis wahr, der mir mitteilte: »*Bis hierhin und nicht weiter.*« So schien die Welt allen Wesen ihre natürlichen Grenzen anzuzeigen. Ich wusste, dass es das nächste Mal eine andere Grenze sein würde, ich wusste, dass Nammu mir diese Grenzen wies, und zu ihr hatte ich volles Vertrauen. Die Grenze vermittelte mir keine Angst, aber es war eindeutig eine Grenze, die ich zu akzeptieren hatte. Es war so etwas wie ein heiliges Tor, eine Schwelle in der Erkenntnis, die jedem seinen Weg und seine Richtung wies.

Willig und leicht ermüdet kehrte ich heim in den Steinkreis, zurück zu meinem Ursprungs- und Ausgangsort, dem kleinen schlanken Stein, durch den ich in das Wesen eines angstfreien Archetypen, ein junges Mädchen, eingewiesen worden war. Jetzt war es wieder ein ganz normaler Stein, und ich sah bei genauer Betrachtung, dass er einmal verletzt und mit etwas Mörtel gekittet worden war. Ein leichtes Dämmern im Osten zeigte mir an, dass sich die Nacht ihrem Ende entgegen neigte. Ich schaute auf die Uhr und stellte fest, dass weitere drei Stunden vergangen waren. Ich ging, um meine Ablösung zu wecken. Instinktiv legte ich mich wieder für eine Weile schlafen auf mein Steinbett, den Orakelstein. Ich wollte das Morgengrauen auf diesem Stein erwarten. Die Vorbereitung auf die Traumwelt war genauso spannend und realitätsnah geworden, wie die Vorbereitung auf den kommenden Tag. Ich schlief für zwei Stunden, träumte von dem Stamm, den schönen dunkelhäutigen Menschen, und wurde später wieder geweckt für einen weiteren und letzten Rundgang.

Der Weisenrat
und der Heilungsstein

Folgendes Stammesbild zeichnete sich im Laufe meiner Befragungen ab: Ganz im Westen des Steinkreises standen die Steine, die die Stammesältesten symbolisierten. Sie genossen das Vertrauen aller, weil sie besonders viel Wissen und Erfahrung hatten. Das Wissen des Alters schien eine Quelle in der Kindheit zu haben. Das Kindheitswissen war offenbar von Bedeutung, denn auch in meiner Berührung mit dem Kindheitsarchetyp, der sich mir als Weiße Liane offenbart hatte, war ich mit Eindringlichkeit darauf hingewiesen worden, dieses Wissen gut in mir zu hüten, und die Wahrnehmung, die ich jetzt von der Welt hatte, niemals zu vergessen. Alle Ältesten trugen ihre Erkenntnisse und Offenbarungen, die sie in der Vergangenheit erlebt hatten, abrufbar in sich und konnten dadurch den unmittelbaren Kontakt zum Stamm und zu jeder Altersklasse halten, ohne belehrend zu wirken. Vielleicht war es das, was ihrer Ausstrahlung auch im hohen Alter ihren besonderen Charme verlieh. Denn sie alle hatten eine sehr persönliche, charakteristische Ausstrahlung, gemeinsam war ihnen aber eine große Aura der Güte und der Heiterkeit. »*Heiterkeit trägt die Kraft des Überlebenswissens in sich. Sie schützt dich auch vor größter Gefahr*«, hatte mir eine der Ältesten mitgeteilt, als ich ihren Rat gesucht hatte. Der Stein hatte mich tatsächlich auch wegen seiner ganz besonders starken heiteren Ausstrahlungskraft magisch angezogen.

Die Ältesten erschienen allesamt alt und jung gleichzeitig. In diesem Kreis hatte jeder Einzelne eine ganz besondere Funktion. Es gab mehrere Orakelpriesterinnen, die auf besondere Art die Kunst des Träumens beherrschten. Sie hüteten das geistige Zentrum des Stammes und sorgten dafür, dass der Kontakt zum Schöpfungstraum nie verloren ging. Jede stand für einen besonderen Aspekt des Träumens und der vier Himmelsrichtungen. Jede vertrat auch einen anderen Sternenaspekt, denn es waren ja Sterne, zu denen sich die Ahnen zurückzogen, wenn sie die Erde verließen, und mit denen die Kommunikation sehr gewissenhaft gepflegt wurde.

Die Orakelpriesterinnen legten sich regelmäßig in abwechselnder Reihenfolge zu bestimmten Sternpositionen auf dem Stein schlafen, auf dem auch ich geschlafen hatte, um von dort aus alle wichtigen Informationen zu empfangen. Es gab einen Stein, bei dem ich wiederholt die »tausend Stecknadeln« im Kopf gefühlt hatte. Er stand für das Scheitelchakra beim Menschen. Er war die so genannte kosmische Sendestation, die alle Informationen aus dem All sendete und empfing. Er war der Astronom, der die jungen Nachkommen in Sternenkunde unterrichtete, der die Sonnen- und Mondpositionen genau kannte und wusste, wann welcher Stern am Himmel erscheinen würde. Dieser Archetyp konnte als Mann oder auch als Frau vertreten sein, das kam ganz auf die Offenbarungen an, die die Stammesmitglieder zur Zeit ihrer Jugend im Bereich der Pflanzen und Tiere erhielten. Aus diesen Offenbarungen erfuhren sie wichtige Orientierungen für ihre späteren Berufe. Oft wurde die Absicht und der Beruf, mit dem sich ein neues Stammesmitglied inkarnierte, den Orakelpriesterinnen und Ältesten bereits lange vor der Geburt mitgeteilt.

Neben der Funktion der Orakelpriesterin wurde auch der so genannte Dreierrat, der die Vollmacht hatte, endgültige Beschlüsse zu fassen, von Frauen besetzt. Für menschliche Entscheidungen hatten Frauen, ohne dass man das in Frage stellte, im gesamten Stamm das überwiegende Vertrauen. Ihr Schöpfungszentrum war die Mater. Das drückte sich auch in ihrer Organisation aus.

Der Weisenrat, der ansonsten aus Männern und Frauen bestand, setzte sich aus 13 Personen zusammen. Nach der Zahl 3, die für die drei Aspekte der Göttin stand, für das Hüten der Weisheit und die Öffnung in der Kommunikation, und neben der 5 als der

Zahl der Materialisation, war die 13 die nächstwichtige heilige Zahl. Jede Zahl war Trägerin eines bestimmten Schöpfungsaspektes. In der 13 waren die 12 Aspekte der Schöpfung vertreten und der Aspekt der ewigen Wandlung, aus der heraus die Unendlichkeit und Vielfalt der Schöpfung resultierte. Die 12 Aspekte des Seins und die 13 als Aspekt der Neuschöpfung waren die Grundlage für den ewigen Zyklus der Wandlung und der ewigen Wiederkehr. So gab es für sie im Universum die 13 Sternkreiszeichen, und es gab die 13 Monate, die sich nach dem Mondkalender richteten. Die 13 repräsentierte den Zusammenhalt in der Gemeinschaft. Die 13 war so etwas wie der Stillstand in einer Pendelbewegung. Danach begannen alle Dinge erneut mit einer neuen Schöpfungsaufgabe und in einem neuen Rhythmus des Seins zu schwingen. Ob dieser Neuanfang gelingen würde, das hing von der Gemeinschaft, der Transparenz und Durchlässigkeit der Dinge ab. Nicht zuletzt als Kampfmittel gegen alles Weibliche und die weiblichen Aspekte der Kultur wurde später die 13 zur Unglückszahl erklärt.

Als Ausdruck für den Neubeginn feierten sie den 365. Tag, der keinem Jahr zugehörig war, als Tag der Gemeinschaft. Dieser Tag stand symbolisch für den Tag Null vor der Schöpfung und nach der Schöpfung, er stand auch symbolisch für das Chaos und den Neuanfang, aus dem heraus die Schöpfung entstanden war und aus dem heraus jedes Werden kam. Die Gemeinschaft bildete das Gefäß und den Maßstab dafür, ob die Mater im Sinne der gewünschten Schöpfung zurückkehren konnte in ihren Leib oder ob sie zurück ins Chaos ging, denn sie alle waren Teil der Schöpfung, gleichzeitig aber auch Mitschöpfende. Sie wussten, dass mit dem Zuwachs an Komplexität des gesamten Schöpfungswerkes auch das mögliche Chaos wachsen würde, dem sie standhalten mussten, um die Neuschöpfung immer weiterführen zu können. Es gab dabei keinen Teil, der weniger Gewicht gehabt hätte. Für das Gelingen war jedes einzelne Element von gleicher Bedeutung. Nichts durfte aus der Schöpfung herausfallen, denn alles zusammen bildete das Gleichgewicht. Für die Weisen war es deshalb sehr wichtig, die einzelnen Elemente des Stammes zu kennen, und wenn jemand Gefahr lief, hinauszufallen, ihn wieder zurückzurufen. Die Anzahl der 92 Steine stand symbolisch für die Gewährleistung der Transparenz und Überschaubarkeit innerhalb des Stammes. Das war die richtige Anzahl für die kosmische Repräsentanz und die innige und persönliche Durchschaubarkeit, die ein Stamm für den Zusammenhalt benötigte. Drei weitere Vertreter, die im Kreis nicht anwesend waren, standen als Wächter in der näheren Umgebung, und der 96. Stein war das symbolische Bindeglied zu den benachbarten Stämmen. Sie standen immer in telepathischer Kommunikation. Sie pflegten nicht nur den telepathischen Kontakt, sondern auch den direkten geistigen Kontakt zu den Nachbarstämmen.

In unmittelbarer Umgebung des Ältestenrates war das Heilungszentrum. Der Heilungsstein stand groß und mächtig im Inneren des Kreises, eine umfassende Persönlichkeit, der man sich mit großer Ehrerbietung näherte. Diese Persönlichkeit gehörte selbst zum Ältestenrat und brachte immer die Aspekte ein, die der Heilung dienten. Sie machte darauf aufmerksam, wenn irgendetwas aus dem Lot geraten war. Sie schenkte allen Fragen der Heilung bzw. des Heilseins eine hohe Aufmerksamkeit, nicht nur auf persönlicher Ebene, sondern auch auf universeller. Denn Krankheit war immer ein Zeichen dafür, dass der Kommunikationsfluss der Schöpfung selbst in irgendeiner Weise unterbrochen war und deshalb einer Korrektur bedurfte. Die Stammesmitglieder verstanden Krankheit als einen Ruf von Nammu, einem Aspekt der betroffenen Person besondere Aufmerksamkeit zu schenken. Durch die Krankheit wollte sich in der betreffenden Person ein besonderer, einmaliger Aspekt eines neuen Schöpfungstraumes realisieren, und dieser verlangte nun eine hohe Aufmerksamkeit aller Beteiligten. Das war notwendig, damit der individuelle Aspekt ganz verstanden und realisiert werden konnte. In diesem Sinn hatten sie ein anderes Krankheitsverständnis, als wir es heute gewohnt sind. Krankheit zeigte zwar eine Störung an, dahinter aber stand ein gesunder Gedanke und Schöpfungswille, der erkannt werden wollte. War also jemand ernsthaft krank, was nicht sehr oft vorkam, so riefen sie einige Stammesmitglieder zusammen und wandten sich gemeinsam der Heilung zu. Meistens wurden dazu Tänze aufgeführt, um die körperlichen göttlichen Heilungskräfte und die Kräfte der organischen Erkenntnis anzurufen. Zusätzlich setzte man immer die Kraft der Pflanzen, die Kraft des Träumens und die Kraft des Orakels zur Heilung ein. Die eigentliche Heilungserkenntnis hatte immer der Kranke selbst. Seine Krankheit wurde in diesem Sinn auch als Geschenk der Schöpfung verstanden, durch die sich etwas Neues manifestieren wollte. War die Erkenntnis eingetreten, dann setzte auf der Stelle auch die Gesundung ein. In diesem Sinn würden wir heute die Heilungen als Wunderheilungen betrachten. Alles, was geschah, war Ausdruck einer geistigen Qualität und konnte als solche verstanden und entschlüsselt werden.

Die Sternenkinder

Südlich vom Ältestenrat standen die Steine, welche die Neugeborenen und Ammen repräsentierten. Von den Ammen begleitet wurde der Zyklus des irdischen Lebens betreten. Jedes Lebewesen würde während eines Lebenszyklus sämtliche Stufen, die der Steinkreis versinnbildlichte, einmal durchlaufen, bevor es sich aus dem Reigen der Irdischen wieder für einige Zeit verabschieden würde. Man erwartete die Kinder mit großer Freude und bereitete ihre Geburt, gründlich vor. Meistens erfuhren die Eltern ihre Namen lange vor der Geburt, und es wurde ihnen auch mitgeteilt, von welchem der vielen Sterne die Kinderwesen zu ihnen kommen würden.

Neugeborene hatten von Anfang an eine besondere Funktion im Stamm. Sie wurden immer als kosmische Botschafter gesehen, die einen Aspekt der Neuschöpfung in den Stamm hinein trugen. Oft erwarteten sie Urahnen aus dem eigenen Stamm, die mit einer neuen kosmischen Erfahrung zu ihnen zurückkommen würden, immer wieder erwarteten sie aber auch neue Stammesmitglieder, die noch nie bei ihnen auf der Erde inkarniert gewesen waren. Solche Wesen würden eine ganz andere Begrüßung und Einführung in das Erdenleben erhalten als die uralten Ahnen, die sich im Grunde bereits auf dem Planeten Erde auskannten. Lange bevor die kommenden Wesen geboren wurden, standen die Mitglieder des Stammes mit ihnen in Kommunikation. Aus dieser Sicht heraus stand der Beruf eines Kindes meistens schon vor der Geburt fest, denn ein Kind kündigte sich immer mit dem Vorhaben an, das es auf dieser Erde hatte, und es fragte bei der jeweiligen Mutter an, ob es erwünscht sei. Meistens geschah eine solche Ankündigung eines neuen Stammesmitglieds durch die Träume, oft kam es aber auch vor, dass eine Stammesfrau beim Sammeln von Pflanzen in der Natur oder wenn sie ihren Gesang der Großen Nammu darbrachte, von einem Sternenkind gerufen wurde, das seinen Wunsch anmeldete, auf die Erde zu kommen und von ihr ausgetragen zu werden. Manchmal kamen die Sternenkinder in den Träumen auch zu den Männern, wenn sie von einem bestimmten Mann in den ersten Kindheitsjahren besondere Begleitung wünschten. Das traf aber selten ein, da die Mutter ihnen zunächst viel wichtiger war. Sie teilten dann dem entsprechenden Mann mit, dass sie sich seine männliche Kraft an ihrer Seite wünschten.

Das Verhältnis zur Sexualität war grundlegend anders als bei den heute lebenden Menschen, und so war natürlich auch das Verhältnis zur Zeugung ein anderes. Vaterschaft hatte lange nicht die Bedeutung, wie sie sie in späteren Zeiten erhalten würde. Die Stammesmitglieder wussten durchaus, dass Sexualität in Zusammenhang mit der Entstehung von Kindern stand. Aber über die Vorstellung, dass die Befruchtung nur durch einen rein biologischen Vorgang zu erklären sei, einen Mechanismus, der über Same und Eizelle vonstatten ging, hätten sie mindestens genauso gelacht, wie wir vielleicht heute darüber lachen, dass die Sternenkinder die Eltern anriefen, um ihre Ankunft anzukündigen. Für sie war es klar, dass der biologische Vorgang durch geistige Prozesse beeinflusst wurde und dass es geistige Vorgänge waren, die bestimmten, wann der Zeitpunkt der Befruchtung sein würde. Das Kind teilte ihnen mit, wann es so weit war. Nicht ein biologischer Kalender war es, der über Fruchtbarkeit und Unfruchtbarkeit entschied, sondern die Tatsache, ob der geistige Kontakt mit den Urahnen funktionierte oder nicht. Natürlich gab es im biologischen Zyklus besonders fruchtbare Tage, an denen bewusst der sexuelle Akt vollzogen wurde, um das Wesen im Leib zu empfangen. Der männliche Begleiter, den das Kind wünschte, musste nicht unbedingt auch der biologische Vater sein. Weil die Frauen die sinnliche Liebe liebten, weil Sexualität nicht nur ein Akt der Zeugung war, sondern ein chymisches Fest der Vereinigung zwischen kosmischen und irdischen Kräften, zwischen den männlichen kosmischen Zeugungskräften und den weiblichen Empfangskräften von Nammu, und weil sie für die Feier von Nammu, für Ernte und Fruchtbarkeit der Felder und die Lust der Sinne eingesetzt wurde, kamen die Frauen des Stammes mit vielen Männern zusammen. Sie kannten noch keine chemischen Labors und konnten nicht mit Eindeutigkeit feststellen, wessen Samen der Träger gewesen war, der dem Sternenkind als Brücke für den Eintritt in den irdischen Leib gedient hatte. Deshalb mussten sie sich auf die Botschaft der Ahnen verlassen. Da kam es zum Beispiel durchaus vor, dass sich ein Ahne mit dem Wunsch ankündigte, dass sich eine Frau in den nächsten Wochen nur mit einem Mann paare, damit diese beiden geistig und leiblich voll zusammenkämen. Das war der Fall, wenn er sich genau diesen Mann zum Vater wünschte. Es kam auch vor, dass zwei Liebende von ihrer inneren Führung genau zu einem bestimmten Zeitpunkt in den Tempel der Liebe gerufen wurden, um gemeinsam das sinnliche Fest der Empfängnis zu feiern.

Auch Vererbung von bestimmten Eigenschaften war ein universeller Vorgang. Das Wesen, das kommen wollte, hatte eigene Entscheidungskraft, wen es als Vater und Mutter aussuchen würde. Dem schenkte man volles Vertrauen. Verwandschaftsverhältnisse waren geistiger Art und wurden auch auf diesem Weg mitgeteilt. Eine gefragte Mutter hatte natürlich immer die Möglichkeit, dem kosmischen Wesen mitzuteilen, dass es noch nicht an der Zeit war, dass sie sich hier aus der Sicht der Erde und der Sicht von Nammu noch nicht bereit fühlte für die Ankunft eines neuen Wesens. Für solche Entscheidungen suchte sie bestimmte Priesterinnen aus dem Ältestenrat auf, die für die Fragen der Fruchtbarkeit und der Geburt zuständig waren. Gemeinsam berieten sie dann und gemeinsam wurde entschieden. In der letzten Zeit kam es allerdings auch gelegentlich dazu, dass sich fremde Wesen aus dem Kosmos näherten und versuchten, Zugang zum Stamm zu finden. Sie versuchten dies auf eine etwas undurchsichtige Art. Da konnte es passieren, dass ein Wesen in eine junge Frau eindrang, wenn sie in ihren Träumen einmal nicht richtig aufpasste. Das waren meistens Wesen, die in ihrem vorigen Leben in einer Situation der Angst gestorben waren und die deshalb die Orientierung verloren hatten und nun wiederkommen wollten, weil sie viel zu ungeduldig waren und sofort Hilfe suchten. Um ihrer unvorbereiteten Ankunft vorzubeugen und mögliches Chaos zu verhindern, hatte der Stamm bestimmte Pflanzen gefunden, die der Verhütung dienten. Sie waren heilig und wurden als Wächter der Geburt und Hüter des irdischen Lebens verehrt. Diese Pflanzen wurden an junge Frauen verteilt, die bereits in das Wissen der Sexualität eingeführt waren und die das Fest der sinnlichen Liebe mit den jungen Männern feierten, die aber noch nicht die geistige und seelische Reife hatten, ein Kind auszutragen. Diese Pflanzen halfen den Frauen, dass keine unerwünschten Wesen Zugang zu ihrem Leib finden konnten. Man setzte die Pflanzen auch ein, wenn man einen Ahnen, der sich zu früh eingenistet hatte, noch einmal fortschicken wollte.

Für die Erziehung war nicht nur die Mutter oder der Vater, sondern der ganze Stamm verantwortlich. Neuankömmlinge wurden immer vom gesamten Stamm erwartet und begrüßt. Die Kinder wurden, zumindest in den ersten Jahren, vor allem von den Müttern und von den Ammen erzogen und unterrichtet. Aber auch wesentlich für die Erziehung war das Leben in der Gemeinschaft. Besonders aufmerksam wurden ihre ersten Jahre vom Ältestenrat begleitet. Er hatte die Aufgabe, die Erinnerung der Kinder an die geistige Welt, aus der sie kamen, zu hüten. Kinder wurden nicht wie kleine ahnungslose Wesen behandelt, sondern wie Urahnen, die ein großes Wissen mitbrachten. Ob ein Neugeborenes oder ein Erwachsener in Wirklichkeit die ältere Person war, zeigte sich an anderen Dingen als dem gegenwärtigen Alter. Man wusste, dass Kinder in der Zeit ihrer Abwesenheit die verschiedensten kosmischen Orte aufgesucht hatten und dass sie von diesen Welten viele wichtige Neuigkeiten mitbrachten. Die Kinder besaßen deshalb von sich aus ein ganz fein ausgebildetes Sternenwissen. Jetzt mussten sie lernen, dies in die irdische Kommunikation einzubringen.

Sie setzten ihre Traumreisen fort und schulten nach und nach ihr irdisches Wissen wieder. Die wichtigste Tätigkeit aller Begleiter bestand darin, das Wesen und den Traum der Sternenkinder zu erkennen und ihr Gedächtnis zu fördern. Denn das, was einen Stamm bedrohte und was ihn für Unzufriedenheit und mögliche Gewalt anfällig machen würde, war nur aus dem Raum des Vergessens heraus möglich. Deshalb wurde die Schwelle, das Lebenstor von einem Daseinsstatus in einen anderen, ganz besonders gehütet. Niemand sollte vergessen, aus welchem Bereich er gekommen war und wohin er gehen würde.

Die Väter begleiteten die Kinder in der Regel ab dem fünften Lebensjahr besonders intensiv, denn von da an begann sich in jedem Wesen ein bestimmter geistiger, männlicher Aspekt zu melden, der behutsam befragt und begleitet wurde, während vorher der weibliche Aspekt überwog und auch entsprechende Aufmerksamkeit erhielt. Das galt unabhängig davon, ob es sich um einen Jungen oder ein Mädchen handelte. Allerdings sprachen sie nicht von Vätern. Sie kannten den Begriff der Vaterschaft im heutigen Sinn noch nicht, da sie nicht davon ausgingen, dass der Mann der Zeugende war. Alle waren ganz auf das Bild der Großen Mutter hin orientiert. Männer waren geschichtlich gesehen im Stadium des Sohnes auf dieser Erde, sie sahen sich alle als Söhne von Nammu, die auf eine neue männliche Reife vorbereitet wurden. So wurden die Männer *Großer Bruder* oder *Schamanu* genannt, wenn sie im Liebesdienst im Tempel der Göttin arbeiteten. Die Frauen allerdings verbanden sich durch das Austragen des Kindes mit dem Mutteraspekt der Schöpfung, mit Nammu, für den sie jetzt Mitverantwortung trugen. Sie waren ein Aspekt der großen Mutter und wurden deshalb *Schanammu* genannt, was so viel wie *Teilhaberin an der großen Mutter* bedeutete.

Die Geburt war ein Festtag. Die Mütter kannten die Zeit und Stunde, wann das Kind geboren werden würde, sehr genau, denn das Kind wünschte an bestimmten Mond- und Sternenkonstellationen zu kommen. Damit standen alle Stammesmitglieder in inniger Verbindung, und es war den Müttern ein Leichtes, ihren Körper auf diese Geburtsstunde einzustellen. Kam es zu Komplikationen, was eher selten vorkam, so kannten sie Pflanzen, die den Vorgang unterstützen würden. Nahte die Stunde der Geburt, und war es klar, dass alles nach Plan verlaufen würde, dann riefen sie alle Mitglieder des Clans zusammen. Manche Kinder wünschten, im Steinkreis selbst geboren zu werden – aufgrund der intimen Verbindung zu den Sternen, die dieser Platz hatte. Kinder, die später die Aufgabe haben würden, den Kontakt zu den Sternen aufrechtzuerhalten und zu pflegen, wählten meistens diesen Geburtsort. Andere zogen den Frauenplatz und den Platz der Geburt vor. Dieser war erdnaher und geschützter und wurde von Wesen bevorzugt, die noch nicht oft auf dem Planeten Erde zu Hause gewesen waren und einen behutsamen Eintritt wünschten. Die Kinder wurden mit Musik, Trommeln und Tanz empfangen. Die Trommeln wurden weich und behutsam geschlagen, sie repräsentierten den Herzschlag der Erde und den Herzschlag von Schanammu, den das Kind ja in den letzten neun Monaten durchgehend gehört hatte. Es war wichtig, dem Kind einen weichen Übergang auf den Planeten Erde zu ermöglichen, damit es gar nicht erst in den Raum des Vergessens eintreten würde, der beim Übergang der Daseinsräume möglich sein konnte. Meistens hatte man ein Lied für den Neuankömmling erprobt, das bereits seinen Namen trug. Der Name wurde in den verschiedensten Klanglauten gesungen, die das Kind an die Klänge seiner Herkunft erinnern sollten. Beides war in der Regel der Schanammu im Traum bereits mitgeteilt worden und sie hatte dieses Lied in den Zeiten ihrer Schwangerschaft oft gesungen. Allen Planeten waren bestimmte Töne zugeordnet, und je nachdem, woher das Kind kam, wurden ihm die entsprechenden Töne zugeteilt.

Die Kinder wurden meistens in kleineren Gruppen geboren. Ganz selten kam ein Einzelkind auf die Welt. Das kam nur vor, wenn eine ganz bestimmte Sternenkonstellation für den Geburtsvorgang vonnöten war. Es gab günstige Geburtenjahre, in denen sich besonders viele Kinder anmeldeten, andere, in denen fast kein Kind zur Welt kam. Tod und Wiedergeburt standen in untrennbarem Verhältnis zueinander. Die Zahl der Stammesmitglieder war von heiliger Bedeutung, ein bestimmtes Maß durfte nicht überschritten werden. Es war wichtig, das Gleichgewicht der Lebenskräfte zu erhalten. Deshalb wurde von den Ältesten des Stammes gründlich darüber nachgedacht, wann man neue Ahnen zu sich rief und wann man ihnen riet, noch zu warten.

In den ersten sieben Jahren lebten die Kinder im Kreis von anderen Kindern und Ammen. Sie konnten zu ihren Müttern oder Vätern kommen, wenn sie es wünschten, doch waren diese in keiner Weise die ausschließlichen Bezugspersonen, wie das heute der Fall ist.

Die ersten Jahre galten der Schulung des Tastsinnes. Es wurde das Riechen, das Schmecken, das Trainieren organischer Bewegungsformen, der Sinn der Künste und des intuitiven Spiels vermittelt. Außerdem wusste man, dass diese kleinen Wesen einen ganz besonderen Blick in die Welt mitbrachten, den Sternenblick, durch den sie alle energetischen Lichtvorgänge der materiellen Dinge sehen und erkennen konnten. Sie sahen also hinter und in den Dingen immer auch den energetischen Traum, den die Dinge träumten. Wenn sie mit ihren großen, meist sehr dunklen Augen in die Welt schauten, dann konnte man den Eindruck haben, als schauten sie an den Dingen vorbei; das lag an den Auren und Energievorgängen, die sie dauernd fasziniert beobachteten. Dieser Blick wurde ganz besonders gepflegt und gehütet, denn er durfte durch die kommenden Jahre und durch die immer materieller werdenden Aspekte des Lebens nicht verloren gehen. Durch Orakelpriesterinnen wurden sie schon jetzt in der Aufmerksamkeit ihren Träumen gegenüber geschult. Sie hatten die Aufgabe, den Neuankömmlingen behutsam zu helfen, die kosmischen Energievorgänge, die sie ständig sahen, im Gedächtnis zu bewahren und in die Sprache und Umstände des Erden-Daseins zu übersetzen.

Jedes Kind durchlief den so genannten Gemeinschaftsring, bis es zu seiner eigentlichen Bestimmung fand. Die Kinder wuchsen gemeinsam auf und wurden von den Schwestern und Brüdern begleitet und in das Leben des Stammes eingeführt. Der Gemeinschaftsring wurde in 50 Jahren durchlaufen, so lange dauerte ein Zyklus bis zum Erwachsenwerden. In der Regel war man mit dem 50. Geburtstag ein voll inkarnierter Mensch und damit erwachsen geworden. Man kannte jetzt die vielen verschiedenen Aspekte von Nammu und hatte seine bestimmte Funktion innerhalb dieses Stammes oder auch eines benachbarten Stammes gefunden. Jetzt war man ein voll verantwortliches Glied der Gemeinschaft und somit auch mitverantwortlich für die gesamte Schöpfung.

Das Reich der Pflanzen und Kinder

Mit etwa sieben Jahren übernahmen die Kinder ihre ersten verantwortlichen Aufgaben im Stamm. Das Alter von sieben war nur eine allgemeine Orientierung. Wann genau es so weit war, dass ein Stammeskind seinen Eintritt in den Pflanzenbereich des Mysterienwissens erhielt, entschied sich an den Träumen und der Entwicklung jedes einzelnen Kindes. Wenn ein Kind einen besonderen Traum von einer Pflanze hatte, es konnten Blumen, Bäume, Sträucher, Kräuter oder auch Pilze sein, dann war dies ein Zeichen, dass diese Pflanze es rief. Von diesem Zeitpunkt an wurde das Kind in das Seelenleben der Pflanzen eingeführt und auch mit bestimmten Aufgaben betraut.

Jedes Kind hatte eine Pflanze, die seinem Wesen in besonderer Weise entsprach und Geheimnisse hütete, die speziell von diesem Kind entdeckt und abgerufen werden sollten. Es war ein Wissen über Heilkräfte oder Ernährung, über Schutzgeister oder Erkenntniskräfte. Die Pflanzen hüteten diesen Aspekt und warteten darauf, dass die Kinder ihr Geheimnis entdecken würden. Jedes Kind durchlief dieses Stadium. Es war den Stammesmitgliedern für den Schutz der Pflanzen, aber auch für die Entwicklung jedes einzelnen Kindes wichtig, dass alle verschiedenen Stufen des Pflanzenwissens betreten und erlernt wurden.

In den ersten Jahren hatte das zielgerichtete Bewusstsein eine bestimmte Evolution durchlaufen, jetzt war eine neue Seelenstufe in den Kindern inkarniert, die dem Pflanzenbewusstsein sehr nahe stand; und kaum jemand konnte das Pflanzenbewusstsein besser entschlüsseln als die Sieben- bis Vierzehnjährigen. Ihre eigene Seele entsprach in diesem Entwicklungsstadium dem Wesen einer Pflanze, dadurch konnten sie sie besonders gut verstehen. Die Kinder waren Schutzgeister für die Pflanzen, und die Pflanzen boten durch ihre Übermittlung Schutz für den ganzen Stamm. Mit jedem Geheimnis, das die Kinder auffanden, inkarnierte sich ihre eigene Seele ein Stück fester und gründlicher auf dieser Erde.

Als ich durch den Steinkreis ging, um die verschiedenen Archetypen des Stammes kennen zu lernen, teilte mir ein Stein mit: *»Wir reden den Baum als Freund an. Pflanzen haben eine Seele, nur wenn ihr euch mit ihr verbindet, kann ihre Heilkraft richtig frei werden und wirken. Wenn sie euch wiedererkennen, helfen sie euch, wenn ihr sie braucht.«*

Die Steine, die das Pflanzenwissen und die jungen Kinder stellvertretend repräsentierten, standen im unteren Teil des Steinkreises im Südosten. In diesem Bereich hatte ich *Weiße Liane* getroffen, das zwölfjährige Mädchen. Die jungen Stammesmitglieder hüteten den Raum der Pflanzen und wurden von den Erwachsenen hierin unterstützt und begleitet. Meistens waren es Frauen und Männer im Alter zwischen 40 und 50 Jahren, die diesen Bereich hüteten und die Kinder auf ihrem Lernweg der Pflanzenseelen begleiteten.

Meistens teilten die Pflanzen den Kindern ihren Traumnamen mit, woran sie erkennen konnten, dass sie gerufen wurden. Die Kinder wurden zwar von den Erwachsenen begleitet, aber die höchste Autorität über das Pflanzenbewusstsein hatten sie selbst. Man achtete darauf, dass sie in ihrer spezifischen Art des Sehens ihr Gedächtnis schulten, damit sie diese pflanzliche Art zu denken und zu fühlen bis in ihr Erwachsenenalter mitnehmen konnten. Durch den Kontakt mit den Pflanzen wurde der Emotionskörper des Menschen besonders geschult und gefestigt. Nur auf dieser Ebene war es möglich, mit den Pflanzen zu kommunizieren. Die Stammesmitglieder wussten, dass Pflanzen auf eigene Art die Botschaften der Mater oder des Kosmos bargen und weitergaben. Nachts und auch tagsüber sprachen Pflanzen und Steine mit diesen Kindern, liehen ihnen ihre Kraft und vermittelten ihnen ihre Art, die Welt wahrzunehmen und zu hüten.

Es war wesentlich, dass die pflanzliche Seele eines Kindes bis zur vollen Blüte ausreifen konnte, denn nur dann war das Kind auch für die Informationen der nächsten Entwicklungsstufe bereit. Nichts durfte übersprungen werden. Der Pflanzenkörper bot den Kindern Schutz vor allen möglichen Gefahren. Im Schutz dieser Pflanzen gab es keine Gefahr, denn die Welt bot sich anders dar. So entschlüsselten die Kinder die Heilkunde der Pflanzen und verstanden sie als Erkenntniskraft zu nutzen. Sie kannten und verstanden den Standort von Pflanzen. Und sie gingen immer wieder hin, um mit diesen Orten Kontakt aufzunehmen, sie zu pflegen und zu schützen. Die Pflanzen unterstützten sie im Bewusstsein der Nutzung von Levitations- und Schwerkraft. Mit Hilfe der Pflanzen wuchsen den Mitgliedern des Stammes kosmische Kräfte zu, sie konnten leichter die großen Steine versetzen, und sie konnten aus so genannter eigener Kraft riesige körperliche Leistungen vollbringen.

Natürlich unterstützten die Pflanzen sie auch darin, Zeitreisen zu unternehmen, oder im Geist verschiedene Orte über größere Entfernungen hinweg zu besuchen. Das geschah durch den Wechsel der Bewusstseinsräume. Durch die Kommunikation mit den Pflanzen wurden die Kinder in der Vertiefung und Materialisierung ihres Selbstbewusstseins geschult. In den Träumen wurden sie von ihren Kraftpflanzen an bestimmte Orte geführt, die für ihre Entwicklung wichtig waren. In allem, was sie lernten, wurden sie durch Träume geschult und vorbereitet.

Die Kinder sammelten Pflanzen, sie säten und sie ernteten. Sie kommunizierten mit den Wesen der Natur durch Musik und Gesang. Die Erwachsenen begleiteten sie dabei. Auf meine Nachfrage, welche Pflanzen denn damals existierten, erfuhr ich, dass es ein äußerst vielfältiges Pflanzenreich gab. Die Flora und das Wachstum, das sich vor meinen Augen entfaltete, entsprach am ehesten dem des heutigen Regenwaldes. Kleine geschützte Gebiete wurden bereits für den Ackerbau eingesetzt, aber er spielte noch kaum eine Rolle. Sie säten und sie ernteten vor allem in den Wäldern und achteten darauf, dass die Pflanzen untereinander in ihrem natürlichen Gleichgewicht blieben.

Wenn ein junges Mädchen von Tamari, der Palme, träumte, und wenn sich eine Palme als ihre pflanzliche Entsprechungsseele offenbarte, dann war dies ein ziemlich sicheres Zeichen dafür, dass sie in späteren Jahren den Beruf der Orakelpriesterin wählen würde. Palmen galten als besonders heilige Pflanzen. An der Frucht, welche der Baum im Traum dem Mädchen schenkte, konnte es erkennen, in welchem Bereich des Orakels sie besonders geschult werden würde. Ein ähnlich heiliger Baum, der speziell für das sexuelle Wissen der Orakelpriesterinnen stand, war der Feigenbaum. Er kündigte an, dass sich Nammu dieser Person vor allem in ihrem Wissen der sinnlichen Liebe offenbaren wollte und dass das junge Mädchen auf den Tempeldienst im Bereich der Sinne vorbereitet werden sollte.

Jungen träumten besonders oft von Pflanzen aus dem Bereich der Beeren oder Kräuter. Es gab aber auch ganz bestimmte wilde Getreidearten oder auch Urwaldbäume, die eher der männlichen Entwicklung und Eigenart dienten. Die Unterscheidungsmerkmale bestanden vor allem darin, dass sie eher Bitterstoffe in sich trugen, dass sie relativ wenig Oberfläche zeigten und große Wurzeln ins Erdinnere schlugen. Das festigte die jungen männlichen Körper, schulte ihre geistige Art, in die Welt zu blicken, und gab ihnen feste Verbindung mit Nammu, der Materie. Gleichzeitig schufen diese Pflanzen eine Öffnung in die transzendentalen Welten der Erkenntnis, der Astronomie, des Wissens über die Himmelsrichtungen und die Erdlinien, Kommunikationsfähigkeit mit anderen Völkern und vieles mehr. Die männlichen Wesen wurden auf besondere Weise für die geistige Erkenntnis und für den Dienst an der Liebe vorbereitet. Sie riefen die kosmische männliche Kraft ab, die aus immateriellen Räumen kam. Für sie war es deshalb von ganz besonderer Bedeutung, die körperliche Zentrierung zu lernen, denn nur wenn sie dieses innere Gleichgewicht zwischen körperlicher Kraft und geistiger Kraft und die intime Verbindung mit Nammu halten konnten, würden sie der Liebesaufgabe, mit der sie betreut wurden, gewachsen sein.

Der Mann sollte im Laufe der Jahrhunderte darauf vorbereitet werden, vom Sohnes-Status in den Status des Liebhabers und des Partners überzuwechseln. Der Schöpfungstraum von Nammu würde erst seine volle Erfüllung gefunden haben, wenn dieser Wechsel stattgefunden hatte. Das aber würde noch Jahrhunderte dauern. Das männliche Wesen war nicht ganz so elementar und tief verwurzelt mit Nammu, der großen Mutter, denn die göttliche männliche Kraft war eher im Universum, im geistigen und immateriellen Raum zu Hause. Deshalb musste die Inkarnationsstufe des werdenden jungen Mannes noch fürsorglicher und umfassender begleitet werden, als es bei seinen Schwestern der Fall war, denn er war von anderem Geschlecht als die Schöpfergöttin. Nammu wusste, dass er deshalb Gefahr lief, das innere Zentrum zu verlieren, seine elementare, erdverbundene und dienende Kraft. Würde dieses Zentrum aus irgendeinem Grund erschüttert werden, dann würde sich seine starke Kraft in zerstörerische Energie umwandeln. Das war die Gefahr, der die Menschenwesen alle ausgesetzt waren. Der Stamm tat alles dafür, um die jungen, heranwachsenden Wesen vor dieser Gefahr zu schützen. Irgendwo im Nordosten Europas hatte sich ein solches Unglück, dass sich ein junger Mann gegen Nammu wenden wollte, schon ereignet. Die Vorgängerin von Bechet, der Orakelpriesterin, die gleichen Namens war, hatte vor einigen Jahrzehnten davon geträumt und den Stamm eindringlichst vor der aufkommenden Gefahr gewarnt. Die Stammesältesten wussten davon. Sie wussten auch, dass der Steinkreis ursprünglich errichtet worden war, um sie vor ähnlichen aufkommenden Gefahren zu schützen. Deshalb vertieften sie die Informationen und Eingaben, die sie hier machten, immer mehr, um den Schutz und die Kraft, die von Nammu ausging, zu stärken.

Die Verbindung mit den Tierseelen

Die Heiligkeit der Tiere

In den Jugendlichen erwachte in der Regel kurz vor dem 14. Lebensjahr eine neue Bewusstseinsqualität, die in inniger Verbindung mit dem Reich der Tierseelen stand. Hiermit begann sich ein neuer Bewusstseinsring der Sinne zu öffnen. Diese Wissensstufe wurde behutsam vorbereitet. Die Schöpfung träumte einen besonderen Traum von Adam Kadmon, dem Urbild des Menschen und seiner Verwirklichung. Im Bereich der Tierseelen lag der größte Teil des Traumes noch in einem schlummernden Stadium und wartete auf die Erfüllung und Einlösung. Es ging um das Erwachen der sinnlichen Triebkräfte, um das Erwachen des oralen und auch genitalen Bewusstseins, viel körperlicher und irdischer, als es noch im früheren kindlichen Stadium der Pflanzen gewesen war. Jetzt verbanden sich die Heranwachsenden zunächst mit den Seelen der Tiere und ihrer Kraft. Sie verstanden es, sich all diese Seelenenergien für ihre eigenen Fähigkeiten zunutze zu machen. Mit dem Kontakt zu den Tierseelen inkarnierte und verfeinerte sich ein neuer Aspekt ihrer eigenen Seele. Sie hatten zu Tieren ein liebendes und sinnliches Verhältnis. Sie kannten die sprunghafte Präsenz von allen katzenhaften Tieren, sie kannten die Seelenkräfte von Bären, Reptilien und anderen Lebewesen und eigneten sich durch inneres Nachempfinden ihre Seelen- und Bewusstseinskräfte an. Alle Tiere waren für sie heilig. Sie kannten die Heilkraft der Schlange und wussten, dass die Schlange Hüterin des sexuellen Wissens war. Sie verstanden die Rufe von Fröschen und anderem Getier und wussten, dass deren Mitteilungen Botschaften der Mater selbst waren. Da sie es erlernten, sich mit dem inneren Wesen der Tiere zu verbinden, drohte ihnen auch von Seiten der Tierwelt keine Gefahr. Gefährlich würden Tiere für die Menschenwesen nur dann werden, wenn die Angst auf die Erde käme und mit ihr eine Trennung von der Einheit der Schöpfung auftreten würde.

Zusätzlich erfuhren alle Kinder im Laufe der Zeit ihr Entsprechungstier, das sie dann auf all ihren Gängen durch die Tierwelt begleiten und ihnen den Weg in die eigene menschliche Gestalt immer tiefer weisen würde. Diese Tiere waren die persönlichen Beschützer für die Kinder, gleichzeitig suchten die Tiere später den Schutz und die Hilfe der Kinder auf. So ergänzten sich alle Träume der einzelnen Wesen gegenseitig. Das Entsprechungstier erkannten die Einzuweihenden daran, dass es mit Vehemenz auftrat, dass es wiederholt auftrat, dass es zu einer besonders innigen Begegnung kam und dass es den Träumenden ein Geschenk darbrachte. Meistens wurde ihnen ein besonderer Traumname mitgeteilt. Die Träumenden hatten die Aufgabe, als Zeichen der Wiedererkennung dieses Tier im Traum zu umarmen. Wenn dies geschah, dann hatte die Tierseele vollen Einzug in den menschlichen Körper der jungen Wesen gehalten, und damit waren sie eine ganze Stufe näher am Bereich der menschlichen und sinnlichen Liebesfähigkeit. Wer einen Wal oder Delphin als Entsprechungstier empfing, der wurde in der Regel zum Botengänger des Stammes ernannt. Er hatte die Aufgabe, das Kulturwissen zu hüten und über die fernen Lande weiterzutragen. Oft wurden männliche Wesen von den Delphinen aufgesucht. Delphine halfen ihnen, ihre männlichen Eigenschaften in Verbindung mit der weichen Kraft von Nammu weiterzuentwickeln und nicht zu vergessen. Insekten standen in der Regel für den Kontakt zu außerirdischen Sternen. Bienen wurden, ähnlich wie Delphine, als besonders heilige Tiere angesehen. Wenn eine werdende Frau eine Bienenkönigin als Entsprechungstier empfangen hatte, dann durfte sie sich seelisch darauf vorbereiten, irgendwann im hohen Alter den Status der Stammesältesten einzunehmen. Andere Bienen standen elementar für das soziale Wissen im Stamm und für das Heilungswissen.

Nammu selbst zeigte sich häufig in Form einer Kröte. Der spezielle Saft der Kröten wurde oft aufgefangen und zu besonderen Erkenntnissen und zu Heilungszwecken eingesetzt.

Der Gipfel der Aneignung des Tierwissens war die sexuelle Vereinigung zwischen Mann und Frau, auf den die Jugendlichen hier vorbereitet wurden. So wie alle in dieses Entwicklungsstadium durch das Wissen der Delphine und der Wale eingeführt wurden, so wurden sie durch das Auftreten einer Schlange verabschiedet. Schlangenträume waren Botschafter einer Transformationskraft. Sie zeigten an, dass sich die Jugendlichen das Tierreich in seinen Wissensqualitäten genügend angeeignet hätten und dass es jetzt darauf ankam, den Übergang ins nächste Reich, das Reich der Sexualität, zu finden.

Damit verbunden war auch die immer kraftvollere und differenzierter werdende Polarität der Geschlechter. Es war klar, dass alles irdische Leben aus der weiblichen Kraft geboren wurde, es war auch klar, dass alles menschliche Leben zum Zeitpunkt des Todes zunächst zu Nammu zurückkehren würde. Zu Lebzeiten aber sollte sich das Paradies der Erde in immer komplexer werdender Fülle, Polarität und Schönheit offenbaren. Aus der Spannung der Polarität heraus entstand die üppige Vielfalt des Lebens und die Erotik. Aus der Beziehung zwischen den Geschlechtern konnten und sollten immer neue Blüten der universellen Liebe für die menschliche Kultur geboren werden. Die komplexer werdende Polarität der Geschlechter bedeutete für das Leben, dass sich das männliche Prinzip als Ergänzung und gleich starker Pol zum weiblichen auch innerhalb der Materie stärker und kraftvoller manifestieren sollte. Schon im Bereich der Pflanzenseelen waren die Kinder in unterschiedlicher Weise eingeführt worden, je nachdem ob sie Jungen oder Mädchen waren. Im Bereich der Tierseelen verstärkte sich der polare Unterschied noch und wurde bewusst geschult. Nach und nach wurden die jungen Männer in das zukünftige Bild eines Liebhabers und Gefährten für die Frauen eingeführt. Der Traum beider, des Männlichen und des Weiblichen, webte sich diesem Urquell entgegen als ein Traum, der Erfüllung im materiellen Dasein verlangte und der bis jetzt noch nicht zur vollen Einlösung gekommen war. Die Erfüllung des Eros war das Schöpfungsziel von Nammu, an dem alle menschlichen Wesen beteiligt waren. Das aber war nur auf der Erde möglich, und es war der Grund, warum dieser Traum von den Urahnen so geliebt und gehütet wurde.

Monatelang, ja manchmal bis zu einem ganzen Jahr, dauerte dieser Übergang, in dem die Träumer immer wieder von der Schlange aufgesucht wurden, bis der Wechsel ganz vollzogen war. Alle Heranwachsenden hatten diesen Übergang, der durch die Schlange repräsentiert wurde, zu vollziehen. Diese Einweihungsstufe war die schwierigste von allen. Denn verbunden mit der Schlange sollte der Schöpfungstraum weiterentwickelt und der Mensch auf eine Inkarnation vorbereitet werden, die noch vor ihm stand. Durch die Einweisung in das Wesen der Sexualität geschah die volle Aneignung und Inkarnation der menschlichen Kraft. Deshalb wurden die Jugendlichen gründlich geprüft, bevor sie in den nächsten Bereich überwechselten. Die Schlange stellte hohe Anforderungen an sie. Jeder Heranreifende würde irgendwann die Schlange umarmen. Wer die Schlange als Entsprechungstier hatte, wurde in den Bereich des Heilungswissens eingeweiht, das für beide Geschlechter zugänglich war. Die jungen Frauen wurden darüber hinaus in den Bereich der Tempelpriesterinnen eingewiesen. Diese Ausbildung gab es nur für Frauen. Die angehenden Priesterinnen, die im Tempel ihren Dienst taten, wurden *Mirjas* genannt.

Die Botschaft der Delphine

Ein etwa zwei Meter langer und rundlicher Stein liegt am Eingang des Tierbereiches flach auf dem Boden, und es scheint, als läge er seit Urzeiten dort. Es ist der einzige große liegende Stein in diesem Bereich. Er liegt dort wie ein Hüter des Eingangs und hebt sich deutlich von den anderen Steinen ab. Als ich mich ihm näherte, war mir schlagartig klar, dass er stellvertretend für die Wale und Delphine stand. Mit geschulten Ohren konnte man sogar die hohen Töne hören, die wie die Töne der Delphine klangen.

Als ich bei diesem Stein innehielt, um auf eine Nachricht zu warten, kam eine ganze Flut von Eingebungen. »*Wir werden die Hüter des Wissens sein und es forttragen über die Jahrtausende, wenn der Kern der Schöpfung bereits von vielen vergessen wurde. Viele von uns werden freiwillig den Tod wählen. Wir möchten die Menschen wecken und sie wieder an unsere eigentliche Freundschaft und Zusammenarbeit und unseren eigentlichen gemeinsamen Ursprung erinnern. Manche Orakelstätten werden nach uns benannt sein. Wenn die Kulturgüter von Nammu an bestimmten Stätten vernichtet werden, dann werden wir sie forttragen über die Meere zu geschützteren Orten, wo unser Kulturwissen weiter entwickelt werden kann. Wenn fast kein Leben mehr in unserem ursprünglichen, mit der Schöpfung verbundenen Sinn auf der Erde vertreten ist, wenn die Menschen ihr Leben unter der Domäne von Angst, Gewalt und Herrschaft verbringen, wenn sie sich gegenseitig töten und bekriegen werden, und wenn sie sich daran gewöhnt haben, zu lügen und sich zu verstellen, dann wird es immer noch vereinzelte Kulturen geben, die unsere Sprache verstehen, die unbekannt und unentdeckt das eigentliche Schöpfungswerk weiterleiten, in den Bergen, im Dschungel und an den verschiedensten Orten dieser Erde. Es wird dann eine Zeit kommen, in der sich die Menschen auf ihr eigentliches Paradies zurückbesinnen. Wenn sie in ihrem Herzen von unseren Klängen erreicht werden, dann werden sie sich erinnern, dass es im ursprünglichen Daseinsraum keine Angst gab. Sie werden berührt werden von der göttlichen Heiterkeit, die uns umgibt. Und sie werden ihre telepathischen Tentakel vorsichtig wieder ausstrecken und unsere Hilfe abrufen. In dem Maße, in dem sie das Lügen verlernen, werden sie auch die ursprüngliche Fähigkeit der telepathischen Kommu-*

nikation wieder verstehen. Sie werden sich an die Verantwortung erinnern, die sie für die gesamte Schöpfung tragen, und an das Wissen, wie sie dieser Verantwortung gerecht werden können. Sie werden verstehen, wie man geistige Schutzräume aufbaut. Den Zugang dazu finden sie über die Musik und über feinste Lichttechnologien. Sie werden neue soziale Strukturen des Zusammenlebens entwickeln, die der universellen Daseinsweise entsprechen. Sie werden auf unser Leben unter den Wassern aufmerksam machen, das zu ihrer Zeit sehr bedroht sein wird. Sie werden sich dafür einsetzen, dass der Ruf von Nammu wieder gehört wird und sich die Menschen für den Schutz und die Fürsorge für alles Lebendige wieder öffnen. So werden wir uns gegenseitig unterstützen und schützen. Dadurch kann die ursprüngliche Verwandtschaft wieder fortgeführt und weiterentwickelt werden. Wir hüten dieses Wissen unter den Wassern über die Jahrtausende. Ein wesentlicher Kommunikationsträger für menschliches Leben ist das Wasser. Ein großer Teil der Neuschöpfung wird aus dem Wasser geboren. Das sollt ihr nicht vergessen, denn darin liegt eine große Freiheit und eine große Informationsquelle.«

Wale und Delphine galten dem Stamm als besonders heilig. Sie dienten dem Erlernen und der Stärkung telepathischer Fähigkeiten. Wale und Delphine wurden als Botengänger und Kontaktpersonen benutzt, um das Stammeswissen der verschiedenen Kontinente miteinander zu verbinden. Als ich zum Ältestenrat hinaufging, um von dort auf den Bereich der Tiere und der Sinne zu schauen, da sah ich eine Unterrichtsstunde in der Orakelschule des Stammes vor mir. Von Bechet wurde den Kindern die Mythologie der Urahnen erzählt. Sie sprach vom Beginn der Schöpfung, vom ursprünglichen Traum von Nammu und den Urahnen: »*Als Adam Kadmon sich auf der Erde inkarnierte, um seinen vollen Traum zu erfüllen, da teilte er sich auf in zwei Bereiche, den Bereich über den Wassern und den Bereich unter den Wassern. Das taten die Urahnen, um sich die Arbeit zu erleichtern. Als Hüter der Erde vertreten wir den einen Aspekt über den Wassern. Wir haben die menschliche Gestalt gewählt und kommen von den Ahnen, die den Bereich über der Erde hüten und Verantwortung dafür tragen. Wir werden über die Jahrtausende hinweg viele verschiedene Kulturen schaffen und begleiten. Wir werden in allen Kulturen als Friedenshüter wieder auftauchen. Die ersten Ackerbaukulturen sind bereits in Entstehung, es sind Kulturformen, die sich leicht entfremden und die deshalb aufmerksame Friedenshüter brauchen. Es werden im Laufe der Zeit Kunstwerke geschaffen und auch Schriften entwickelt werden. Mit seinen Händen und mit seinem Geist wird der Mensch viele Zeichen setzen und immer neue Schöpfungswerke vollbringen. Unter der Erde, im Bereich des Wassers, werden die Wale und Delphine den Schöpfungstraum von Nammu weiterentwickeln. Hier wird sich der Aspekt von Nun, der Göttin des Wassers und der Meere, entfalten. Sie werden keine Zeichen hinterlassen. Alles was sie gestalten und den Menschen abrufbar hinterlassen werden, ist der immer feiner und differenzierter werdende Bereich von unmittelbarer Kommunikation und sozialer Gestaltung. In einer Zeit, in der die Menschenwesen die Urschöpfung und das paradiesische Leben fast vergessen haben, werden sie sich mit Hilfe der Delphine und der Wale genau an jenes wiedererinnern können, sofern sie ihre Wahrnehmungsorgane und ihre Aufnahmefähigkeit für verschiedene Frequenzen in diesem Sinne sensibilisieren. Neben den Walen und Delphinen ist der Fisch ein spezieller Wissensträger und Wissenshüter. Er trägt den embryonalen Aspekt der Neuschöpfung unter den Wassern weiter. Durch den Fisch wird ein neuer Schöpfungstraum von Nammu ausgetragen und weitergeleitet. Lautlos und verschwiegen bereitet er neues Kulturwissen vor und wird es an die Oberfläche tragen, sobald die Zeit reif dafür ist. Manche Kulturen werden sein Zeichen tragen. Es wird ein Zeitalter kommen, das nach ihm benannt ist. Das wird eine Zeit sein, in der sich die Strukturen von Gewalt und Zerstörung bereits weit verbreitet haben. Diese Zeit wird die Geburtsstunde des Liebhabers der Göttin mit sich bringen. Dann wird das jahrtausendelange Wissen, das so lange zum Schweigen verbannt war, das erste Mal wieder weltweit die Stimme erheben und neu geboren werden. Viele allerdings werden seine Sprache nicht verstehen, werden nur die männliche göttliche Botschaft hören und nicht die Stimme der Weisheit, der Liebe und der Göttin wiederfinden. Sie werden seine Stimme verfälschen und eine Religion der Macht und Unterdrückung daraus entwickeln. Und doch wird in dieser Zeit ein neuer Keim gelegt und eine neue Stufe von Nammu verwirklicht werden. Wer das Zeichen des Fisches trägt, der trägt das Zeichen eines Friedenshüters.«*

Wenn die Stammesmitglieder den medialen Botschaften folgten, dann gelangten sie in das geistige Zentrum von Nammu. Hier lernten sie noch mehr über das Wesen der Mythologie und über die Verwirklichungskraft mythologischer Zeichen und Formen, die jenseits der Zeit liegen. Im Zentrum der Mythologie lag das Geheimnis der Schöpfung. Die Stammesmitglieder erlernten die Musik und das freudige Spiel der Delphine und eigneten sich damit einen wichtigen Teil ihrer eigenen Seelen an. Denn jedes Menschenwesen trug auch den Schöpfungsaspekt der Seelen unter den Wassern in sich. Niemand hatte dieses Wissen so komplex und reichhaltig in sich versammelt wie der Delphin und der Wal. Im Reich der Wale und Delphine konnten sie auch studieren, wie sich eine friedliche soziale Gestaltung aufbaut, wie das Wesen der sinnlichen Freude einen ganzen Stamm tragen und zusammenhalten kann. Die Delphine waren sehr lebendige und vielfältige Liebhaber. Das sexuelle Leben prägte ihre gesamte Stammeskultur.

Die Hüter der Schwelle vom Tempel der Liebe

Die Paarsteine, die Zuhörerin und der Klangmeister

Die Schlange war die Hüterin des Bereiches der sinnlichen Liebe. Drei Priesterinnen hüteten das Tor und den Eingang zu diesem Bereich, stellvertretend für die drei Aspekte der Göttin: die Jungfrau, die Mutter und die weise Alte. Die Jugendlichen waren vorbereitet und wussten, dass durch die sexuelle Einweihung die geistige Spannung der polaren Kräfte begann, die Wahrnehmung für den Unterschied und die Ergänzung der Geschlechter. Hier wurden die jungen Frauen und Männer in die Sexualität eingeweiht. In ihr war das ganze Geheimnis des materiellen Schöpfungswissens verborgen.

Zwischen dem Bereich der Jugendlichen und der Tiere und dem Bereich des sexuellen Mysterienwissens sah ich einen kleinen Stein, von dem es schien, als sei er in den Tempel der Liebe unterwegs. »Wer bist denn du?«, fragte ich neugierig, um mehr über den Übergang dieser beiden Bereiche zu verstehen. »*Ich bin der, der immer wieder zurückgeschickt wird. Ich bin der, der vor der Einweihung steht und noch etwas zu lösen hat. Die Schlange hat mich noch nicht umarmt, denn sie ermahnt mich vor zu großer Ungeduld. Ich muss noch etwas über das Wesen der Kraft erfahren, das aus der Ruhe kommt. Sie sagt mir, dass ich etwas in meiner Entwicklung überspringen möchte, das ich aber zuerst erfahren muss. Ich bin dabei, es herauszufinden. Dadurch, dass ich mich von der Ungeduld erfassen ließ, brauche ich länger als manche anderen meiner Freunde. Ich bin in den Bann eines jungen Mädchens geraten, der mich von mir weglenkte. Deshalb versuchte ich manches zu eilig und zu schnell zu erfassen. Die Weisen mahnen* uns vor der seelischen Krankheit der Ungeduld, denn sie ist die Ursache für eine große geistige Fehlentwicklung. Um mehr über dieses Geheimnis zu verstehen, werde ich immer wieder zu Massawa, der Zuhörerin unseres Stammes, geschickt.«

Er wies mich auf einen kleinen rundlichen Stein hin, der dick und sehr kompakt wirkte. Er hatte nicht die Ausstrahlung eines Kindes, sondern wirkte wie eine sehr weise und beruhigende Kraft. Er schien eine wichtige und tragende Funktion im Inneren des Stammes zu haben und stand deshalb an einem wichtigen Ort. »Und wer bist du?«, fragte ich. »*Ich bin die Kraft, die Heilung durch das Zuhören schenkt. Ich nehme alles auf und weiß es zu tragen. Diesen Status im Leben führen einzelne Stammesmitglieder für jeweils einige Jahre aus. Er schenkt großes Wissen und große Heilkraft, wenn man ihn gewissenhaft ausübt. Ich schenke denen, die zu mir kommen, Erkenntnis durch bloße Gegenwärtigkeit und Präsenz. Ich spreche in meinem Amt wenig, aber ich höre viel zu. Ich verstehe es, ein Geheimnis zu wahren, bis es an der Zeit ist, es auszusprechen. Diese Eigenschaft vermittle ich auch denen, die zu mir kommen. Ich bin vertrauenswürdig und verschwiegen. Die Geheimnisse, die ich wahre, wahre ich nicht, um sie vor den Mitgliedern des Stammes zu verbergen, sondern um darüber zu wachen, dass sie zur rechten Zeit ans Tageslicht der Kommunikation kommen. Jedes Geheimnis hat seine rechte Stunde der Offenbarung. Viele Keimkräfte des Lebens müssen erst im Stillen heranreifen.*«

Er wies mich auf einen Nachbarstein hin, der auch im Inneren des Kreises stand. »*Das ist mein polarer Archetyp der Ergänzung. Wenn ich eine Frau bin, dann ist er ein Mann, und wenn ich ein Mann bin, dann ist sie eine Frau. Wir bilden die Waage, das Gleichgewicht zwischen den Geschlechtern. Wir sorgen dafür, dass Informationsaufnahme und Informationsabgabe in die rechte Balance kommen. Beide Kräfte sind elementar notwendig, um Nammu zu dienen. Und beide Kräfte müssen im Inneren eines jeden Menschen zur Entwicklung gebracht werden. Entwickelt sich eine Kraft von beiden zu einseitig, so gerät das gesamte soziale Leben ins Ungleichgewicht. Hierin liegt eine Hauptursache für den Geschlechterkampf, der sich im Laufe der nächsten Jahrtausende über manche Gebiete der Erde ausbreiten wird.«*

Ich ging zu dem Nachbarstein, der leicht, licht, leer und beweglich wirkte. »*Ich bin der Klangmeister«*, sagte er zu mir, »*ich lehre die Kommunikation und den künstlerischen Ausdruck. Hier lernen die Jugendlichen die Sprachgestaltung. Hier lernen sie, ihre Träume und Sehnsüchte in Liedern, in Gedichten und in der Sprache auszudrücken und zu gestalten. Sprache und Klang sind dabei gleichermaßen wichtig. Neben der Telepathie sind dies unsere beiden künstlerischen Kommunikations- und Ausdrucksformen. Wer mir lauscht, wird viele Lieder, Gedichte und Geschichten über das menschliche Liebesleben hören, über die evolutionäre Entwicklung durch die Jahrtausende. Vor allem aber lernen die Stammesmitglieder bei mir, ihren eigenen Traum künstlerisch auszudrücken. Ich könnte ohne den Zuhörerstein nicht existieren und er nicht ohne mich. Wir sind ein archetypisches Paar, das sich gefunden hat. Wir bieten ein Beispiel von freiwilliger und künstlerischer Abhängigkeit, die schöpferisch ist und die das Leben aus sich heraus entwirft. Durch uns können Jugendliche lernen, wodurch die universelle Treue in der Liebe entsteht, nämlich allein dadurch, dass die Einzelnen ihre Aufgabe erkennen und in gegenseitiger Ergänzung ausfüllen. So wie sich Sonne und Mond ergänzen, so ergänzen wir uns auf unserem Weg, und das ist eine wesentliche Grundlage für die Dauer in der personalen Liebe. Durch uns findet die Kulturgeschichte ihre künstlerische Prägung. Wir drücken die Weisheit des Lebens in vielen mythologischen Klängen und Bildern aus. Wer sie entschlüsselt, der entschlüsselt damit die Geheimnisse und Gesetze des Lebens selbst.«*

Nach der Begrüßung dieser beiden Steine wurde mir leicht und froh ums Herz, am liebsten hätte ich getanzt. Mein Herz öffnete sich, und ich begann zu singen. Ich klopfte rhythmisch auf den Stein, und tatsächlich klang es, als wäre er ein Klangkörper und sei im Inneren hohl.

Als ich weiter den Weg ins Innere der Lüste und der Schlange verfolgte, riefen mich noch zwei Steine, denen ich bisher keine Beachtung geschenkt hatte. Immer wenn ich zu den drei Schlangenpriesterinnen wollte, so wurde ich noch einmal zu diesen beiden zurückgeschickt. Es stellte sich heraus, dass sie so etwas wie die Elternsteine repräsentierten. Sie symbolisierten die Dauer in der Liebe auf einer anderen, persönlicheren Ebene, den Eros im Alter. Sie hüteten gewissenhaft das Tor, den Eintritt ins Schlangenparadies. Wer an ihnen einfach vorbeiziehen wollte, wurde zurückgeschickt. »*An uns führt kein Weg vorbei. Wir stehen symbolisch für die zeugende und gebärende Kraft von neuem Leben. Wir stehen auch symbolisch für den Traum der Partnerschaft, den jedes Wesen träumt. Wir repräsentieren den Eros bis ins hohe Alter. Wir stehen für die Dauer in der Liebe, die in der Lage ist, sich frei durch den universellen Fluss des Eros zu bewegen und darin die Treue im Herzen zu erkennen und zu verwirklichen. Neben Flirt und Spiel, neben universellen göttlichen Begegnungen, die einmalig sind, neben der Sexualität als Dienst an der Göttin, neben ›chymischen‹ Brautnächten gibt es auch die dauerhaften und verantwortlichen Beziehungen, die verwirklicht werden wollen.*

Es gibt universelle Partnerschaften, die sich finden und ihre gemeinsame universelle Aufgabe verwirklichen wollen. Wer in das Reich der Erkenntnis und der sexuellen Liebe eintreten möchte, der braucht von uns die Zustimmung. Gewissenhaft prüfen wir, wann die Jugendlichen so weit sind, dass sie das Tor ins innere Reich der Sinne durchschreiten dürfen. An uns werden sie sich in der Kunst der Reibung üben, denn sie werden uns widersprechen, werden uns davon überzeugen wollen, dass die Schlange sie gerufen habe. Das ist gut so. Sie sollen sich üben in der Kunst des weisen Widerspruchs. Wenn sie hierin stark, klar und wahr geworden sind, wenn sie sich keine Heimlichkeiten oder Verschwiegenheiten erlauben, wenn sie keine falsche Unterwürfigkeit an den Tag legen, um uns dadurch umzustimmen, dann können sie das Tor passieren. Aufrichtig-

keit, Festigkeit und Klarheit werden im Reich der Sinne verlangt.«

Ich ging noch einmal ins Innere des Kreises, um alles aus der Ferne zu betrachten, was ich in der kurzen Zeit beim Wechsel vom Reich der Tiere und heranreifenden Jugendlichen ins Reich der Sexualität und der Schlange gesehen hatte. Wie Skulpturen standen die Steine vor mir. Dann durchfuhr es mich plötzlich. Ich schaute auf die Erde und sah, wie sich vor mir eine kleine Schlange durch den Steinkreis schlängelte. In Blitzesschnelle legte sie viele Meter zurück und verschwand im *Erostempel*. Ich nahm das als Zeichen, dass jetzt der richtige Zeitpunkt für mich gekommen war, selbst in den Tempel der Liebe einzutreten.

Unterweisungen
in sinnlicher Liebe

Als ich in den Liebesbereich des Steinkreises kam, um ihn zu erforschen, spürte ich, dass hier irgendeine Verletzung stattgefunden hatte. Das war äußerlich leicht sichtbar, denn einer der Steine war umgefallen. Aber das war nicht der einzige Grund. Wann immer ich in diesen Bereich kam, spürte ich, dass hier auch Trauer und Schmerz als Information im Gedächtnis der Steine lag. Es war etwas geschehen, das den Steinkreis in seinem Energienetz geöffnet, das ihn verletzt hatte und das nicht in das ursprüngliche Informationsmuster hineingedacht worden war. Ich spürte dies auch deutlich als Schmerz im Kreuz. In meinem Körper war das eine sehr empfindliche Stelle, die geschichtliche Verletzungen wahrnahm. »*Versuche zunächst den Bildern zu folgen, die hinter dem Schmerz liegen. In der Ursache des Schmerzes findest du auch die Kraft für seine Heilung. Versuche zum positiven Gedächtnis vorzudringen und die Bilder zu sehen, die vor der Verletzung waren, dann ist es leichter, das zu sehen, was geschehen ist*«, hörte ich den Priesterinnenstein sagen, an den gelehnt ich das Ganze betrachtete. »*Du musst dein positives Gedächtnis wiederfinden, das vor dem Schmerz liegt, vor der Angst und vor der Gewalt.*«

Ich versenkte mich tief in die Welt der Priesterinnen der Liebe, die mir aus diesen Steinen entgegenstrahlte. Ich sah Tamara, Newar und Vatsala. Ich folgte zunächst den Bildern von Tamara, nach der die Palme benannt war. Newar findet man noch heute als Göttin in Nepal. Dort lebt ein Volk, das heute immer noch die Steine als Repräsentanten seiner Ahnen aufsucht und verehrt; und Vatsala wird bis in die Gegenwart als weibliche Gottheit in Indien gehuldigt. Alle diese Informationen fand ich später, als ich nach der Bedeutung der jeweiligen Namen forschte und in Büchern über Frühgeschichte versuchte, mehr über mögliche Realitätsbeweise meiner Traumgeschichten herauszufinden.

Ich sah Tamara in der Nähe, etwa 15 Kilometer nordöstlich vom Steinkreis, an einem Ort, der speziell als Frauentreffpunkt diente. Ich sah sie, wie sie sich reale Schlangen um den Leib wand und ihr Becken im Rhythmus trommelnder Frauen schwang. Sie lehrte die Frauen, auf die Stimme ihres eigenen Leibes zu hören. Sie zeigte ihnen, wie man eine energetische Lichtkugel im Inneren des Bauches fühlen konnte, und wie es darauf ankam, diese Kugel immer im Zentrum zu halten, wenn man sich den Männern näherte und erotische Wünsche an sie herantrug. Immer wieder wies Tamara darauf hin: »*Es ist wichtig, dass ihr diese Kugel spürt und kennen lernt, sie zeigt euch, wann es an der Zeit ist für den Vollzug. Wenn ihr die Wahrnehmung für sie verliert, dann wird die Sexualität aus ihrem Zentrum fallen, sie wird euch in Verlangen, Bedürftigkeit und Maßlosigkeit führen. Sie wird nicht mit der heilenden, universellen Liebe von Nammu verbunden sein, die aber ist wichtig bei all unseren Erfüllungen der Lüste.*«

Nur Mädchen und junge Frauen waren hier versammelt. Hier sollten sie alles Wichtige lernen und erfahren, bevor sie sich mit den jungen Männern am Platz der Liebe und der Schlange trafen. Auch die Männer erhielten eine eigene Anweisung. Sie nannten diesen Teil des Steinkreises den Bereich der Schlangenfrau. »*Wir alle tun unseren Dienst an Nammu, an der Schöpfung, vergesst das nicht. Die Liebhaber, die ihr einlasst in euren Tempel der Liebe, sollen an euch wachsen und zu schönen und geschmeidigen Liebhabern werden. Sie werden stärker sein an körperlicher Kraft, aber nicht an erotischem Wissen. Hier werden und müssen sie von euch lernen, damit der Traum des reifen Mannes zur Erfüllung kommen kann. Die Männer haben sich als Männer inkarniert, um die sinnliche Liebe von Nammu zu lernen und zur Erfüllung zu bringen. Ihr seid Stellvertreterinnen von Nammu. Vergesst das nie. Hier ist Nammu auf unser weibliches Gedächtnis und unsere Klarheit an-*

gewiesen. Nur wir Frauen können die Männer tiefer ins Erdinnere hineinführen und verankern, denn wir sind mit der Urschöpferin wesensgleich und können sie deshalb leichter verstehen.«

Während sie sprach, machte sie immer wieder Pausen und führte die tänzerischen Bewegungen vor, die die heilige Energie der sexuellen Kugel und der Schlange einfangen sollten. Manchmal sah man sehr deutlich, dass die göttliche Kraft in sie eingefahren war, dass nicht mehr sie es war, die den Körper in vorbereiteten und klar umgrenzten Schrittmustern bewegte, sondern dass ihr ganzer Körper von einer magischen Kraft bewegt wurde. Schlangenartig reckten sich ihre Arme nach oben, federnd kreiselte ihr Becken in schnellen Bewegungen, dann war die Kraft im Zentrum des Bauches und sie stieß tiefe, gurgelnde Laute aus, die alle herumsitzenden Mädchen zum Lachen brachten. *»Das ist die befreiende Kraft der Urmutter, die im Bauch wohnt«*, sagte sie lachend. *»Es wird Zeiten geben, da müsst ihr viel Geduld aufbringen mit den Männern. Vergesst nicht, dass sie die sinnliche Liebe erst erlernen müssen und dass niemand anders als ein weibliches Wesen ihnen zeigen kann, was Nammu in uns liebt und was sie nicht liebt.«* Sie ahmte die Phallusbewegungen eines männlichen Körpers nach, wie er sich hob, dann wieder senkte, wie er sich einem weiblichen Körper näherte, wie er versuchte in ihn einzudringen. *»Es wird Zeiten geben, da habt ihr zwar die Licht- und Leuchtkugel in euch und sie ist mit sexueller Lebensenergie angefüllt, aber dem Mann wird es nicht gleich gelingen, bis ins Zentrum vorzudringen und den heiligen Ball zum Tanzen zu bringen. Es ist aber auch nicht gut, wenn euer energetisches Zentrum zu lange unberührt bleibt, denn dann kann es vorkommen, dass zu viel Sehnsucht und daraus folgende Trauer euren Leib füllt. Wenn es also passiert, dass euer Liebhaber das heilige Zentrum nicht berührt, wenn ihr zu oft und zu lange auf das weiche Strömen von Nun im Zentrum eures Bauches warten müsst, dann ruft die Schlangenkraft zu Hilfe. Oft ist es gut, den Schlangentanz anzuwenden, er erfüllt euren Leib und wärmt alle Zentren. Dann* *werdet ihr fühlen, wie Nammu zu euch kommt. Ruft den Fisch auf, der wird euch die Vision eines von Leben erfüllten Phallus schenken, die Vision eures zukünftigen Liebhabers, der das Geheimnis der sinnlichen Liebe bereits kennt. Wiegt ihn geheimnisvoll und verschwiegen in eurem Leib, bis er die Urmutter in eurem Bauch berührt. Sie wird euch erlösen und erfüllen mit einer tiefen, wissenden Heiterkeit, die im Zentrum des Bauches wohnt.«*

Wieder wiegte sich ihr Bauch im Licht der Sonne, wieder stieß sie die tiefen, gurgelnden Laute hervor, und die Mädchen schüttelten sich vor Lachen. *»Der Fisch hütet das sinnliche Wissen in euch und wird es zur Sprache bringen, wenn es an der Zeit ist. Denn durch zu viel Reden an den Stellen, an denen ihr euch unsicher fühlt, vertreibt ihr das Wissen und die leuchtende Kugel in euch. Wenn ihr den Fisch ruft, wird die Kraft bei euch bleiben. Und sie wird heilende Wirkung haben auf den Mann. Es wird sich auswirken auf seinen Phallus, und er wird eurem Geheimnis ein Stück näher rücken. Verbindet euch mit der sinnlichen Güte den Männern gegenüber, schenkt ihnen aufmerksam eure Zeit und euer Wissen. Die Männer schenken euch dafür die Wachstumskraft ihres leuchtenden Geistes, ihre eigene Art zu denken, die sie immer weiter entwickeln werden, und ihre körperliche Kraft. Sie werden in euch die Göttin sehen und sie über alles lieben. Aber vergesst nicht, dass ihr Stellvertreterinnen der Göttin seid. Es wird ein großer Traum von partnerschaftlicher Liebe in euch heranreifen, der euch manchmal dazu verführen möchte, einen Mann persönlich an euch binden zu wollen. Das wäre ein fataler Irrtum, der großes Unglück über die Menschen bringen würde. Denn durch euch alle soll sich die Schöpfung als Ganzes verwirklichen, keine Person auf der ganzen Erde wird Selbstverwirklichung finden, ohne dass Nammu sich verwirklicht, und Nammu verwirklicht sich in allem, nicht nur in euch.«*

Andächtig lauschten die Mädchen. Sie alle kannten bereits den Traum der Schlange. Sie hatten Bilder von der paradiesischen Liebe gesehen, und in ihnen brannte bereits das Feuer der Sehnsucht und der erotischen Liebe. Für viele von ihnen, die jüngsten waren etwa 15 Jahre alt, würde es bald das erste Mal sein, dass sie einen Mann auch sexuell empfangen würden. Sie alle wollten bis dahin den Schlangentanz geübt und erfahren haben, damit das leuchtende Feuer der sinnlichen Kraft dauerhaft in ihnen brennen konnte.

»Hütet den Traum der Schlange, das ist die Aufgabe aller Frauen und ganz speziell der Hüterinnen der Schlange und der Heilkraft. Das nächste Mal werden einige von euch vom Serum der Schlange erhalten. Das öffnet euch ein neues und vertieftes Wissen vom Paradies. Das Paradies der Sinnlichkeit wird nur so lange erhalten bleiben können, wie Frauen die Solidarität und Freundschaft untereinander teilen und so lange sie sich nicht vom Stachel des Neides und der Missgunst vergiften lassen. Hierüber werdet ihr durch das Schlangenserum erfahren. Davor aber müsst ihr die Kunst der Worte und der Liebeslieder erlernen, denn die Schlange verlangt nach unmittelbarem Ausdruck und nach direkter Umsetzung ihrer hohen energetischen Kraft.«

Wieder begann sie zu tanzen und sang dazu ein ergreifendes Liebeslied. Die Schlange, die sie zuvor um ihren Körper geschlungen hatte, wand sich jetzt auf dem Boden und schlängelte sich zu den verschiedenen Mädchen, die sie erfreut empfingen. Keine Spur von Angst war in ihren Gesichtern zu lesen, jede hoffte und wartete gebannt darauf, dass die Schlange auch zu ihr kommen würde.

Neben aller Schönheit, Heiterkeit und sinnlichen Freude schwang jedoch auch ein Ton der Trauer mit. Tamara schien schon jetzt zu wissen, dass ein Liebesschmerz über die Menschen kommen, dass es zu großen Missverständnissen zwischen den Geschlechtern kommen würde und dass dieser Fehler unvermeidlich schien. Sie machte auch keinen Hehl daraus. Umso wichtiger war es für sie, alle Kenntnis, die sie hatte, so gewissenhaft wie möglich weiterzugeben, damit der Traum vom Paradies so weit wie möglich ausreifen konnte. Nachdem sie gesprochen hatte, führte sie jedes

Mädchen in die Mitte, und es durfte üben, den eigenen Leib zur Schlangenmusik zu winden und zu bewegen und die innere Leuchtkugel im Leib zu fühlen und zu stärken.

Manche Mädchen schienen echte Naturtalente zu sein. Ihre Schönheit war so umwerfend, dass mancher Mann es schwer haben würde, von ihrer sexuellen Verführungskraft nicht vollkommen hingerissen zu werden. Andere waren weniger beweglich und hatten mehr Mühe mit dem Kreisen der Hüften und des Bauches. Die einen bewegten sich wie Gummibälle auf und über der Erde, sie wanden sich, als sei eine Schlange persönlich in sie gefahren, während andere eher etwas schwerfälliger und behäbiger wirkten.

»*Hütet euch vor dem Vergleich*«, sagte Tamara, während sie selbst jetzt etwas behäbig und schwerfällig in die Mitte trat. Sie rollte mit den Augen und machte die schielenden Bewegungen einer jungen Frau nach, die neidisch auf die Schlangenkraft eines begabten Schlangenmädchens schaute. »*Seht ihr, wie die Leuchtkugel euch auf der Stelle verlässt?*« Sie warf einen Energieball durch die Lüfte, der sich wirbelnd genau auf das Mädchen zubewegte, das sie, den Neid nachahmend, mit ihren rollenden Augen angiert hatte. »*Jetzt habe ich meine Energie abgegeben und damit meine Kraft. Das Schlangenmädchen hat jetzt zu viel davon. Zu viele Männer wollen jetzt zu ihr, und das wird sie nicht glücklicher machen. Ihr seid alle mitverantwortlich dafür, dass die Schlangenenergie ausgewogen bleibt. Weder ein Zuviel noch ein Zuwenig dient Nammu. Jede hat genügend Schlangenkraft in sich für ihre Selbstverwirklichung. Bei jeder drückt sie sich anders aus. Ihr könnt sie nur in eurer eigenen Mitte fühlen. Sexuelle Erkenntnis kommt nur durch Erfahrung aus der eigenen Mitte zu euch. Deshalb kommt sie nur zu euch, wenn ihr in eurer Mitte bleibt. Eine Bärenfrau wird anders tanzen und die Energiekugel anders fühlen als eine Fischfrau. Sie wird auch andere Männer an sich ziehen, um das Fest mit Nammu zu feiern.*

Manchmal fühlt ihr die Energiekugel zuerst in euren Händen, dann folgt ihr. Manchmal ist sie in den Ohren, dann habt ihr auf etwas zu lauschen. Manchmal fährt sie direkt in euren Unterleib und verwandelt sich dort in Marici, die göttliche Kraft des Schweines. Das Schwein verkörpert einen besonderen, hoch sexuellen Aspekt von Nammu. In dieser Gestalt liebt sie die ganz direkte unmittelbare Sexualität. Dann müsst ihr besonders Acht geben auf die Leuchtkugel, denn sie wird euch direkt auf das Lager eines Mannes führen wollen, ohne dass ihr vorher viele Worte mit ihm gewechselt habt. Dann ist es ganz besonders wichtig, die Leuchtkugel im inneren Zentrum zu bewahren. Es gibt so viele verschiedene Arten, wie die Schlangenfrau zu euch kommt und in euch wohnt. Wenn ihr mit der Energiekugel verbunden seid, habt ihr immer leuchtende Kraft. Ihr werdet zwar Verlangen und Sehnsucht spüren, aber ihr werdet nie bedürftig sein. Trauer oder Enttäuschung werden nie ihr Maß überschreiten. Wenn das geschieht, dann ist es ein Zeichen dafür, dass ihr euer Schlangenzentrum verlassen habt. Ihr solltet dann schleunigst zurückkehren. Es gibt nordöstlich von hier, im kälteren Teil Europas, bereits Völker, bei denen Frauen dem Vergleich erlegen sind. Bechet bekam diese Information in einem Orakeltraum. Es fühlt sich scheußlich an, wenn man die eigene Energiekugel so weit abgegeben hat, dass man sie nicht aus eigener Kraft zurückholen kann. Die Menschen nennen die Folgen davon Sucht, Abhängigkeit, Neid, Missgunst oder Eifersucht, denn diese Krankheit schleicht sich schnell dann ein, wenn man mit zu viel Eifer gesucht und deshalb die Kraft der Ruhe vernachlässigt hat. Plötzlich ruht man nicht mehr in sich selbst. Da diese Krankheit bereits real existiert, müssen wir besonders auf der Hut sein. In einem wirklichen Ernstfall, wenn ihr unterwegs seid und auf einen Menschen trefft, der von dieser Krankheit befallen ist, hilft das Schlangenserum. Dieser Trunk wirkt auf der Stelle heilend, denn er verbindet den Menschen wieder mit seinem eigentlichen Traum vom Paradies. Aber wenn ein Mensch ganz und gar aus seinem Zentrum gefallen ist, wenn die Nabelschnur, die ihn mit der Leuchtkugel verbindet, durchtrennt ist, dann wirkt das Serum als Gift und kann sogar tödliche Wir-

kung haben. Aber zunächst einmal lernt die geistigen Mittel des Schutzes kennen, denn die wichtigste Heilkraft liegt immer in der Erkenntnis.«

Erkenntnis und Sexualität waren in ihrer Sprache dasselbe. Was Tamara sagte, bedurfte nur weniger Worte, denn zum großen Teil sprach sie in Bildern und Bewegungen. Alles Sprechen wurde von Bewegungen untermauert. Es gab keine Sprache, die nicht vom Leib begleitet war. Jetzt stampfte sie fest mit beiden Beinen auf die Erde, erst langsam und behäbig, und ihr Stampfen hörte sich an wie der Pulsschlag von Nammu. Dann wurde es immer schneller, immer geschmeidiger und beweglicher. *Das verbindet euch mit der Erde. Ihr könnt eine kosmische Nabelschnur wahrnehmen, die euch mit der Sonne im Erdinneren verbindet. Sie führt euch mitten hinein in die ewige Verbundenheit mit Nammu und macht euch erdverbunden, gleichzeitig öffnet sie das Herz, euer zweites Sonnenzentrum, durch das auch die kosmische Leuchtkraft von Nammu in euch eintreten kann. Sie wird die göttliche männliche Kraft näher an unseren Erdball heranrufen und wird es den Männern, die ihre geistige Heimat in der universellen Sonnenregion haben, erleichtern, auf der Erde ihre Heimat zu finden. Das universelle Heimatzentrum der Männer liegt im Bereich des Kopfes, im Scheitelchakra, deshalb werden sie sich besonders gern in der Mathematik, der Astronomie und vielen anderen Bereichen des Denkens aufhalten. Ihr müsst sie darin unterstützen, dass sich ihre Kraft in Nammu und in ihrem Herzzentrum verankert. Wenn das erreicht ist, dann ist ein kosmischer Lebenstraum von uns allen verwirklicht, dann hat die Geburt des Liebhabers und göttlichen Partners von Nammu stattgefunden.«*

Die Einführung der jungen Männer in die Welt der Erotik

In der gleichen Zeit gab Newar, eine der drei Orakelpriesterinnen des Stammes, den männlichen Jugendlichen eine Lehrstunde. Durch mediale Konzentration war es mir möglich, auch hier eine Lehrstunde vor mir zu sehen.

Ich sah, wie sich die jungen Männer im Kreis um Newar versammelt hatten. Ich sah, wie sie sich rhythmisch bewegten und einer nach dem anderen in die Mitte trat. Sie übten sich gerade in der Kunst der Sprache und hatten die Aufgabe, ihre Liebessehnsucht den Mädchen gegenüber zum Ausdruck zu bringen. »*Bringt die Kraft in euer Wort. Macht zellulär fühlbar, was ihr wollt und wünscht. Führt die magische Kraft der Liebeskunst in alle Zellen eures Leibes durch das Wort. Das ruft den Geist der sinnlichen Künste herbei*«, wies Newar sie an.

Auch die jungen Männer waren angehalten worden, auf eines ihrer Energiezentren besonders zu achten. Es lag an einer anderen Stelle als bei den Frauen, etwa drei Finger unterhalb des Bauchnabels, war kleiner und dichter zusammengeballt. »*Achtet darauf, dass es sich fest und weich zugleich anfühlt*«, hatte Newar empfohlen. »*Fühlt, wie euch von diesem Zentrum aus eine energetische Nabelschnur mit Nammu verbindet und leiblich zur Frau führt. Fühlt, wie feine Energielinien von hier auf das Verhalten eures Phallus einwirken. Vertraut ihnen und lernt, darauf zu hören.*« Geduldig wies sie die Einzelnen an und richtete ihre ganze Konzentration darauf, um einen nach dem anderen in die Kunst der Sprache und der richtigen Annäherung einzuführen. Sie zeigte ihnen mit viel Humor, wo, wie und wann eine Frau gerne angefasst wird und wann nicht, oder welche Art der Ansprache die Herzen und auch Körper der Frauen öffnen würde und welche nicht. Der

Schlüssel für den Erfolg lag immer darin, dass der Übende mit seinem eigenen Energiezentrum authentisch verbunden war, denn dann stand er auch in Kontakt mit seinen Helferkräften. »*Fragt nicht danach, mit welchen Augen die Frau euch sehen wird und ob ihr Erfolg haben werdet oder nicht. Bleibt bei der Stimme eures Herzens und eures Wunsches. Das ist langfristig der sicherste Weg zu eurem Erfolg und eurer Selbstverwirklichung, auch wenn es vorübergehend manchmal nicht so scheinen mag. Was Frauen auf der Stelle abstößt, das ist, wenn ihr als etwas erscheinen wollt, was ihr nicht wirklich seid, oder wenn ihr eine Kraft vortäuschen wollt, die ihr noch gar nicht habt. Und so wahr sie eine echte und gute Mirja ist, eine angehende Tempelpriesterin, wird sie euch früher oder später sowieso erkennen als der, der ihr seid.*«

Mit besonders viel Geduld und Konzentration lenkte sie die Aufmerksamkeit der jungen Männer auf das Chakra des Herzens. »*Hier wird eure geistige und sinnliche Verankerung stattfinden, hier wird sich die Sexualität zur vollen Kraft der Erkenntnis erheben. Die sexuelle Herzöffnung ist ein wesentliches Ziel in der geschichtlichen Verwirklichung des Mannes. Wenn dies geschehen ist, dann kann das sinnliche Fest der Vereinigung mit Nammu gefeiert werden, der Paradiestraum von Nammu und ihren Lebewesen kann sich in voller Pracht erfüllen. Es wird ein neues Zeitalter des Liebhabers und der Partnerschaft anbrechen. Aber übt euch in der Geduld. Erst einmal muss der Körper und die Seele eines jungen Mannes voll dafür heranreifen. Hört auf die Sprache eures Energiezentrums und auf die Reaktionen in eurem Phallus. Beide zusammen werden euch den richtigen Weg weisen. Es gibt verschiedene Annäherungen an die Frauen. Ihr sollt möglichst viele Stufen davon erfahren und kennen lernen. Es gibt das reine sexuelle Verlangen, das in euch in den nächsten Jahren immer mehr erwachen wird. Folgt seiner Spur wachsam und vergesst dabei nicht, dass ihr Diener und Liebhaber für die Frauen seid. Euer erotisches Verlangen weist euch den Weg. Bleibt immer mit eurem Energiezentrum verbunden. Bleibt bei der inneren Kraft und Füh-*

rung und versucht, nichts zu überspringen. Euer Liebestraum ist groß und kann euch leicht in die Ungeduld führen. Es kommt aber nicht auf sofortige Erfüllung an, sondern auf Wahrnehmung und Kontakt. Die Erfüllung kann nur eintreten, wenn ihr nichts überspringt. Hierin liegt die größte Herausforderung. Neben dem reinen sexuellen Verlangen, das dem Dienst an der universellen Göttin geweiht ist, gibt es noch andere Formen der Annäherung. Vermischt diese Dinge nicht. Nammu ist von ihrem Wesen her sinnlich. Deshalb ist alles, was auf dieser Erde lebt, von sinnlicher Natur. Wenn ihr ganz wach in euren Tätigkeiten mit der sexuellen Energie verbunden bleibt, dann werden euch viele Erkenntnisse über die inneren Zusammenhänge der Materie zuteil. Ihr werdet sie in ihrem inneren Wesen verstehen und erkennen.«

Newar erhob sich und begann, sich anmutig im Kreis zu bewegen. Sie war ein Weib, das in sinnlicher Blüte stand, mit üppigen und doch anmutigen Formen. Sie holte einen *Schamanu*, einen Diener der Liebe in den Kreis, der seit einigen Jahren im Tempel der Liebe seinen Dienst tat. Gemeinsam mit ihm eröffnete sie einen verführerischen Tanz. Zunächst begann sie mit dem Spiel von Annäherung und Verführung. War er zu schnell, wies sie ihn zurück. Dann wieder näherte sie sich mit ihren wogenden Rundungen. Gemeinsam ahmten sie kopulierende Bewegungen nach, sie streckte ihm ihre vollen Hinterbacken entgegen, sie nahm selbst ihre beiden vollen Brüste in ihre Hände und hielt sie den jungen Männern hin. Dann hielt sie wieder inne. *»Es gibt eine Art von Sexualität, die wirkt unmittelbar zellulär und damit beunruhigend auf euch Männer. Hier wirkt die gesamte elementare Zeugungs- und Empfangskraft von Nammu und zieht euch in ihren Bann. Da ihr nicht wesensgleich mit Nammu seid, mag sie auf euch zum Teil sogar bedrohlich wirken. Frauen erscheinen euch als übermächtig. Ein reißendes undefinierbares Verlangen bemächtigt sich eurer, halb zieht es euch an, halb möchtet ihr fliehen. Ihr werdet nachts oft von sexuellen Träumen geweckt. Ihr werdet Träume haben, wie Nammu euch verschlingen möchte. Oder ihr werdet von den inneren*

Organen der Frauen träumen. Manchmal wird euch etwas ergreifen, das man als sexuelles Jagdfieber bezeichnen könnte. Seit der Paradiestraum in Gefahr ist, kann es sogar sein, dass sich Eroberungstrieb und Machttrieb, sogar ein Tötungstrieb in das sexuelle Feuer hineinmischen. Deshalb seid auf der Hut. Am liebsten möchtet ihr das Innere der Frauen unmittelbar berühren. Das ist organisch und gesund, das ist der körperliche Erkenntnisdrang der Sexualität selbst. Bleibt bei der Göttin und dem Vertrauen und lasst euch von ihr führen. Der verschlingende Aspekt wirkt nur so lange bedrohlich, wie er euch fremd ist. Auch der Todesaspekt von Nammu gehört zum sexuellen Erwachen. Hinter allem wirkt die universelle, sexuelle Liebe von Nammu. Sie kennt den Weg der Erkenntnis am besten und wird euch führen.

Neben dem rein sexuellen Aspekt wird sich in euch auch der Traum der personalen Liebe immer mehr melden. Er ist intimer, feiner. Die sinnliche Sehnsucht nach einer Frau wird euch führen. Folgt auch diesem Traum fein und behutsam. Er wird helfen, euer Herzchakra zu öffnen, und das Zeitalter der wirklichen Partnerschaft zwischen Mann und Frau vorbereiten. Dieser universelle Traum wird euch helfen, die Welt im Licht der Liebe zu sehen und zu verstehen. Da ihr euch in Berührung mit dem sexuellen Verlangen den Frauen gegenüber oft etwas unterlegen fühlt, kann es vorkommen, dass euch die Sehnsucht erfasst, eine Frau mit euren Kräften zu erobern und ganz für euch zu gewinnen. Folgt nicht dieser Spur. Sie wird euch von Nammu trennen und ins Verderben führen. Niemals wird man einen Menschen für sich besitzen können. Das Einzige, das ihr zu lernen habt, ist, auf Nammu zu vertrauen und nicht der Ungeduld zu erliegen. Dann wird das volle sexuelle Erwachen zur rechten Zeit eintreten können. Ihr werdet auch zu eurer Lebenspartnerin auf diesem Wege geführt, wenn dies in eurem Schöpfungstraum vorgesehen ist. Der Traum von der personalen Liebe lässt sich erst verwirklichen, wenn ihr die Seele und den Leib der Frauen bereits ziemlich gut kennt. Damit es voll gelingen kann, hütet die geistige Nabelschnur, die euch mit

Nammu verbindet. Übt euch in der Kunst des Pirschens und in der körperlichen Festigkeit, die niemals hart macht. Vergesst nicht, dass wir alle gemeinsam einen großen Traum vom Paradies zu erfüllen haben.

Jeder Mann hat mehr als genug sexuelle Kraft in sich. Solltet ihr einmal nicht ›können‹, dann habt ihr nicht auf Nammu gelauscht, ihr seid nicht ihrer Wegweisung auf das Lager der Frau gefolgt. Jeder Mann ›kann‹, wenn er mit der Stimme von Nammu und der inneren Führung verbunden bleibt. Sie führt euch nur oft auf überraschende Wege. Das Einzige, was es zu können gilt, ist im Kontakt mit der inneren Führung zu bleiben. Dafür gibt es ja den Tempel der Liebe, wo ihr euch immer wieder üben könnt. Unsere Tempelpriesterinnen zeigen euch den Weg der Liebeskunst.

Wenn ihr die ersten Male mit Frauen eures Verlangens zusammenkommt, dann kann es sein, dass ihr euren Samen sehr früh nicht mehr halten könnt. Das ist die Folge eurer großen Erregtheit. Es liegt daran, dass die Verbindung mit der Energiekugel im sexuellen Akt selbst noch neu für euch ist. Im Laufe der Zeit werdet ihr lernen, euren Samen zu hüten und zu halten. Es ist gut, ihn nicht zu oft abzugeben, denn mit ihm gebt ihr immer auch Lebenskraft und Zeugungskraft von euch weg. Je mehr ihr lernt, diese Kraft zu lenken und zu halten, desto tiefer könnt ihr in das sexuelle Wissen der Frauen und der Stellvertreterinnen von Nammu eingeführt werden. Ein Schamanu, der den Liebesdienst im Tempel vollbringt, hat gelernt, diesen Vorgang ganz bewusst zu lenken.«

Beim nächsten Mal würden sie die Kunst des Pirschens erlernen. Um den Körper für die Kunst der Liebe vorzubereiten, übten sie sich auch in der Kunst des Werfens, des Laufens, des Tauchens, des Schwimmens und Kletterns. In allem sah man ihnen die körperliche Vitalität und Freude an. Später würde man das die *kriegerische Energie* nennen. Aber ursprünglich war diese Kraft nicht kriegerisch, sondern eben männlich, fest und beweglich zugleich. Sie war nicht kriegerisch, weil sie in den Dienst der Frauen gestellt wurde und mit Nammu in Kontakt stand. Sie war mit der Wahrnehmung für alles Lebendige verbunden. In späteren Kulturen kam die Macht des Mannes durch Krieg und Gewalt zustande, es war die Kraft, Leben zu zerstören, es war die Macht über den Tod, die die Kultur bestimmte. Hier aber ging es ihnen darum, die weiche Macht des Lebens selbst zu verstehen und zu erlangen – das war ihr Ziel. Durch die sinnliche Liebe konnte sich ihre überschäumende Energie immer wieder neu in eine weiche und liebende Kraft integrieren.

In einigen Wochen würde es mit den benachbarten Clans ein Jugendfest geben. Es war das Fest des Frühlings und der Göttin in ihrer werdenden Reife. Die jungen Männer würden ihre Künste vorführen. Es war ihnen erlaubt, mit den Partnerinnen ihrer Wahl für eine Stunde zu verschwinden und sich in der Kunst der gegenseitigen Umwerbung zu üben. Diesem Fest bebten die jungen Männer entgegen. Denn die meisten von ihnen hatten sich bereits eine Traumpartnerin ausgesucht, der sie jetzt das erste Mal bewusst mit einem neuen Wissen begegnen würden. Wahrscheinlich würde es noch nicht zum sexuellen Vollzug kommen. Das war zwar nicht verboten, aber es war selten der Fall. Davor gab es so viele Vorräume zu entdecken, und sie wollten keinen dieser Erfahrungsräume überspringen, so wie sie es von den Hüterinnen des Schlangenwissens gelernt hatten. Nur wenn der leuchtende Energieball ganz eindeutig zum Vollzug führte, dann war auch das erlaubt. Hinterher würden sie sich alle treffen. Sie würden einer nach dem anderen in die Mitte treten und den Priesterinnen von ihren Erfahrungen erzählen. Diese würden ihnen dann Hinweise und Anleitungen für den nächsten Schritt geben, der zu tun war. In den jungen Männern erwachte im Laufe der Jahre mehr und mehr eine männliche Energie.

Der Bereich des Berufes und der Sendestation

Nachdem ich zwei Einführungen in die »intimeren« Lebensumstände des Stammes erhalten hatte, war ich natürlich voller Fragen und wäre gerne weiter dort geblieben. Aber bevor ich den Bereich der Schlangenfrau und damit das Liebesleben des Stammes weiter ergründen konnte, wurde ich zunächst in die übrigen Bereiche geführt. Ich wurde in den Teil der großen und hell leuchtenden Steine geschickt, die sich unmittelbar an den Erosbereich anschließen und im oberen Teil des Kreises in direkter Nähe des Ältestenrates stehen. Hier war ich gleich bei meinem ersten Besuch in den Steinkreis eingetreten, hier hatte ich das energetische Eingangstor erlebt, hier war ich vom *Wächterstein*, wie ich ihn nannte, begrüßt worden.

Ich befand mich im Bereich der *Erwachsenwerdenden*. Hatte man den Bereich der Pflanzen und Tiere durchlaufen, war die Seele im Bereich der Schlangenfrau ganz in die Aneignung der eigenen erkennenden Kraft eingetreten, hatte sie sich im Laufe der Jahre ihren Platz im sozialen Gefüge des Stammes und im Liebesleben erobert, so waren die Stammesmitglieder, Männer wie Frauen, bereit, sich in ihr spezielles Berufsleben einführen zu lassen und sich darin zu entfalten. Die Schulung im Bereich der Schlangenfrau hatte mit 14 Jahren begonnen und war in der Regel mit 21 Jahren abgeschlossen. In diesem Alter wurden viele Stammesmitglieder auf Reisen geschickt, um andere Stämme zu besuchen, um mehr von der Welt kennen zu lernen und vor allem, um sich in Selbstständigkeit und der telepathischen Kommunikationsfähigkeit zu üben. Diese Reise dauerte meistens ungefähr drei Jahre, oft aber auch länger. Je nachdem, in welche Tierseelen die Einzelnen eingeweiht worden waren oder welche Pflanze sich als ihre Entsprechungspflanze offenbart hatte, wurden auch die Gegenden ausgesucht, in die sie zu reisen hatten. Daran entschied sich auch die Berufsrichtung, die für die Betreffenden von ihnen selbst und von den Stammesältesten ausgesucht worden war. Die Lehr- und Wanderjahre begannen. Es kam vor, dass dabei Frauen und Männer ihren Platz in anderen Stämmen fanden, die meisten aber kamen zurück, oft mit neuen Erkenntnissen, die sie dann den Ältesten vorstellten. Im Stamm wurden nicht die Geburtstage gefeiert, wie es bei uns üblich ist, sondern man feierte immer den Tag, an dem ein Stammesmitglied eine neue Reifestufe erklommen hatte, wenn es von einem Entsprechungstier empfangen worden war oder von einer Pflanze, oder wenn ihm ein Ahne erschienen war, um es in bestimmte Bereiche des Berufswissens einzuweihen. Man kann sich vorstellen, dass solche Feste relativ häufig gefeiert wurden. Sie dienten immer der Festigung einer neuen Erkenntnis und dem Dank an die Ahnen, dass diese Erkenntnis zu ihnen gekommen war. Diese Feste fanden fast immer im Steinkreis statt, mit Musik und Liedern begleitet, die der gesamte Stamm für die Person, die eingeweiht wurde, vorbereitet hatte. Durch Tänze an die Mondgöttin, durch Liebesfeste, die durch die Tempelpriesterinnen der Liebe eingeleitet wurden, und durch verschiedene Ansprachen brachte der gesamte Stamm seinen Dank an Nammu dar.

Durch den Zyklus der Sterne, der Pflanzen, der Tiere und der Sexualität waren die jüngeren Stammesmitglieder körperlich so weit herangewachsen, dass sie jetzt auch neue geistige Erkenntnisse aufnehmen konnten. Durch den Eintritt in die Sendestation wurde eine berufliche Erkenntnis und Reife eingeleitet, die der körperlichen Aneignung der Kraft und Liebesfähigkeit folgte. Die Schlangenfrau gab ihnen das Erkennungszeichen, wann sie so weit entwickelt waren, dass sie in den Bereich der Sendestation und der Berufe eintreten konnten; die Schlangenfrau war es auch, die sie auf Reisen schickte und ihnen mitteilte, wie lange sie auf Wanderschaft zu gehen hatten.

Schon als Kinder waren sie immer wieder einmal von einem der älteren Stammesmitglieder in den Bereich der Sendestation gerufen worden. Einige der älteren Mitglieder hatten Patenschaften für die Heranwachsenden übernommen und führten sie nach und nach in die Wissensbereiche ein, die später für sie wichtig werden würden. Die Grundrichtung, die ein Kind in seiner Entwicklung zu nehmen wünschte, hatte die jeweilige Mutter, die sie Schanammu nannten, ja bereits erfahren, als sie im Traum von der Ankunft des Kindes erfuhr, und entsprechend dieser Entwicklungswünsche wurden auch die Patenschaften ausgewählt. Einige Kinder wurden in das Heilungswissen eingeweiht, andere wurden zu Hütern der Pflanzenwelt. Es gab die Astronomen und die Geschichtshüterinnen, die Künstler und die Musiker. Einige wurden in das Wesen der Zahlen eingeführt, andere in das Wesen mythologischer Geheimnisse und die Kraft der Symbole. Frauen, die von der Schlangenfrau umarmt worden waren, wurden als zukünftige Mirjas ausgebildet, wie sich die Tempelpriesterinnen der Liebe nannten, wieder andere hatten das Glück, von den Orakelpriesterinnen in die Schule genommen zu werden und die Kunst des Träumens zu erlernen. Der Zuhörerstein, die Klangmeisterin, die Hüter der Bewegung und des Tanzes, alle waren sie Paten für Jüngere, die sie begleiteten und die sie für ihren künftigen Beruf ausbildeten. Sie achteten immer darauf, dass alle notwendigen 96 Archetypen vertreten waren. Keine Funktion, die für den Zusammenhalt und die Stabilität des gesamten Stammes nötig war, blieb unbesetzt. Dies diente der Erhaltung des gesamten Biotops. Gleich einem Organismus fügte sich das eine Glied an das andere an und schloss den Ring der Gemeinschaft. Natürlich war es Voraussetzung, dass man in allen Lebensbereichen eine gewisse Grundausbildung bekam.

Die Zeit der Sendestation erlebte man in der Regel zwischen dem 21. und dem 50. Lebensjahr. In dieser Zeit konnte man die Ausbildungsbereiche noch wechseln, immer war es das Leben selbst, das einem die neuen Richtungen wies. Mit 50 Jahren hatte jedes Mitglied des Stammes seinen Beruf erreicht und konnte alle Wissensbereiche abdecken, die zu seiner Ausübung nötig waren. Man nannte es das »Alter der Vollreife«, in dem man die Aufgabe hatte, Verantwortung für den ganzen Stamm mitzutragen. So wie die Sonnengottheit oder die Mondgöttin strahlte und damit alles Leben um sich erleuchtete, so hatte jedes Stammesmitglied die Aufgabe, in seinen Fähigkeiten zu leuchten und damit die anderen Wesen des Stammes zu ergänzen und zu bereichern. Jeder hatte im Laufe des Lebens eine solche Funktion einzunehmen. Niemand blieb berufslos. Welcher Platz es genau war, den ein einzelnes Stammesmitglied zu erfüllen hatte, das wurde durch die Träume von Schanammu bestimmt, die sie vor der Ankunft des jeweiligen Stammesmitgliedes gehabt hatte, es wurde durch die Begegnungen mit den Pflanzen und Tieren bestimmt, durch die Träume, die die Einzelnen selbst träumten, und nicht zuletzt entschieden die Orakelpriesterinnen gemeinsam mit dem Ältestenrat darüber, welchen Beruf der Stamm im Moment am dringendsten benötigte. Man sorgte möglichst dafür, dass der Wunsch des jungen Menschen und der Wunsch des Stammes sich entsprachen. Wenn dem noch nicht so war, dann beriet man sich.

Wenn die Schlangenfrau die erwachsenen Männer und Frauen in den nächsten Lebensbereich entließ, wenn deren neuer Geburtstag, der Tag der Vollreife, gefeiert werden sollte, dann wurden die Einzelnen immer erst auf eine Visionssuche geschickt. Drei Tage und drei Nächte verbrachten sie allein im Urwald an einem Ort, um die Göttin um zusätzliche Erkenntnisse in ihrem Leben zu bitten, die ihnen den weiteren Weg weisen würden. Bevor sie auf diese Visionssuche geschickt wurden, waren sie bereits weit gekommen in ihren Fertigkeiten. Äußerlich schien es an nichts mehr zu mangeln. Und doch kam es zur höchsten Vision der Vollendung normalerweise nie vor dem vierzigsten Lebensjahr, meistens erst um die fünfzig. Dann wurden sie von keinem Tier und von keiner Pflanze empfangen, sondern es war ihre eigene, ewige Gestalt, auf die sie im Traum warteten und die ihnen den weiteren Weg weisen würde. Sie kannten ihre seelische Entsprechung in der Tier- und in der Pflanzenwelt, sie waren in das Seelenleben ihrer Stammesverwandten eingeführt worden, sie waren dem Wesen der verschiedenen Gestirne begegnet, und sie wussten, wie sie ihre Urahnen zu rufen hatten. Sie beherrschten die Fähigkeit der Künste, der Telepathie, der Sprache und der Bewegung. Jetzt sollten sie der Schöpfung in ihrer rein geistigen Dimension begegnen, ihrem eigenen höheren Schöpfungswesen, ihrer ewigen Gestalt, die am gesamten Schöpfungsvorgang beteiligt war und von dem sie ja selbst auf die gesamte Lebensreise geschickt worden waren. Hier begegneten sie ihrem ewigen Anteil, den sie alle an Nammu hatten, der sie durch alle Inkarnationen und durch alle verschiedenen Daseinsräume, die sie aufsuchten, begleitete. Hier wartete eine kristalline, klare Welt des reinen Denkens und Erkennens auf sie, die hinter allen Bilderwelten und hinter allen Projektionen der Seele stand, aus denen die Welt geschaffen wurde.

Es war wichtig, dass sie voll inkarniert waren, wenn sie diesem Aspekt der Seele begegneten, denn das ewige Selbst kam aus einem Bereich, der noch vor der Materie stand, in dem sie alle eins waren, in dem es noch nicht den polaren Unterschied zwischen Männlichem und Weiblichem gab und der von rein geistiger Natur war. Dieser Daseinsraum konnte einen so tief geistig berühren, dass darüber bestimmte materielle Aspekte in Vergessenheit gerieten, was aber nicht im Sinne der Urschöpfung war. Es war ein höchst nüchterner, transzendentaler Erkenntnisvorgang, der da auf sie wartete, der sich ganz ohne Bilderwelten vollzog. Waren sie bis in diesen Bereich des Träumens vorgedrungen, dann waren sie bei sich angekommen, dann konnten sie sich endgültig das Kraftzentrum der Ruhe aneignen, aus dem jede Neuschöpfung ihren Ausgangspunkt nimmt. Es war die Welt der absoluten Nüchternheit und Klarheit, in der es keine Bedürftigkeiten mehr gab; eine Welt, die sie in die Aufgabe des vollen Erwachsenseins und der Verantwortung rief. Es war der tiefste Blick in die Schöpfung, der ihnen von Nammu gewährt wurde.

Jeder erhielt irgendwann Einblick in diese »Schau« des Geistes, wenn sie sich die übrigen Daseinsstufen gründlich genug angeeignet hatten. Dann hatten sie in das Wesen von Nammu, der Schöpfung selbst, geschaut, in ihren geistigen und ewigen Aspekt, der hinter jeder Wandlung stand. Sie hatten ihren eigenen Anteil daran nun kennen gelernt und konnten die volle Verantwortung dafür übernehmen. Alles leuchtete im Licht der Erkenntnis. Dieser Zustand der Vollreife konnte erst erlangt werden, wenn die Seele mit allen Bilderwelten von Nammu in Berührung gekommen war und sich darin einen Platz geschaffen hatte. Deshalb war es so wichtig, die Pflanzenseele, die Tierseele und die Sternenseele voll zu kennen, bevor man sich der eigenen Berufswelt zuwandte. Vor allem war es wichtig, dass man im Liebesleben seinen Platz gefunden hatte, der einem eine feste Einbettung in das Stammesleben gewährte. Erst dann war der Leib voll ausgerüstet und bereit für diese neue Erkenntnis. War diese ewige Gestalt zu den Träumern gekommen, dann waren sie bei sich selbst in ihrem vollen Umfang angekommen, ihre Ausbildung konnte abgeschlossen werden, ein besonderes Fest wurde vom Stamm gefeiert.

Der Bereich des Alters, des Sterbens und der Wiedergeburt

Der letzte wichtige Bereich im Stammeszyklus, den jedes Mitglied durchlief, war der Bereich des Alters und des Ältestenrates, symbolisiert durch die Steine ganz im Westen des Steinkreises. Hier in diesem Bereich lag auch der Stein von Nammu, der liegende Stein, auf dem ich alle wichtigen Einführungsträume erhalten hatte. Ihn umstanden viele besonders große und runde Steine, einige davon nahm ich sehr deutlich als weibliche Steine, als Stellvertreterinnen der Orakelpriesterinnen wahr. Der so genannte Heilungsstein stand auch in diesem Umkreis.

Der gesamte Bereich des Ältestenrates bildete noch einmal einen Kreis im Kreis. Etwas unterhalb von diesem stand ein kleinerer, aber sehr markanter Stein. »*Ich sorge dafür, dass der Kontakt zwischen dem Ältestenrat und dem gesamten Stamm immer erhalten bleibt. Ich bin das verbindende Glied zu allen anderen Bereichen und halte die Kommunikation in Fluss*«, sagte er mir auf meine Befragung hin.

Ein größerer Stein im Ältestenrat hatte mich immer wieder ganz besonders angezogen. Zu ihm ging ich oft, wenn ich ausruhen wollte, wenn ich mich auf das Gesamte besinnen wollte. Er war für mich zum Fokus und Heimathafen geworden. Bei ihm bekam ich auch meinen Auftrag für dieses Buch und für meine spirituelle Reise nach Malta. »*Ich bin dein Entsprechungsstein für das hohe Alter*«, teilte er mir eines Tages mit. »*Finde dein Selbstbild, so wie du mit 86 Jahren sein möchtest. Verbinde dich fest damit. Die gefundene Vision von sich selbst bietet eine hohe Überlebenskraft. Es ist wichtig, eine Vision von sich selbst im Alter zu haben, denn sie lenkt und bestimmt weitestgehend die nächsten Schritte im Leben. Das Selbstbild, das du von dir im Alter hast, bestimmt darüber, ob du Lebenskraft und Vitalität anziehst oder nicht, ob du dem Mut folgst oder der Resignation. Die meisten Menschen haben ein negatives Bild von sich selbst im Alter. Zum Sterben haben sie gar keinen Bezug. Sie klammern dieses Thema aus ihrem Leben aus. Deshalb schiebt ihr auch die alten Menschen in eurer Gesellschaft einfach ab. Ihr wollt mit diesem Thema instinktiv nicht in Berührung kommen, denn damit werden die Fragen nach dem Sinn des Lebens, nach dem Leben nach dem Tod und die Frage nach der Religion geweckt. Weil ihr diese Fragen so sehr aus eurem Leben ausklammert, werden die meisten Menschen sehr früh krank. Die Kraft des Lebens und der Unendlichkeit braucht ein geistiges Gefäß und eine Vision, du kannst auch sagen, einen Traum, in den sie hineinströmen kann.«*

Ich vertiefte mich in die Vision von mir selbst, wie ich mir mein Leben mit 86 Jahren vorstellte. Es kamen auf der Stelle Bilder, wie ich sie so bewusst noch nie wahrgenommen hatte. Ich sah eine dunkel gekleidete Frau, mit durchaus faltigem Gesicht, aber sehr vital und immer noch sinnlich. Wenn ich einfach meinen Wunschbildern folgte, dann sah ich eine Frau vor mir, die ganz selbstverständlich noch sexuelle Kontakte pflegte. Sie war eine Vertrauensperson für viele Menschen geworden, eine Anlaufstelle vor allem für junge Menschen. Ich sah eine weise Frau vor mir, die gern und oft mit sich allein war, die der Kunst, Musik und Malerei Aufmerksamkeit schenkte, die einen ganz innigen Kontakt zu Pflanzen aufgebaut hatte, die elementar und einfach lebte und die gern und oft Menschen um sich versammelte. Spiritualität spielte eine große Rolle in ihrem Leben. Aber es war eine ganz einfache, schlichte und deftige, man kann auch sagen, erdnahe Spiritualität. Ihr vitales Leben selbst, die Art, wie sie mit ihren Träumen umging, die Art, wie sie bewusst den Kontakt mit Menschen, Pflanzen und Tieren pflegte, das war ihr Gebet. Ich sah mich als eine Art Stammesälteste eines neuen Stammes. Es war uns gemeinsam gelungen, eine funktionierende Gemeinschaft aufzubauen.

Diese Bilder kamen sehr prompt und erfüllten mich auf der Stelle mit Vorfreude und Vitalität. *»Ja, festige das Bild davon, wie du sein möchtest. Prüfe genau und in allen Details, wie es sich anfühlt. Träume schaffen Wirklichkeit. Die größte Heilkraft im Leben ist eine Vision, an deren Realisierung man auch glauben kann. Die größte Heilkraft hat die unmittelbare Verbindung zur eigenen Zielgestalt, wie sie universell gemeint und gedacht ist.«* Ich nahm mir vor, mich viel öfter in meiner schönstmöglichen Gestalt im Alter zu visionieren.

Der Ältestenrat symbolisierte Weisheit und Güte. Er war verantwortlich für den gesamten Verlauf des sozialen Lebens im Stamm. Er wurde von Männern und Frauen besetzt. Ihm gehörten diejenigen Personen an, die im Stamm das größte Vertrauen genossen und das umfassendste Wissen repräsentierten. Alle offenen oder kritischen Fragen kamen vor den Ältestenrat und wurden hier entschieden. Einen besonders hohen Stellenwert hatten die drei Orakelpriesterinnen. Das Orakel wurde nur von Frauen ausgeführt, die stellvertretend für die umfassende Weisheit von Nammu standen.

Wenn die Stammesmitglieder ihre sexuelle Vollreife und ihren Beruf gefunden hatten, dann begann gleichzeitig ein neuer Zyklus, in dem sie seelisch auf das Alter und den Tod vorbereitet wurden. Hier kam es vor allem darauf an zu lernen, den Kontakt mit der ewigen Gestalt, die hinter allen Projektionen, hinter allen Auf- und Untergängen lag, aufzubauen und zu halten. Der Tod symbolisierte einen Übergang, eine Geburtsstunde in ein anderes Dasein und in andere Bewusstseinsräume, auf die man ab dem 50. Lebensjahr vorbereitet wurde.

Der Tod geschah fast nie als ein zufälliges Ereignis, mit dem niemand gerechnet hatte. Er war im Vorgang ähnlich wie eine Geburt. In den Träumen der Betreffenden meldeten sich Sternenwesen und riefen diese zu einem Daseinswechsel auf. Wenn jemand fühlte, dass seine Stunde bald kommen würde, so wurde diese »Einsicht« immer erst vor das Orakel gebracht. Man bestimmte gemeinsam Tag und Zeitpunkt, an dem sich der Betreffende verabschieden wollte. Dann wurden Boten losgeschickt, um alle Freunde und Verwandten einzuberufen. In ganz besonders enge Nähe wurden die Personen gerufen, die die Nachfolge antreten sollten. Die Versammlung fand in der Regel im Steinkreis statt. Immer war eine Orakelpriesterin anwesend und begleitete den Übergang. Meistens verbrachten die Verwandten drei Tage und drei Nächte mit dem Sterbenden gemeinsam. Man teilte sich alle wichtigen Dinge mit, die noch zu sagen waren. Bestimmte Personen wurden ausgewählt, mit denen in Zukunft der Kontakt gehalten werden sollte. Diese erfuhren die speziellen Traumnamen der sterbenden Person. Oft teilte diese auch bereits mit, wann sie wiederzukommen gedachte, ob in zwei, drei Generationen oder auch erst viel später. Tag und Stunde des Todes waren wichtig, denn sie öffneten bestimmte Informationsbahnen zu den Gestirnen. Wer seine geistige Orientierung zum Sirius pflegte, der wählte seinen Todeszeitpunkt anders aus als eine Person, die mit der Venus oder mit den Plejaden in geistiger Verbindung stand. Man rechnete im Allgemeinen damit, dass die Nachkommen genau zu dem Tag und der Stunde wiederkommen würden, in der sie in ihrem letzten Leben verschieden waren.

Eine tiefe Einsicht in einen solchen Vorgang erhielt ich eines Tages, als ich auf dem liegenden Stein von Nammu lag. Ich sah plötzlich einen alten Mann dort liegen: Manewa. Er war bereits 93 Jahre alt, war ehemaliger Botengänger des Stammes und hatte die letzten 20 Jahre im Ältestenrat verbracht. Er hatte die Funktion des Astronomen ausgeführt. Nun hatte er alle seine Freunde und Verwandten einberufen, weil er abzutreten gedachte, und sie waren bereits den dritten Tag gemeinsam im Steinkreis. Er lag mit gefalteten Händen auf dem liegenden Stein. Im Umkreis standen etwa 40 Personen und summten leise Lieder und trommelten in leisem, festem Rhythmus dazu. Dieses Trommeln sollte den Herzschlag von Nammu symbolisieren, mit dem sich der Sterbende fest verbinden sollte. Direkt um Manewa standen die drei Orakelpriesterinnen. Ein Rauch von bestimmten ätherischen Pflanzen stieg steil nach oben. Er symbolisierte den Weg der Seele, den sie antreten würde. Manewa lag mit geschlossenen Augen da und sprach klar und präzise. Es schien, als wäre er in Trance und bereits verbunden mit der Welt, in die er überzuwechseln gedachte. Er teilte mit, wohin er gerufen worden war, er nannte seinen Traumnamen, mit dem der gesamte Stamm ihn rufen könne, und er gab Dank, Wünsche oder auch präzise Anweisungen an seine Nachkommen weiter. Dann rief er Manewazuka, seinen Nachfolger, zu sich und bat darum, dass man sie mit einer der anwesenden Orakelpriesterinnen allein ließe. Manewazuka erfuhr nun einen ganz speziellen Traumnamen von ihm, mit dem nur er befugt sein würde, Manewa jederzeit anzurufen. Für die beiden war es wichtig, einen besonders klaren und ungetrübten Kontakt aufrechtzuerhalten, denn Manewa würde ihn aus dem kosmischen Raum rufen und ihm Mitteilungen davon machen, wohin besondere Botengänge notwendig sein würden. Drei Stunden verbrachten die beiden in Gegenwart der Orakelpriesterin, in der sie alles Wesentliche besprachen. Dann wurden die Übrigen wieder gerufen. Nun wurde ein gemeinsames Festmahl geteilt, und junge Menschen kamen und brachten die Geschenke, die sie Manewa in seinen Tod mitgeben wollten.

Etwa zwei Stunden lang wurde gefeiert, Manewa saß eher still dabei und beobachtete das muntere Treiben, neben ihm saß Tamara, seine langjährige Weggefährtin. Sie sprachen noch wenige Worte miteinander, es war eher ein Liebesgeflüster, manchmal heiter, manchmal auch voll Trauer. Tamara machte aus ihrer Trauer keinen Hehl. Obwohl sie wusste, dass alles richtig und an der Zeit war, ließ sie ihren Freund nicht gerne ziehen. Sie ließ ihren Tränen freien Lauf, das gehörte dazu. Manchmal schimpfte sie auch, dass Manewa ruhig hätte warten können, bis es auch für sie an der Zeit wäre zu gehen. Aber jeder wusste, dass sie es nicht ernst meinte, sondern nur ein Ventil suchte, um ihre Gefühle loszulassen. Schließlich war es so weit. Manewa rief den Klangmeister zu sich.

Er summte ihm eine Melodie vor, die Nammu ihm als Übergangslied eingegeben hatte, eine Melodie, auf der seine Seele ins Jenseits zu gleiten wünschte. In erstaunlicher Geschwindigkeit lernte der gesamte Stamm die Melodie. Sie klang kräftig und fest und verband sich mit dem untergehenden Licht des Abendhimmels zu einer gehobenen Festlichkeit. Manewa ließ sich bestimmte Pflanzen bringen, die ihn beim Übergang in den Tod begleiten würden. Er machte sich daraus einen Tabak zum Rauchen, zündete eine Pfeife an und blies den Rauch genüsslich in die vier Himmelsrichtungen, so wie er es eh und je zu bestimmten Ritualen gemacht hatte. Einige rauchten mit ihm. Alle ließen sich still nieder und gingen ins innere Gebet. Manewa lag jetzt still da, mit geschlossenen Augen und atmete ruhig. Ab und zu gab er noch wenige Worte von sich.

Nach etwa einer Stunde war es so weit. Es war, als würde für kurze Zeit die gesamte Welt angehalten. Die Sonne war gerade dabei, im Westen zu versinken. Alles war in ein warmes, rotes Licht getaucht. Kurz kam ein starker Windstoß auf. Ein leises Raunen ging durch die Gruppe von Menschen, die Orakelpriesterin gab mehr Salbei und ähnliche Pflanzen in das Feuer, alles hob an zu singen und leise auf die Erde zu stampfen. Sie wussten, dass Manewa soeben gegangen war, ihr Lied und Gebet sollte ihn bei seinem Wechsel in andere Welten begleiten. Einige begannen leise zu weinen, andere lachten und fielen sich in die Arme. Natürlich gab es eine gewisse Trauer darüber, dass ein viel geliebter Mensch jetzt von ihnen gegangen war. Aber alle wussten, dass dieser Übergang gut vonstatten gegangen war. Manewa hatte seine Aufgabe in diesem Leben erfüllt, sie hatten ihre geistigen Geschenke alle entgegengenommen, und jeder würde das Gedächtnis an Manewa in seinem Herzen tragen. Drei Jahre würde sein Nachfolger Manewazuka, der Nachfolger von Manewa, heißen. Dann, eines Tages, würde auch er Manewa heißen und das volle Amt im Weisenrat übernehmen, das sein Vorgänger gehütet hatte. Die Orakelpriesterinnen würden ihn bei diesem Schritt begleiten. Denn niemand verließ den Stamm, ohne dass klare Personen bestimmt waren, die die Nachfolge antreten würden.

Manewa hatte darum gebeten, dass einige des Stammes noch zwei Tage und zwei Nächte um ihn wachen sollten. Sie sollten die Seele geistig begleiten auf ihrem Weg. Dann sollte man ihn verbrennen, das war sein ausdrücklicher Wunsch gewesen.

In zwei Generationen würde Manewa selbst wiederkommen auf diese Erde, dieses Mal mit einer neuen Aufgabe, die er von seinem Leben auf den Sternen mitbringen würde.

III

Vorbemerkung

Die folgenden Kapitel habe ich vervollständigt und ergänzt, nachdem ich meine spirituelle Reise nach Malta, zu der ich im Steinkreis aufgefordert wurde, bereits hinter mir hatte. Diese Reise hat mir noch wesentlich tiefere Einblicke in die erotische Erlebniswelt der frühen Kultur eröffnet.

Die vielen noch erhaltenen Tempel und Figuren, die dort zu finden sind, geben ein plastisches Zeugnis von einer friedlichen Urkultur. Malta war ein hervorragendes Umfeld zur Vertiefung meiner Geschichtstrancen. Vor allem sah ich dort immer genauer die geschichtliche Zeit, in der die frühen Völker lebten. Aus dieser Sicht heraus erhielt ich umfassende Einblicke darüber, welche die eigentlichen Ursachen für das plötzliche Aufkommen der Grausamkeit und der Gewalt in Europa waren, etwa durch das Auftauchen der Kurganvölker, wie es Riane Eisler in ihrem Buch *Kelch und Schwert* sehr beeindruckend beschreibt. Auch besuchte ich den Steinkreis wieder und wieder und vertiefte mich in den Bereich des Eros und der Liebesschule, in dem die geistige und seelische Verletzung im Stammesleben irgendwann stattgefunden hatte, um mehr darüber zu erfahren. Die folgende Geschichte setzt sich aus verschiedenen Trancen und Träumen sowie Eingebungen zusammen. Die Namen habe ich so niedergeschrieben, wie sie in meinen Intuitionen auftauchten. Ganz plastisch erlebte ich die Unterrichtsstunden, die die Liebespriesterinnen vor ihren Schülerinnen und Schülern abhielten, um über die Geschichte ihres Stammes zu berichten. Ich erlebte die Lehrstunden, in denen eine Tempelpriesterin die jungen Menschen in das geschehene Unglück der Geschlechterliebe einweihte. Zunächst aber erzählte sie ihnen den Traum der personalen Liebe, den sie zusammen vorbereiteten.

Wie kam das Böse in die Welt?

Ich hatte noch einige Male im Steinkreis das Reich der Schlangenfrau aufgesucht und war fasziniert von der Schönheit und Vielfalt des erotischen Lebens dieses urgeschichtlichen Stammes. Ich war überhäuft worden von Eingebungen und Träumen. Der ganze Stamm hatte sich mir inzwischen in seiner Archetypik und Bedeutung vorgestellt. Jetzt aber wurde ich noch einmal kräftig von Fragen und Zweifeln gebeutet. Ich wusste, dass die Geschichte noch nicht zu Ende war. Dazu stand unsere Wirklichkeit diesem *Märchen* zu grell als Gegensatz gegenüber.

Wenn diese Geschichte auch nur einen Kern Wahrheit in sich trug, wenn es wahr war, dass es das so genannte *Goldene Zeitalter* – lange bevor es in der griechischen Mythologie erwähnt wird – wirklich gegeben hatte, wenn diese Kultur auf der Erde geblüht hatte, bevor es überhaupt irgendeine Art von Geschichtsschreibung gab, dann kam natürlich erst recht die Frage auf: Wie war *das Böse* in die Welt gekommen? Wie war es zu Gewalt, Unterdrückung, Herrschaft, Angst, Hass und Schmerz gekommen? Ich wusste, dass ich den Steinkreis mit dieser ausdrücklichen Frage noch einmal aufsuchen musste, obwohl ich bei meinen vorigen Besuchen bereits einige Hinweise dazu erhalten hatte, die alle gängigen Erklärungen in Frage stellten. Ich konnte die Entgleisungen und Grausamkeiten unserer Kulturgeschichte nicht mehr so einfach mit der Tatsache erklären, dass die Welt eben von Anbeginn an grausam war, dass sich der Mensch aus dem Affen entwickelt hatte, grob und roh zu Beginn, und dass er sich erst im Laufe der Zeit verfeinert, vergeistigt und »vermenschlicht« hatte. Das Geschichtsbild, aufgebaut aus den Tatsachen, dass der Mensch Kulturen nur durch Eroberungsfeldzüge aufbauen konnte, dass er, angeführt von einem männlichen Gott, Völker vernichten musste, um das Reich Gottes auf Erden zu errichten, dieses Geschichtsbild funktionierte nun nicht mehr. Auch das Verständnis von der Natur veränderte sich bei der Vorstellung, dass die Natur selbst die Göttin ist und man jederzeit mit ihr kommunizieren kann. Bisher waren selbst mir die Naturmächte oft gewalttätig und bedrohlich erschienen. In meiner urgeschichtlichen Vision hatte ich jedoch Menschen gesehen, die im Kontakt mit der Natur vollkommen angstfrei mit allem Seienden verbunden waren. Sie kannten auch keine Angst vor dem Tod. Welch ein Bild der Religion und der Gottheit! In unserer Tradition wird es gerade mühsam wieder aufgefunden, es gibt kaum historische Überlieferungen. Die weibliche Urfrau kommt allenfalls in der Schöpfungsgeschichte vor, in der biblischen Version repräsentiert durch Eva und die Schlange, aber diese vertritt ja nicht gerade das Gute und Heilige. Im gesamten Alten Testament gibt es kaum noch Spuren einer weiblichen Gottheit. Allerdings finden wir überall Spuren ihrer Ausrottung, auch im Alten Testament musste sie auf Jahwes Befehl vernichtet werden. Die Mittel, die zu ihrer Ausrottung aufgefahren wurden, sind Zeugnis ihrer ursprünglichen Macht.

Allerdings hatte es viel früher schon Jagdkulturen gegeben, kriegerische Stämme, Gift und biologisch ausgebildete Angriffsorgane bei Pflanzen und Tieren, die unmittelbar an Waffen erinnern. Daran bestand wenig Zweifel. Die gesamte Natur baute auf dem Prinzip von Fressen und Gefressenwerden auf. Friedliche Stämme oder Tiergattungen waren eher seltene Mutationen.

Viele dieser Widersprüche blieben für mich zunächst unbeantwortet. Ich wollte meine neuen Erfahrungen, die ich fast wie einen geschichtlich embryonalen Geburtsvorgang empfand, auch nicht zu früh der Diskussion aussetzen. Ich konnte jedenfalls an der Klarheit und Eindeutigkeit meiner Visionen und Trancen nicht mehr rütteln. Sie hatten einen unmittelbar evidenten und objektiven Wahrheitskern. Den Daseinszustand einer friedlichen und blühenden geistigen Kultur, wie ich ihn gesehen hatte, als ich das Land der Schlangenfrau betreten hatte, den Zustand, den ich auf dem liegenden Stein träumte oder der mir durch die Begegnung mit dem archetypischen Stein für das junge Mädchen *Weiße Liane* förmlich entgegengesprungen war, diesen Daseinszustand kannte ich aus keinem Geschichtsbuch und ganz bestimmt nicht aus diesem Leben, aber er war für mich zwingend *wahr* geworden.

In meinem jetzigen Leben hatte ich von früh auf gelernt, dass man sich schützen musste. Im Geschichtsunterricht haben wir nur von grausamen Feldzügen erfahren. In den Nachrichten gibt es, wohin man auch schaut, nur Gräuelgeschichten. Menschen werden umgebracht, Kriege toben rund um den Erdball. Je fortgeschrittener eine Kultur scheint, desto umfassender sind ihre Vernichtungsmethoden und ihre Vernichtungsstrategien, wenn auch zum Teil versteckter. Wer etwas erreichen will, muss sich mit Gewalt durchsetzen und andere Wesen ausbeuten und unterdrücken. Die Umweltkatastrophen spitzen sich zu, fatalerweise sind davon besonders die armen Völker betroffen. Wo soll ich da das Wirken der Göttin heute sehen?

Auch die so genannte Liebe besteht eher aus einem Geschlechterkampf, oder in intelligenteren Fällen aus einem Stillhalte-Abkommen, um dem Geschlechterkampf zu entkommen. Es gibt bis heute, ob bewusst oder unbewusst, den Glauben an den strafenden Gott des Alten Testaments. Er wirkt durch das Abtreibungsverbot des Papstes. Er wirkt in den Vergewaltigungsphantasien und in den Opferträumen. Viele Frauen ahnen gar nicht, wie sehr sie seinem Diktat unterliegen, im Glauben, sie würden sich erfolgreich gegen die Männerdiktatur durchsetzen, wenn sie sich aus verständlichen Gründen gegen jede Art von männlicher Sexualität wehren. Sie wissen nicht mehr, dass sie sich damit gegen ihre eigene Lebensfreude und gegen ihre ursprüngliche Macht wenden, wie ich sie im Steinkreis unmittelbar gesehen und erfahren habe. Die geistigen Archetypen und Seelenbilder der männlich geprägten Kriegswelt toben immer noch mit der gleichen Urgewalt. Wir alle scheinen ausweglos von einem geschichtlichen Trauma gelenkt und geprägt, das bis in unsere Liebesbeziehungen hinein das Leben auf der Erde verdunkelt und es für die meisten eher zu einem Jammertal macht als zu einem Glück verheißenden Paradies.

Jahwe vertreibt Adam und Eva aus dem Paradies, weil sie sich erkannten: die Erbsünde. Sexualität und Erkenntnis sind im Hebräischen das gleiche Wort.

Der Sohn bringt aus Liebe zur Mutter den Vater um: Ödipus. Zwei Helden kämpfen um dieselbe Frau, bis einer in den Tod geht: der Trojanische Krieg um Helena. Paris, der verstoßene Sohn, der eigentlich die Mutter liebt und vom Vater verstoßen wird: Inzest. Artemis, die vor der eifersüchtigen Hera Schutz auf der Insel Delos sucht. Wo man hinschaut, in der Liebe herrscht seit Bestehen der Geschichtsschreibung, seit dem Patriarchat und den daraus resultierenden neuen Liebesformen die Eifersucht vor, das Besitzdenken, Eroberung, Gewalt und Intrige. Die griechische Tragödie ist eines der vielen Kulturprodukte, die daraus hervorgegangen sind.

Frauen bekämpfen sich gegenseitig, sobald sie denselben Mann zu lieben beginnen. Sie warten auf den Märchenprinzen und wollen den *Ein-und-Einzigen* nur für sich gewinnen. Das sind die Bilder, die das Seelenleben prägen. Dafür wird selbst die Feindschaft zur besten Freundin riskiert, wenn diese denselben Mann begehrt. Jeder Fernsehfilm ist voll von diesem Liebeskitsch.

Und neben der Liebessehnsucht steht die pure Sexualität.

Der brutale Spruch aus dem Erlkönig: »Und bist du nicht willig, so brauch' ich Gewalt«, bringt die sexuelle Phantasiewelt der meisten Männer, aber auch vieler Frauen mehr in Wallung als eine weiche, liebende Annäherung. Pornographische Phantasien, Bilder von Vergewaltigungen, von sexuellem Zwang und Perversion erregen den Phallus oft eher als Bilder der sinnlichen Liebe, in denen sich Frauen freiwillig dem Mann hingeben.

Als Schutz vor unbekannten sexuellen Wirklichkeiten, aus Angst vor Gewalt und Chaos in der Liebe, zieht sich die Zwangsjacke der Moral immer enger um die Liebessehnsucht. Die Zweierliebe, die sexuelle Ausschließlichkeit und die Ehe sind unter anderem ein Schutz vor der sexuellen Wirklichkeit. Eine mehr als dreitausendjährige Geschichte von sexuellen Gräueltaten, von Folterungen und grausamen Unterdrückungen lässt uns noch heute vor dem Thema Sexualität zurückschrecken. Wir setzen Moral gegen Wahrheit. »Wenn er fremdgeht, bringe ich ihn um«, dieser Ausspruch von Liz Taylor gilt als durchaus normal und moralisch vertretbar. Und er ist nicht nur rein literarisch gemeint, sondern tobt in seiner Raserei durch manch ein Schlafzimmer von Jungverliebten, beschwört Liebesdramen herauf und zerstört den Keim des Vertrauens. Viele halten das für die *wahre Liebe* und beginnen voreinander zu verbergen, was sie wirklich fühlen und denken. Die Saat des ewigen Misstrauens wurde auf diese Weise erfolgreich zwischen den Geschlechtern gesät. Wie viele Morde oder Selbstmorde gehen auf das Konto dieses falschen Liebesbildes? Wie viel Unglück, Krankheit, Sehnsucht und nicht gelebtes Leben? Die Zeitungen sind täglich voll davon.

Hatte sich denn die Natur selbst so grundlegend geändert? Oder ging die Gewalt in der Geschichte nicht aus der Sexualität selbst hervor, sondern aus ihrer gewaltsamen Unterdrückung? Nach den Traumberichten, die ich erfuhr, gab es zu den damaligen Zeiten zwischen den Menschen und den Tieren keine Feindseligkeiten und schon gar keine Grausamkeit.

Um an die Realität einer gewaltfreien urgeschichtlichen Utopie glauben zu können, brauchte ich weitere Erklärungen für diesen Wendepunkt in der Schöpfung. Was war geschehen? Wieso hatte der Mensch, wenn er so sehr Mitschöpfer der gesamten Schöpfung war, sich in die Hölle katapultiert? Das, was allgemein als Fortschritt galt, war unter diesem Gesichtspunkt kein Fortschritt mehr, sondern das krasse Gegenteil davon. Die Geschichten, die ich bis jetzt gesehen und erfahren hatte, waren evident genug, so dass ich allen Grund hatte, mit brennendem Interesse die Steine und die neu erschlossene Traumwelt weiter zu befragen. »Wie kam es zu dem Umschlagpunkt in der Evolution, wie kam das Böse in die Welt?« Ganz besonders interessierte mich dabei der Aspekt, der im erotischen Bereich zwischen den Geschlechtern eingetreten war. Immer wieder war ich auf das geschichtliche »Unglück« zwischen Mann und Frau hingewiesen worden. Ich wollte dieses Friedensmodell so gründlich wie möglich erforschen und seine Verletzung verstehen. Ich ließ die historischen Fragen dabei zunächst im Hintergrund. Auch die Frage, ob das Friedensprinzip überall auf der Erde vorherrschte oder nur in einigen wenigen Hochkulturen, blieb vorerst offen. Ich wollte diesen Modellfall kennen lernen, ganz verstehen und innerlich nacherleben, bevor ich ihn geschichtlich einordnen wollte. Es war ein Vorgang der Öffnung. Ich hatte die Aufgabe, die Erinnerung erneut zu mobilisieren und ein Wissen abzurufen, das über Jahrtausende geschlummert hatte und das der gegenwärtigen objektiven Geschichtsschau in vielem widersprach. Ich ging mit meiner Frage wieder und wieder in den Steinkreis, und so fügten sich im Laufe der Zeit die folgenden Kapitel zusammen. Sie sind ein Teil der Antwort auf die Frage: Wie kam das Böse in die Welt?

Der Traum
von der personalen Liebe

Die Priesterin Vatsala

Ich war wieder in den Bereich der Schlangenfrau eingetreten, in dem mir Tamara, Newar und Vatsala erschienen waren. Hier hatte ich die Unterweisungen in die sinnliche Liebe und auch die Einführung der jungen Männer in das erotische Wissen mit verfolgt. Jetzt wurde ich wieder an den Ort der Frauen geführt. Dieses Mal folgte ich Vatsala, die telepathisch in Kontakt mit dem fernen Indien stand, wo eine Göttin, die ihren Namen trägt, noch heute verehrt wird. Tamara und Newar waren bereits anwesend und wurden von den jungen Mädchen, die voller Fragen waren, umringt. Sie kamen gerade von einem Treffen des Ältestenrats zurück und hatten von Bechet erfahren, dass es nun an der Zeit war, die jungen Mädchen, die sich der Vollreife näherten, ganz in die drohende Gefahr und in das Unglück einzuweihen, das sich im Nordosten Europas kürzlich zugetragen hatte. Vorher aber sollten diese den Traum von der personalen Liebe in seiner paradiesischen Schönheit kennen lernen, damit sie mehr von der Gefahr verstehen würden, die ihnen drohte. Bechet waren wichtige Informationen von einem Stamm im Nordosten Europas mitgeteilt worden. Sie kamen von der ältesten Priesterin Chamut, die große Trauer in ihrem Herzen trug. Es war eingetreten, wovon die Urahnen bereits vor Tausenden von Jahren wussten und worauf sie den gesamten Stamm immer vorbereitet hatten, in der Hoffnung, dass der Traum vom Paradies trotzdem seine Fortsetzung finden könnte.

Heute war es Vatsala, die mit der Erzählung beginnen würde. Sie hatte vom Ältestenrat den Auftrag bekommen, den jungen Schülerinnen vom Traum der personalen Liebe zu erzählen, von dem alle Mädchen früher oder später berührt wurden, denn es war ein Schöpfungstraum, der nach Verwirklichung drängte. Er meldete sich deshalb immer deutlicher und in den schillerndsten Farben in den Herzen der Mädchen und auch der Frauen. Vatsala erzählte den Traum bunt und lebendig voller Farben. Sie bewegte sich dazu im Kreis der Zuhörenden und malte jeden Gegenstand und jedes Detail auf. Gebannt folgten alle Anwesenden ihren Bilderwelten. Manchmal bebte ihre Stimme, so bewegt war sie selbst von diesem Traum einer möglichen nahen Zukunft. Sie verkörperte den Stein des Klangkörpers und war Geschichtenerzählerin. Dazu sammelte sie die verschiedensten Geschichten und besuchte auch andere Stämme in fernen Landen. Sie hielt sich in jedem Stamm nie länger als drei Monate auf. Zunächst malte sie Urmutter Schanammu, die Stammesälteste auf, die rund und gütig im Inneren des Stammes waltete und der zu Ehren der Herdplatz als heiligstes Zentrum des Stammes entstanden war. Mit einem Stock zeichnete Vatsala die Umrisse von Schanammu in den Sand. Sie zeichnete Schanammu so rund und voll und üppig, dass die umsitzenden jungen Frauen begeistert waren. Fülle und Rundheit waren ein heiliges Ideal und zeugten davon, dass sich viel Wissen von Nammu in dieser Person versammelt hatte. Vatsalas Ton wechselte. Jetzt schilderte sie die Figur eines jungen Mädchens, Meret, die als Erste den neuen Traum vom vollkommenen sinnlichen Paradies geträumt hatte. Schlank und groß zeichneten sich die schattenhaften Umrisse von Meret als Silhouette in den Phantasien der Zuhörenden ab. Sie verkörperte eine neue Form des Eros.

Merets Traum

Waren früher die Urmütter auch im erotischen Bereich die Vorbilder für die heranwachsenden Frauen gewesen, so hatte Meret ein neues Vorbild, das sich in ihren Träumen gemeldet hatte, und das eher einer wunderschönen, nie da gewesenen Liebesgöttin glich, deren Gesichtszüge von unglaublicher Schönheit und Güte strahlten«, erzählte Vatsala. *»Hatte in den letzten Jahrhunderten die Frau eher die zentrale soziale Rolle gespielt, so träumte Meret davon, dass die Männer stärker werden und in vielen Bereichen die soziale Führung übernehmen würden. Sie sah, wie die Frauen noch mehr Zeit für ihre spirituellen Aufgaben bekommen würden, für die Pflege ihrer Schönheit und dafür, dass Abwechslung, Friede und Freude im Stamm sein könnten. Sie träumte davon, wie die Männer mit großer sinnlicher Aufmerksamkeit den Liebesdienst für die Frauen vollzogen. Meret erträumte sich den starken Mann an ihrer Seite. Wenn auch im materiellen Leben das Lebensgeschenk von der Frau kommt, so ist im kosmischen Prinzip der männliche Schöpfungstraum genauso elementar angelegt und will und soll sich als Ergänzung zum weiblichen Prinzip inkarnieren. Nur auf der Erde selbst ist das Männliche eine spätere Entwicklungsstufe, die als Vorbedingung für seine Entfaltung des Weiblichen bedarf.*

Wenn Meret neben einem ihrer geliebten Männer lag und ihm ihren Leib öffnete, dann spürte sie, dass sich in ihr bald eine hohe personale Liebe verwirklichen wollte, die größerer Intimität bedurfte. Jeden Morgen lief sie hinaus und brachte ihren Liebestraum als Lied der Schöpfung dar. Dieses Lied klang so schön in der Welt, dass die Vögel ihm lauschten, die Bäume und Pflanzen sich zu ihr neigten und die Blumen ihre Blüten mit der Sehnsucht dieses Liedes füllten. Es begann eine Sexualität und Sinnlichkeit zu entstehen, in der der Mann nicht länger zu Meret aufsah und an ihrem Leib sinnlich aufwuchs, sondern in der er sie mit seinen starken Armen ganz umfangen würde; indem das geschah, würde der sexuelle Akt selbst zu einem neuen Schöpfungsakt und Schöpfungstraum werden. Das polare Prinzip der absoluten Ergänzung sollte sich verwirklichen. Spätestes auf der fernen Insel Kreta sollten diese Träume ihre volle Erfüllung finden. Davon wusste man im Stamm. Aber nie zuvor war der Traum so präzise und intim geträumt worden wie jetzt von Meret. Vielleicht würde sich bald schon ein ganzer Teil dieses Traumes erfüllen?

Im Laufe der nächsten Jahrtausende und, wenn keine Störung dazwischen kam, bereits im Laufe der nächsten Jahrhunderte sollte sich das Prinzip der personalen Liebe und Partnerschaft in seinem vollkommensten Ausdruck verwirklichen und seine nie da gewesene Inkarnation und Blüte finden. Darüber wurde seit einigen Generationen im Stamm immer wieder neu berichtet. Alle, Männer wie Frauen, die das Lied vom Traum der Meret jetzt neu hörten, wurden angesteckt. Sie stimmten ein in das Lied, ihr Gang wurde noch stolzer, ihre Haltung noch aufrechter, die Männer übten sich ausdauernder in der geschmeidigen Bewegung und Kraft der Gazellen, der Panther, Leoparden und Löwen, jener Tiere eben, die der aufkeimenden männlichen Kraft Energie gaben. Sie übten sich unaufhörlich in der Kunst, ihren männlichen Traum in die irdische Sprache zu übersetzen, und die Frauen waren erfüllt von einer Vorfreude, wie sie selten zuvor gesehen wurde. Sie begannen mit Handarbeiten. Sie fertigten Gefäße an und ritzten Zeichen ein, ja sie kamen sogar auf die Idee, sich besonders schöne Kleider anzufertigen. War ihnen doch zuvor ein schlichtes Kleid, gesponnen aus Baumwolle, genug gewesen. Jetzt begannen sie, ihre Handwerkskunst zu verfeinern und ihre Träume wie Schicksalsgewebe in farbiger Pracht in die Kleider einzuspinnen. Jede Frau fand ihre Entsprechungsfarbe und ihr Entsprechungssymbol, durch das sie sich noch mehr erkannt und gestärkt fühlte in ihrer heranreifenden, individuellen Kraft. Jede Frau fand ihre Perle und ihren Schmuck, die den Traum der personalen Liebe in ihr kennzeichnen und unterstreichen würde. Die Frauen wussten, dass sie auf einen Traum von Nammu gestoßen waren, der der Sehnsucht der Schöpfung selbst entsprach und der jetzt reif geworden war zur Verfeinerung und zur Verwirklichung. Sie bereiteten die Inkarnation des neuen Traumes vor und abends, beim Feuer, teilten sie sich in stiller Vorfreude mit, welche Hoffnungen und Lebensfreuden sich in ihren Herzen auftaten. Sie begannen, sich spezielle Farben und Muster auszudenken, die ihrem Wesen entsprachen, und sie fingen sogar mit der Konstruktion von Häusern an. Nach beson-

ders erfüllten sexuellen Erlebnissen mit ihren Liebhabern gingen sie in die Landschaft und sangen ihre Sehnsuchtsbilder der Welt entgegen, um der kosmischen Welt mitzuteilen, wie sich dieser Traum im irdischen Kleid anfühlen sollte. So begannen sie auch nach und nach immer mehr mit der Kultivierung von Landschaften. Sie begannen, Gärten anzulegen, und riefen die Tiere in ihre Nähe. Einen Baum, den sie pflanzten, nannten sie den Baum der Erkenntnis, den Paradiesbaum, denn er trug die Frucht, die Meret in ihrem Traum erschienen war, als die Frucht, die das Wissen der personalen Liebe in sich barg. Die Schlange hatte ihr mitgeteilt, dass sie einst davon essen würde, dass sie aber warten solle, bis ihr Leib, ihr Traum und die Frucht so weit herangereift sein würden, dass es an der Zeit war.

Die Verbindung zu anderen Stämmen

I*ndem sich dieser Traum seiner Erfüllung näherte, setzte sich auch immer mehr die Kultur der Sonne durch. Waren Saat, Ernte, Mathematik, Kunst und Musik zunächst in inniger Verbindung mit dem Mond und der Erde entstanden, so durchdrang jetzt auch das Sonnenlicht die Erkenntnis als neue Bewusstseinskraft. Die Kunst, Musik und Gedankenwelten, die daraus entstanden, veränderten das Tagesbewusstsein. Die Musik war ein wichtiger Träger für die Erzeugung wissenschaftlicher Erkenntnisse. Musik, Klang und Licht waren wesentliche Kommunikationsträger. Jetzt war das Sonnenlicht als Bewusstseinslicht dazugekommen. Verbunden mit dieser epochalen Veränderung entwickelten andere Stämme auch bereits die Schrift.*

Während sich der Erfüllungstraum auf Kreta hin orientierte und vorbereitete, während die Menschen aus Merets Stamm in ständiger Erwartung und im Austausch darüber blieben, wie sich der Schöpfungstraum verwirklichen könne, paarten sich gleichzeitig die Menschen des Stammes auch mit den weniger geistigen

Wesen. Diese hatten sich aus der Pflanzen- und Tierwelt heraus entwickelt, und erst nach und nach hatte sich der menschliche Geist in ihnen inkarniert. Sie repräsentierten mehr körperliche als geistige Stärke, ganz wie es dem Schöpfungstraum der Urahnen entsprochen hatte. Auch sie waren am gesamten Schöpfungswerk beteiligt, waren sich dessen aber nicht so bewusst, wie es die Mitglieder des Stammes waren, in dem Meret lebte. Die sinnliche Zusammenkunft dieser verschiedenen Stämme entsprach der Anweisung von Nammu. Sie wollten die Verwirklichung der geistigen und sinnlichen Liebe überall hineintragen. Manchmal kam es vor, dass Angehörige eines Stammes die weniger geistigen Wesen als minderwertig betrachteten und den Kontakt mit ihnen vermeiden wollten. Darüber konnte Urmutter Nammu sehr böse werden. Sie ließ es über diesen Stämmen blitzen und donnern, bis diese wieder erwachen und sich erinnern würden, dass auch diese Wesen Teil von Nammu waren. Jedes Ding in der Welt verwirklichte seinen eigenen Schöpfungstraum. Dadurch, dass es zur Paarung mit diesen Stämmen gekommen war, verfeinerte sich auch deren Geist und auch sie nahmen an dem großen Verwirklichungstraum, an der Entstehung des Paradieses auf dieser Erde bewusster teil. Der vom Sonnenlicht durchflutete Ideenreichtum und das objektivierende Denken waren geistige Stützen für sie, mit Hilfe derer sie lernen sollten, sich immer enger mit dem Wissen von Nammu zu verbinden. Mit der Entwicklung ihres Denkens entstanden zunehmend männliche Eigenschaften, die anfingen, zum Weiblichen in polare Beziehung zu treten. Es geschah, ohne dass sie den Ursprung der Mater, aus der sie ja alle kamen, vergaßen.

Vatsala hatte ausdauernd und hingebungsvoll erzählt. Die Mädchen hingen an ihren Lippen, kein Wort, keine Geste sollte ihnen entgehen, denn der Traum, von dem da gesprochen wurde, war ja auch ihr Traum. Zwar bauten sie keine Häuser, trugen schlichte Kleider und wenn überhaupt, dann ganz einfachen Schmuck. Auch legten sie keine Gärten an, sondern pflegten eher die Wildnatur.

Das war ihnen von Nammu zugetragen worden, und sie erfüllten diese Aufgabe gern und voller Hingabe. Auch hatte Nammu ihnen aufgetragen, sich nicht in der Entwicklung der Schrift zu üben, sondern das Gedächtnis zu hüten und das Wissen weiterzutragen, das sich im Inneren eines jeden Herzens befand und von Generation zu Generation weitergegeben würde. Diese Schulung war ihnen sehr wichtig, denn die Schrift würde die Menschen dazu verleiten, ihr eigenes Wissen und Gedächtnis zu vernachlässigen und Offenbarungen der Nammu so zu erleben, als würden sie von außen kommen. Darin lag eine Gefahr, der sie vorbeugen sollten. Was alle Zuhörenden an der Geschichte von Meret so bewegte, war die Geschichte von der personalen Liebe. Der Traum von einer neuen Liebesform klang genauso stark und eindeutig in ihren Herzen, wie Vatsala ihn geschildert hatte. Jetzt aber sollten sie sich zunächst zurückziehen und auf eigene Träume warten. »*Geht und schaut, welche Besonderheiten für euch vorgesehen sind, achtet auf die Stimme eurer Herzen und eurer Sehnsucht und erzählt mir morgen, was sich zugetragen hat. Wir müssen im Moment diesen Traum ganz besonders hüten, denn er steht in Gefahr und muss beschützt werden*«, mahnte Vatsala. Die Mädchen sannen gemeinsam noch eine Weile den Erzählungen nach, dann ging jede zu ihrem Lager, um auf ihre Traumbotschaften zu warten. Auf Kissen aus weichem Moos und unter den schützenden Zweigen von Tamara, der Palme, und anderen Urwaldbäumen legten sie ihre Häupter nieder, formulierten noch ihren Dank und ihre Wünsche an Nammu und wechselten über in das Dasein der Träume.

WIE DER MENSCH BEGANN, SICH VON NAMMU, DER WELTENSCHÖPFERIN, ZU TRENNEN

Das Treffen mit Newar

Es waren einige Wochen vergangen. Manche der Mädchen hatten ihre ersten Einweihungsträume gehabt, und die Schlange war ihnen erschienen und hatte ihnen die ersten Schritte mitgeteilt, die vor ihnen lagen, um sich dem Wesen der personalen Liebe zu nähern. Jede von ihnen war in die Mitte des Kreises getreten und war von den Hüterinnen des Tempels der Liebe angehört worden. Das erste Begegnungsfest der angehenden jungen Frauen und Männer hatte stattgefunden, sie hatten getanzt bis zum Morgengrauen, Liebesgedichte und Tänze waren vorgeführt worden, und manch einer werdenden Frau war es gelungen, den erwünschten jungen Mann zu einem Gang in den Urwald zu bewegen und sich in den ersten Künsten des keimenden Eros zu üben. Sie hatten mit diesem Fest die Kräfte des Frühlings gerufen, damit die Göttin des Frühlings auch dieses Jahr wieder ihre Kräfte des Wachstums und der Fülle über der Erde ausbreiten würde. Das nächste große Fest, das Fest der Fülle und des Sommers, würde im Juni zur Sonnwendfeier stattfinden. Sie rechneten damit, dass sich dieses Jahr bis dahin einige Wesen melden würden, um im kommenden Frühjahr den Planeten Erde wieder zu betreten.

Aufmerksam und gründlich hatten Tamara, Vatsala und Newar den Berichten der Heranreifenden gelauscht und hatten lobende, mahnende oder ergänzende Hinweise gegeben, wie jene fortzufahren hatten, damit der keimende Eros in ihren Leibern aufblühen konnte. Der Mond war in der Zwischenzeit einmal untergetaucht, und einige von den Mädchen hatten sich an den Platz der Frauen und der Geburt zurückgezogen, um sich dort der reinigenden Kraft des neuen Mondes hinzugeben, auf die heilende Kraft des Leben spendenden Blutes zu warten und sich untereinander auszutauschen. In der Zeit des neuen Mondes, wenn die Frauen bluteten, waren sie immer unter sich. Es war die Zeit des Neuanfangs, der Reinigung des Leibes und eine gesegnete Zeit für das Träumen. Immer waren beratende Tempelpriesterinnen am Ort, bei denen die jungen Mädchen Rat finden konnten, wenn sie ihn brauchten. Besonders oft meldeten sich zu dieser Zeit die Ahnen aus der kosmischen Welt, um ihre Wiederkunft anzumelden.

Inzwischen stand der Mond bereits wieder halb am Himmel, und dieses Mal hatte Newar eingeladen, um die begonnene Geschichte von Vatsala fortzusetzen. Newar war kleiner und zierlicher als die anderen. Sie hatte den Weg aus dem fernen Osten bis hierher in den Süden Europas gewählt. Sie war von ihrem Stamm und von Nammu auserwählt worden für *Weites Wandern*, um Wissen zu sammeln und über die fernen Lande hinweg weiterzutragen und es dort wieder zu verknüpfen und zu verbinden, wo es nötig war. Sie hatte viele Stämme besucht. Fliegender Falke war ihr Begleittier, den sie nachts in ihren Träumen aufsuchte und der ihr immer neue Wege wies. Seit einem Jahr war sie hier und unterwies die jungen Menschen in der Geschichte der Völker. Sie hatte auch den Stamm im nordöstlichen Europa besucht, wo sich das Unglück seinen Weg gebahnt hatte, und war angewiesen worden, den jungen Menschen davon zu berichten. Dieses Mal hatten sich angehende Frauen und Männer in der Nähe eines weiteren Steinkreises versammelt, der Treffpunkt und Begegnungsstätte für die Nomaden war, die sich hier immer wieder aus den verschiedensten Richtungen trafen. Oft waren einzelne Vertreter des Stammes Monate fort gewesen, und hier am Treffpunkt der vier Himmelsrichtungen, wie sie ihn nannten, gab es dann ein Fest der Wiedersehensfreude. Die jungen Frauen und Männer saßen erwartungsvoll im Kreis, redeten und lachten, einige unter ihnen warfen sich verheißungsvolle Blicke zu.

Als alle eingetroffen waren und sich unter den Umhersitzenden eine immer gespanntere Stille breit machte, hob Newar an zu erzählen.

Die Begegnung zweier Stämme

Vor 20 Monden war es, da rief mich im Traum Fliegender Falke zu sich und schickte mich auf die Wanderung. Ich lief einen ganzen werdenden und vergehenden Mond und folgte den Zeichen von Fliegendem Falken. Er führte mich zu den Flüssen der Göttin Kamari. Von dort aus wurde ich auf die weiten Meere geschickt. Die Männer des Stammes Kamari richteten mir eines ihrer Boote her, das sie für besonders seetüchtig hielten. Viele Monde vergingen, in denen ich auf den Wellen getrieben wurde. Das erste Mal in meinem Leben aß ich Fisch, den hatte mir die Göttin Nun, Schöpferin der Urgewässer, geschickt. Dieser Fisch sollte von mir gegessen werden, um eine embryonale Kraft aus den Gewässern aufzunehmen und in mir auszutragen und zur Sprache zu bringen. Ich würde vom Fisch zu einem Volk geleitet werden, das seine Friedensbotschaft dringend brauchte. Die Göttin der Urgewässer und Meere, aus dem heraus sich die neuen Leben gebären, nahm mich in ihren Schutz und begleitete mich über die Meere. Viele Monde sprach ich mit keinem Menschen, hatte nur die Möwen, die Fische und das Wesen der Träume um mich. Manchmal glaubte ich schon, ich hätte die Verbindung zu Fliegendem Falken verloren, so lange währte die Zeit, die ich auf den Meeren verbrachte. Eine Stunde des Tages auf den Meeren streckte sich viel länger, runder und ausladender in der Zeit aus, als sie es am Land unter Menschen und Gleichgesinnten tat. Die Winde trieben mich über die See in die nördlichen Gewässer, eine Richtung, die Fliegender Falke wohl für mich auserwählt hatte. Endlich geschah es, dass ich Land erreichte. Hier war die Erde weiß von den kalten, kleinen Flocken, die vom Himmel herabtanzten, *etwas, das ich nie zuvor gesehen hatte. Nachdem ich viele Tage gelaufen war und mich nur vom Licht der Nammu ernährt hatte, das mir durch die weiße Erde besonders hell entgegenstrahlte, traf ich auf ein wanderndes Volk, das sich Narwan nannte. Als ich die Menschen sah, erkannte ich, dass sie ein Grund meiner langen Wanderung waren, dass ich sie besuchen sollte, um etwas von dem zu erfahren, was sich hier ereignet hatte und was für Nammu nur schwer über die Träume kommunizierbar zu sein schien. Hier galt es, eine Kraft zu heilen und zu retten und an andere Ufer zu tragen, damit Nammu vor einer großen Störung bewahrt bliebe. Dazu hatte mich der Fisch gerufen.*

Die Narwan haben eine andere Herkunft als wir. Sie sind in anderer Weise am Urschöpfungstraum beteiligt. Sie sind elementar mit der materiellen Erde verbunden und sind aus ihr heraus in einer Zeit entstanden, lange bevor unsere Urahnen selbst sich auf dem Planeten inkarniert und sich in ihren Schöpfungstraum hineinbegeben hatten. Die Narwan waren seit langem unterwegs und suchten Nahrung. Sie waren viel elementarer auf Nahrung angewiesen, als wir es heute sind. Da ihnen die Dinge in ihrer geistigen Natur nicht so bekannt waren, mussten sie durch materielle Stoffe Nahrung aufnehmen. Dies hatte dazu geführt, dass sie bei ihrer Nahrungssuche, wenn die Erde ihnen nicht viel schenkte, weil sie unter dem weißen Kleid des gefrorenen Wassers lag, begonnen hatten, auch Tiere zu jagen, um sich und ihre Kinder satt zu bekommen. Auch sie waren von unseren Urahnen in die Kunst des Träumens eingeführt worden, nur war es schwieriger für sie, die Träume zu fangen, da sie nicht ganz so durchlässig waren. Sie wurden in ihren Träumen von bestimmten Tierseelen gerufen und zu den Wesen geführt, die bereit waren, die Erde zu verlassen, um den Narwan als Nahrung zu dienen. Vor und nach jeder Jagd beteten sie zum kollektiven Geist der Tiere, um zu danken und von ihm Hinweise zu erhalten.

Vor allem die Männer gingen zur Jagd. Das hatte zur Folge, dass deren Gestalten und Kräfte sehr groß wurden. Es handelte sich letztlich um die gleiche Kraft, die sich unsere Männer seit langem aus der geistigen Natur ihrer Träume abholen, nur lief der Vorgang bei ihnen weniger bewusst ab. Weil die Narwan Tiere aßen, entwickelten sich ihre Körper schneller als die von unseren Männern. Dazu kam, dass sie die Kraft der Tiere in sich trugen, ohne volle Kenntnis von ihren Kräften zu haben. Dient bei uns die Ernährung im Grunde nur der Lust, und essen wir die Dinge erst, wenn wir sie von ihrem Wesen her erkannt haben, so aßen sie, um ihre körperliche Kraft zu stärken, weil sie es brauchten. Das hatte eine Entwicklung zur Folge, von der ich euch nun in groben Zügen erzählen werde. Es wird viele Jahre brauchen, bis wir alle Einzelheiten dieser Geschichte gesammelt und verstanden haben, denn hier begann sich ein eigener Traum zu verwirklichen, der nicht von Nammu geträumt und vorbereitet war, sondern den diese Wesen aus ihrer eigenen Freiheit heraus schufen.

Es geschah, dass die männlichen Gestalten des Stammes immer mehr ihre Kraft entdeckten. Sie lebten einfacher, elementarer als die Wesen unserer Herkunft, aber sie waren doch verbunden mit dem gleichen Schöpfungstraum, und durch die Verbindung mit Nammu erlernten sie immer mehr Fähigkeiten, die auch wir besitzen. Eine ganze Gruppe von jungen Männern war einmal unterwegs. Sie liefen tagelang auf der Suche nach Nahrung und hatten die Frauen des Stammes an einer Feuerstelle zurückgelassen, damit sie sich und ihre Kinder wärmen konnten. Auf ihrem Weg kamen sie auch zu dem Stamm der Wsalagi, unseren Verwandten. Sie wurden bereits erwartet, denn ihr Kommen war der Tempelpriesterin angekündigt worden, auch, dass es zu einer sinnlichen Hochzeit zwischen einer Frau der Wsalagi und einem Mann der Narwan kommen sollte, damit ihre Kraft sich verbünde und vermähle und dem weiteren Frieden diene.

Manu und Meret

Es war gerade die Zeit der ersten Liebesfeste, durch die der Winter fortgeschickt und der kommende Frühling gerufen wurde. Und so kam es zu ihrer erwarteten Zusammenkunft. Einer von ihnen, er hieß Manu, war der Auserwählte. Er war noch nie mit einer Mirja, einer angehenden Priesterin vom Stamme der Wsalagi, zusammen gewesen. Durch dieses besondere Ereignis erlebte er als Vertreter seines Stammes eine sinnliche Begegnung mit einer Frau, die in den Tempeldienst berufen war und in einer unmittelbaren Einweihung durch Nammu stand, so wie wir. Es ist Brauch der Wsalagi, fremden Gästen ein Lager zu bieten, wenn diese es wünschten. Manu war sehr schön und hoch gewachsen. Meret war es, die ihr aus den letzten Erzählungen bereits kennt, die ihm gerne und mit Freude ihren Leib bot für den Dienst an der Liebe. Sie fand auf Anhieb Gefallen an Manu und seiner männlichen Kraft. Für Manu war es ein ungewöhnliches Erlebnis, es war das erste Mal gewesen, dass er so vom leuchtenden Feuer der weiblichen Urkraft berührt wurde. Er erfuhr in der sinnlichen Zusammenkunft mit dieser wunderschönen Frau etwas vollkommen Neues. Er fühlte im sexuellen Akt auf einmal eine männliche Kraft in sich erwachen, entzündet durch das innere Feuer von Meret, die ihn stärkte, beglückte und in einer nie da gewesenen Art aufrichtete. Als er sie in seinen Armen hielt, da kannte er plötzlich nur ein Verlangen: Er wollte sie bei sich behalten. Er wusste, dass sie eine angehende Mirja war, eine Frau, die die Männer in die sinnliche Liebe einführte. Sie war von Nammu und den Ältesten des Stammes als solche auserwählt worden. Er wusste auch, dass sie diesen Dienst an der Liebe nur zu bestimmten Zeiten tun durfte, dann, wenn der Mond dazu einlud und der ganze Stamm beraten hatte, dass es an der Zeit war. Es gab für ihn die Möglichkeit, mehrere Tage in der Nähe von Meret zu sein, dazu aber musste er sich die Erlaubnis des Ältestenrates holen und den Anweisungen der Orakelpriesterin des Stammes folgen.

Meret war ebenfalls auf ungewöhnlich tiefe Art von der Kraft und Feinfühligkeit seines Körpers und von seiner schönen und sinnlichen Sprache berührt worden, die er in ihre Ohren flüsterte. Er schien die Kunst der Liebeslieder in fernen Landen gelernt und geübt zu haben, und der rollende Klang seiner dunklen Stimme brachte Merets innere Kugel zum Leuchten, noch bevor er mit seinem Phallus in sie eingedrungen war. Der Traum der personalen Liebe hatte sich in ihrem Wesen zugespitzt, so dass ihr ganzer Leib wie eine pralle Knospe voll davon war, und es schien, als sei er jeden Moment bereit dazu, sich in voller Pracht und Schönheit zu öffnen und zu erblühen. Eine ungewöhnliche männliche Berührung brachte ihren ganzen Leib zum Beben. Sie sang ihr Liebeslied, und hingebungsvoll lauschte Manu ihren Klängen.

Die Mahnung der Tempelpriesterin

Meret war von der Tempelpriesterin Bechet ausdrücklich gewarnt worden, jetzt behutsam ihre Träume zu hüten. Ein Traum von Meret hatte ihr angezeigt, dass sie in Gefahr war. »Achte auf deine Träume, sonst könnte es dir geschehen, dass sich eine Kraft in deine Träume schleicht, die dich zu früh verführt, deine stille Knospe zu öffnen und dein Herz an eine fremde, männliche Macht abzugeben. Wenn die Zeit noch nicht gekommen ist, kann der Mann deines Verlangens deiner leuchtenden Kugel im Inneren deines Herzens und deines Leibes noch nicht standhalten und hat noch nicht die Kraft, sie ohne Anstrengung zu hüten und zu pflegen und dauerhaft zu lieben. Er wird fühlen, dass sein Phallus von deiner flammenden Fülle zwar erregt wird, ihr aber doch noch nicht gewachsen ist. Dennoch wird er durch die Berührung mit ihr eine neue Kraft in sich spüren, die er nicht verlieren möchte. Wie magisch wird er sich von deiner Fülle angezogen fühlen. Es ist gleichsam eine geliehene Kraft. Er wird sie an sich reißen, sie besitzen wollen und nicht merken, dass er genau dadurch den

Keimling der jungen Liebe tötet. Du aber wirst von seiner Leidenschaft und wachsenden Kraft entfacht. Die Sehnsucht wird so stark in dir entflammen, dass du ihr nicht gewachsen bist. Du wirst die leuchtende Kugel nicht halten können, wirst sie verlieren und sie an den Mann abgeben. Wider besseren Wissens wirst du deine Stellung im gesamten Stamm verraten, wirst in dir und in ihm den Glauben an den starken Mann entfachen und ihm etwas vortäuschen, was er noch nicht ist, um dadurch seine Liebeskraft vorzeitig anzufeuern. Wenn das geschieht, dann gerät die Schöpfung aus dem Gleichgewicht, und Nammu wird in ihrem Schöpfungsschlaf gestört. Das gesamte Verhältnis zur Erde und zur Natur wird sich verändern. Indem du das rastlose Verlangen des Mannes hervorrufst, weckst du in ihm gleichzeitig eine rasende Wut. Die Menschen werden zum Teil Jahrhunderte brauchen, um die leuchtende Kugel zurückzugewinnen. Der Traum der personalen Liebe ist noch nicht zu Ende vorbereitet«, mahnte die Priesterin.

Meret horchte zwar ernsthaft auf diese Mahnungen, denn sie liebte und schätzte Bechet sehr, aber dennoch war sie sich im Inneren sehr sicher. Sie fühlte sich geschützt und stark. Sie war erfüllt vom Glück und der Vorfreude auf ihre bevorstehende Liebeserfahrung und übte sich im Tempeldienst und in der Kunst der Liebe, um der herannahenden Kraft auch in ihrem Herzen gewachsen zu sein und um die leuchtende Kugel in ihrem Zentrum auszubalancieren. In ihren Tempeltänzen fühlte sie die Kugel deutlich und hell in ihrem Leib brennen. Sie war eine der geübtesten Schlangentänzerinnen, die Schlangen wanden sich um ihren Leib, als seien sie eins mit ihr. Meret hatte sich gewünscht, dass Manu bleiben würde und in den Tempeldienst der Wsalagi eintreten könnte, um hier die Kunst und Gepflogenheiten des Stammes zu erlernen. Aber die Orakelpriesterin hatte ihn für ein halbes Jahr auf Wanderung geschickt. Er sollte in seinem eigenen Stamm den Frauen dienen, ihnen Gutes tun, um im Liebesleben erwachsener und ruhiger zu werden. Bechet warnte ihn ausdrücklich vor seiner eigenen Un-

geduld, die ihn immer wieder davon abhalten würde, seine Liebeskraft im Herzzentrum wirklich wachsen zu lassen. Er sollte sich in seinem Herzen festigen, um der leuchtenden Kugel im Leib von Meret gewachsen zu sein. Dann sollte er für ein Jahr wiederkommen und zu Meret in den Dienst der Liebe eintreten und von ihr lernen.

Manu saß versunken am Feuer und spann seinen Wachtraum. Er sah Meret vor sich, wie sie neben ihm schlief, er sah ihre Schönheit und ihren prallen Leib, der voller Erwartung war auf ein unbekanntes Ereignis, und auf einmal packte ihn ein heftiges Verlangen und eine starke Ungeduld. Er wollte diese Frau viel mehr, viel intimer für sich, als das im bisherigen Stammesleben möglich war. Er sah die Schamanu, die höheren Tempelpriester vor sich, die viel leichter und öfter Zugang zu Meret hatten. Warum sollte er sich da einfügen, wo er doch die besondere Zuneigung von Meret zu sich fühlte. Er sah sie in seiner Phantasie schlafend neben sich liegen, und ein Gefühl von Liebe und Leidenschaft übermannte ihn, wie er es bis dahin nie gekannt hatte. Er vergaß, dass dieses Gefühl eine Botschaft der sich vorbereitenden und verwirklichenden personalen Liebe war, von der Meret ihm erzählt hatte. Er vergaß, dass er ja Schüler war in der Liebe, dass er ganz neu als Liebesschüler im Stamm der Wsalagi empfangen worden war und dass die Liebeskünste, die er zu lernen hatte, einige Mondumläufe bedurften. Er vergaß, dass das Gefühl, das da in ihm keimte, der junge Traum und Keimling der personalen Liebe war, der von allen Teilnehmern des Stammes geträumt wurde, die mit Meret in Berührung kamen, der universell geträumt wurde, und den niemand allein für sich besitzen konnte. Und er vergaß, dass dieser Traum erst in einigen Jahrhunderten zur vollen Entfaltung gebracht werden würde, wenn Geist und Leib des Menschen dafür ausgerüstet waren. Er bemerkte nicht einmal, dass er jetzt Teil eines Schöpfungstraumes war, an dem viele beteiligt waren und auf den sie gemeinsam vorbereitend hinwirkten. Er vergaß, dass es darauf ankam, sich gegenseitig wahrzunehmen, zu stützen und zu stärken. Warum sollte er sich solchen Schöpfungsträumen der großen Nammu fügen, wo doch der Drang nach Verwirklichung jetzt in ihm brannte. Hatte sie ihm nicht Geist und Kraft und Freiheit geschenkt, um sich aus eigener Intelligenz einen Liebestraum zu verwirklichen? Noch dazu, wo er doch eine solche Kraft und Eigendynamik in sich fühlte. War das nicht auch Nammu, die sich da meldete? War nicht jeder Mensch Schöpfer, und konnte er nicht seinen eigenen personalen Schöpfungstraum träumen? Warum warten, bis die Zeit gekommen war? Warum sollte er diese Mirja mit vielen teilen, wenn er sie doch dank seiner Kraft auch ganz für sich gewinnen konnte?

Der keimende Gedanke vom Besitz in der Liebe

Der Gedanke, jemanden ganz für sich haben zu wollen, war vollkommen neu, und er war der gefährlichste von allen. Der Gedanke, Meret besitzen zu können, gab ihm das Gefühl der vollen Potenz. Was hatte er den hoch stehenden Schamanu, den Liebesdienern im Tempel, die möglicherweise als persönliche Begleiter und Liebhaber für Meret vorgesehen waren, entgegenzusetzen, wenn nicht seine körperliche Kraft, und die hohe Gabe, innige Nähe herzustellen? Er fühlte seine Kraft und er fühlte aufkeimende revolutionäre Gedanken gegen das Prinzip von Nammu, der Mater, der ewigen Geduld und Kommunikation mit allem, was um ihn war. Er fühlte seine Stärke in seinen Armen. Was, wenn er sich dank seiner aufkeimenden Kraft widersetzte? Wenn er Gleichgesinnte finden würde, die mit ihm zögen? Er schaute in Gedanken versunken auf die Glut im Feuer, an dem sich er und seine Freunde wärmten, und er sah in den Figuren, die die Glut im Feuer zeichnete, nur noch ein Bild: die neben ihm ruhende Meret, die nicht mehr im Tempeldienst für Nammu arbeitete und die nicht länger für andere Männer da war. Er träumte davon, ihr Beschüt-

zer zu sein, der stärker war als sie. Dadurch fiel die letzte Schüchternheit, die er für die Erfüllung der erwünschten Potenz als so störend empfand, von ihm ab. Die Kraft in den Armen hatte er ja längst dafür. Jetzt ging es nur noch um die seelische Aneignung einer Macht. Er wollte nicht länger ewig zur Mutter zurückkehren müssen und ihren Anweisungen folgen. Er träumte davon, dass sie Kinder haben würden und dass diese Kinder von ihm gezeugt sein würden, nur von ihm. Könnte er nicht Meret und andere gewinnen und einen ganz neuen Stamm gründen? In seinen Gedanken sah er eine männliche, kriegerische Gestalt vor sich aufblühen, die kraftvoll und stark war, fast göttinnengleich. Es war ihm, als sei ihm soeben eine männliche, göttliche Gestalt erschienen. Verschwommen ahnte er das Bild einer männlichen, potenten Vaterfigur, das ihn magisch anzog. In seiner Phantasie näherte er sich Meret noch einmal vorsichtig, um sie nicht zu wecken. Er sah sie schlafend auf ihrem Lager, sah ihre dunklen langen Wimpern, ihre vollen Lippen und beobachtete sehnsüchtig jeden Atemzug, den sie tat. Er wollte derjenige sein, der sie in ihren Träumen besuchte. Er wollte derjenige sein, den sie als Botschafter in ihren Träumen empfing. In Gedanken zog er ihren vollen Leib vorsichtig zu sich, ließ seinen Phallus an ihrem Rücken wachsen, drang in die Schlafende ein und stieß einige Male heftig und kraftvoll in den neben ihm ruhenden Leib, heftiger, mitten in ihre leuchtende Sonne des Leibes, kräftiger als er es früher jemals gekonnt oder gewagt hätte. Sie erwachte mit wohligen Tönen und schmiegte sich an ihn, er fühlte, dass er in einen angenehmen Traum von ihr eingedrungen war und dass diese Art, übermannt zu werden, auf ihr leibliches Wohlwollen stieß.

Noch war diese Tat nicht getan, noch waren die damit verbundenen Gedanken im Untergrund, traumhaft verschwommen. Es paarten sich Liebe und Ehrfurcht, Kraft und Verehrung und suchten nach einem neuen Weg der Verwirklichung. Manu fühlte, wie allein die Phantasie dieses Traumes seinen Phallus wachsen ließ. Was wäre, wenn er wahr würde? In ihm wuchs ein Entschluss. Er *wollte Meret für sich gewinnen, koste es, was es wolle. Er wollte der Erste sein, der den Paradiestraum erfüllte. Während sich Manu dieses alles erträumte, war er, ohne es zu wissen, in ihren Traum geschlichen. Meret träumte von Manu, sie träumte, dass sie ihm den Apfel reichen würde, die Frucht der Liebe und der Schlange. Sie bemerkte nicht die mahnende Priesterin im Hintergrund.*

Es war das beginnende Prinzip der Revolution, einer Revolution gegen etwas, aus dem man selber kam und das man doch verändern wollte. Manu erlebte das Ganze als Vorahnung einer großen Kraft und einer großen Freiheit. Er ahnte neue und große, männliche Schöpfungswerke. Seltsamerweise war dies von dem dunklen Gefühl begleitet, sich der Materie insgesamt bemächtigen zu wollen, d. h. sich von ihr zu lösen, sich unabhängig von ihr zu machen und sie dadurch für sich zu gewinnen. Das erste Mal tauchte latent der Gedanke auf, der Frau und damit der Schöpfung habhaft zu werden. Manu vergaß dabei, dass er selbst ein Teil von Nammu war, die er nun besitzen wollte. Er vergaß, dass sein Verlangen nach der Erfüllung der personalen Liebe zwar erwünscht war und sein ursprünglicher Traum durchaus in Einklang mit der Materie stand, mit Nammu selbst, sein Verlangen aber nur zur liebenden Erfüllung finden konnte, wenn es im Einklang mit dem Ganzen geschah, und das hieß zur richtigen Zeit. Er war sich nicht bewusst, dass er genau diesen Traum durch den Gedanken, ihn für sich besitzen zu können, zerstören würde. Er war so beseelt und besessen davon, dass er nicht einmal merkte, wie sich im Hintergrund das Gefühl, verboten zu handeln, verstärkte, und dass er sein Selbstbewusstsein im Moment nur gewann, indem er vergaß, dass Nammu sein Ursprung und seine Quelle war, ja indem er es sogar bewusst vergessen wollte und sein eigenes mahnendes Gedächtnis bekämpfte.

An diesen dunklen Punkt in ihrem Schöpfungswerk hatten die ursprünglichen Menschen vom Stamme Adam Kadmon, die sich bewusst und aus geistiger Kraft inkarniert hatten, in dieser umfassenden Konsequenz zu spät gedacht. Es war ihre Absicht und ihr Ziel, als sie die Materie erträumten, dass alles in der Schöpfung seinen eigenen Schöpfungstraum hatte und seine eigene Freiheit. Sie übersahen dabei, dass darin auch die Möglichkeit des Menschen lag, sich aus dem Schöpfungsganzen heraus zu katapultieren, und dass Sehnsucht der Motor war, der dies möglicherweise sogar bewirkte und beschleunigte.

Als die Priesterinnen diesen Fehler und die aufkeimende Gefahr entdeckten, taten wir alles, was nötig war, um der Mater ihr Überleben und die Verwirklichung ihres angstfreien und liebenden Traumes zu ermöglichen. Nammu hatte durch die Urahnen den Steinen, den Pflanzen und den Elementen ein Gedächtnis für die Ursprünge der Schöpfung gegeben. Wir müssen jetzt mehr als zuvor dafür sorgen, dass dieses Gedächtnis geschult und gepflegt wird. Deshalb wurden auch an den verschiedensten Plätzen der Erde die Steinkreise erbaut. Dennoch wissen wir jetzt, dass bei einigen Menschen durch ihren unermüdlichen Befreiungsdrang und den Drang nach der Objektivierung der Dinge das große Vergessen einsetzen wird.

In dem Maß, in dem der Mensch Schrift und Kunst erlernen wollte, begann er gleichzeitig, sein Gedächtnis zu verlieren. Dadurch, dass er es veräußerlichte, brauchte er es ja im Inneren nicht mehr. Unsere Befürchtung erfüllte sich in einem größeren Ausmaß, als es unsere Vorfahren geahnt hatten. Wir mussten im Laufe der Jahre sehen, dass der Mensch auch die Freiheit und die Möglichkeit hat, die Mater, Nammu zu töten, wenn er seinen Ursprung ganz vergisst. Damit würde er auch sich selbst vernichten können und den gesamten Schöpfungstraum vom Paradies auf Erden.

Wir stehen heute vor großen Aufgaben. Es muss uns auf irgendeine Art gelingen, das Gedächtnis von Nammu zu schützen. Es muss uns gelingen, Methoden zu entwickeln, die das Gedächt-

nis der Vergessenden wieder erwecken werden, und sei es zu viel späteren Zeiten, wenn das Leben auf der Erde längst auf dem Spiel steht. Das Interesse und die Erinnerung daran, dass es nur ein Sein gibt, die ursprüngliche universelle Liebe, aus der alles Leben entsprungen ist, muss von uns wach gehalten werden. Wenn die Gefahr zu groß wird, werden wir einfach abtreten, denn wir werden nicht zulassen, dass die Gewalt in unseren Schöpfungstraum eindringt. Vorher aber müssen wir diesen Traum schützen und dafür sorgen, dass er noch weiter materialisiert werden und sich in seinen keimenden Anfängen verwirklichen kann. Kommt morgen wieder. Seid zeitig hier, wenn sich die Sonne verabschiedet. Ich möchte euch zur Zeit der untergehenden Sonne versammeln, damit wir gemeinsam ein Dankgebet für Nammu sprechen, dafür, dass sie uns half, den Traum der keimenden Liebe bis heute zu hüten und weiterzuträumen. Anschließend werde ich euch weitererzählen. Es ist wichtig, dass ihr bis zum nächsten vollen Mond die ganze Geschichte kennt und eure eigenen Träume empfangen habt, die euch mitteilen, was euer Beitrag zum Schutz und Wachstum vom Traum der keimenden personalen Liebe ist.

Die Frucht war nicht verboten, aber sie assen zu früh davon

Der Schlag mit der Keule

Lassen wir Newar weiter erzählen, wie der Mensch aus dem großen Traum des Schöpfungsganzen immer mehr herausfiel und wie durch seine Eigenschöpfung das Böse in die Welt kam.

Die Sonne nahte sich dem Horizont im Westen und leuchtete in den roten Farben des Sonnenuntergangs. Man sah bereits die ersten aufgehenden Sterne am Himmel. Die Mitglieder des Stammes, Alt wie Jung, hatten sich im Steinkreis versammelt, um der erzählenden Kraft von Newar zu lauschen. Dieses Mal war der ganze Stamm versammelt, obwohl die Stammesältesten die Geschichte längst kannten. Sie wollten zusammen ihre Gebetskraft an die untergehende Sonne schicken mit der Bitte um Kraft und Unterstützung für die richtige Erkenntnis. Und Newar fing an zu erzählen:

Es war bald das halbe Jahr vergangen. Manu hatte den Anweisungen der Priesterin Bechet gehorcht und war fortgeblieben. Während dieser Zeit aber tat er alles, um seinem neuen, keimenden Traum der Stärke und der Ungeduld Kraft und Nahrung zu geben und nicht der Mahnung von Bechet zu folgen. Noch einige Male hatte er versunken am Feuer, in die Glut der Asche schauend, sich Bilder ausgemalt, was er alles erreichen könnte, wenn er nicht länger auf Nammu hören würde.

Manu entfernte sich eines Tages erneut mit einer Gruppe junger Männer von seinem Stamm. Sie zogen für einige Tage in die nähere Umgebung, um gemeinsam Vorräte für den Winter zu sammeln. Die Früchte waren bereits prall und üppig, es gab einiges zu ernten. Sie bereiteten das Fest des dritten Mondes vor, das

Fest der Fruchtbarkeit, der ewigen Wiederkehr und der Dankbarkeit an die Mater. Sie sammelten gegorene Früchte und naschten davon, denn sie wussten, dass diese Früchte einen beliebten geistigen Aufenthaltsort gewährten.

Während sie munter ihres Weges liefen, entdeckten sie einen toten Büffel, der hier gerade erst sein Leben gelassen hatte. Daneben lagen mehrere alte Knochen eines schon lange verstorbenen Büffels. Hier schien der Ort zu sein, den bestimmte Tiere zum Zeitpunkt ihres Todes aufsuchten. Der Büffel war ein heiliges Tier. Hatten die Narwan in Zeiten der Nahrungsknappheit im Winter zwar begonnen, auch Tiere zu jagen, so hatten sie bis heute doch noch keinen Büffel erlegt. So suchten sich diese Tiere, wenn ihre Zeit gekommen war, einen ruhigen Platz, um in Ruhe zu sterben. Meistens waren es Orte, an denen bereits Tiere vor ihnen verstorben waren. Manu nahm in seinem Übermut eine dort liegende Keule, einen großen weißen Beinknochen, schwang sie und spürte eine unbändige Kraft in sich aufkommen. Diese Kraft war der ähnlich, die er neulich in seiner Phantasie erfahren hatte, jetzt aber spürte er sie unmittelbar in seinem ganzen Leib. Sie war begleitet von neuen, männlichen Gedanken, die er jetzt, verstärkt durch die Wirkung der gärenden Früchte, auch vor den anderen Männern nicht mehr zurückhielt. Er begann in seiner starken, dunklen Stimme von Meret zu erzählen und seinem Traum, Meret für sich zu gewinnen. Die anderen Männer fühlten sich angesteckt und lachten mit ihm. Er führte ihnen vor, wie er sie für sich gewinnen würde, wie er sie gegen die Mahnungen der Priesterinnen und der Ältesten des Stammes erobern würde. Übermütig umtanzten sie den Büffel, sangen und feierten ihre unbändige Kraft, Stärke und Geschmeidigkeit. Sie aßen immer mehr von gegorenen Beeren, was ihre Kraft und Ausgelassenheit noch steigerte.

Da kam eine Gruppe junger Männer von einem anderen Stamm in ihre Nähe. Von weitem hatten sie Manus Ausführungen zugehört, hatten seine Bewegungen gesehen und seinen fast kriegerisch anmutenden Phallustanz. Einer von ihnen machte Manu entschieden darauf aufmerksam, dass er mit diesem Tanz gegen die Gebote der Göttin verstoße und dass es nicht erlaubt sei, den ruhenden Büffel in seinem Todesschlaf zu stören, indem man seine Knochen einfach fortnähme. »Ihre Knochen sind der Orientierungsort für die Seelen, die sich wieder inkarnieren möchten. Es hat einen tiefen Sinn und eine Bedeutung, wo, wann und wie sie zurückgelassen wurden«, mahnte er. Der junge Mann bebte in seiner Stimme, denn er schien empört zu sein von dem, was er da sah. Er war vom Stamme der Wsalagi, und so erfuhr Manu, dass sie ganz in der Nähe waren. Manu erkannte ihn als einen in der Ausbildung stehenden jungen Schamanu. Er wusste, dass er Meret schon oft empfangen hatte, um ihr auf ihrem Liebesweg die sinnliche Unterstützung zu geben, die sie brauchte. Manu wusste, dass dieser junge Mann einen hohen Stand hatte bei den Wsalagi, er wusste auch, dass dieser junge Mann ihm an Wissen weit überlegen war, aber nicht an Körperkraft. Möglicherweise hatten die Priesterinnen vom Stamm genau diesen jungen Schamanu als angehenden intimen Freund und Liebhaber von Meret auserwählt. Vielleicht verstand er es, Meret in ihren personalen Liebesträumen zu besuchen. Wie ein Blitz durchfuhr ihn dieser Gedanke. »Ich werde noch morgen zu euch kommen und die schöne Meret besuchen, auch wenn es laut Bechet noch nicht an der Zeit ist. Bechet ist ja nur neidisch, dass die Männer alle nach Meret verlangen, da ihr Leib bereits altert und nicht mehr taugt für den Traum von Nudime, der persönlichen Liebesgöttin des Granatapfels«, rief er übermütig. Er wusste, dass es nicht gut war, was er da tat, aber indem er es tat, indem er gegen das Gebot der Verehrung der Stammesältesten verstieß, wich auch die Schüchternheit aus seinen Zellen und machte Raum für die potente Kraft, nach der er verlangte und von der er wusste, dass die Frau sich danach sehnte. »Pass auf, was du da sagst«, rief der junge Mann zornig aus, »wenn du so weitermachst, wird dir Bechet den Besuch bei Meret verwehren.«

Hier waren nur Männer am Ort. Keine helfende und heilende Hand einer jungen Priesterin war zugegen, die den Streit hätte schlichten können. »*Auch du bist nur neidisch, weil du noch nicht die Stärke und Kraft hast, über die ich verfüge*«, *rief Manu. Der junge Mann war blass geworden. Er stellte sich vor Manu und bat ihn eindringlichst, den Knochen an den Ort seiner Ruhe zurückzulegen. In Manu geschah etwas, was ihm nie zuvor widerfahren war, es war, als folge er einer ganz neuen inneren Magie. Er erhob die Keule und lief erhobenen Armes, ohne irgendwelche Erklärungen, auf die andere Gruppe zu. Etwas Unglaubliches geschah, etwas Unberechenbares, ein Ereignis, das vorher niemand gekannt hatte. Manu wirkte mit seiner erhobenen Keule so mächtig und stark, dass die Gruppe der ihn umringenden Männer verdutzt zurückwich, mit einem Ausdruck im Blick, der so etwas wie Angst signalisierte. Das steigerte in dem von den Beeren berauschten Manu ein neu keimendes Gefühl der Macht und der Stärke. Die Kraft verselbstständigte sich. Er lief auf den jungen Mann zu, der ihn, das erste Mal von Angst berührt, anschaute, aber immer noch nicht zur Seite wich. Da schlug Manu mit seiner erhobenen Keule auf ihn ein.*

Die Geburt von Angst und Gewalt

Etwas Schreckliches und Unvorhergesehenes war geschehen. Das Prinzip der Angst und der Gewalt war geboren worden. Dies war ein verselbstständigter Traum. Niemand von den Schöpfungswesen, die die Liebe verwirklichen wollten, hatte ihn geplant, aber sie hatten ihn seit einiger Zeit vorhergesehen. Das Prinzip der Selbstständigkeit, die vom Schöpfungsganzen getrennt war, das Prinzip der Macht nahm seinen Lauf und sollte im Schöpfungswerk Jahrtausende von Umwegen bewirken und erzeugen.

Manu mit der Keule in der Hand stand selbst mit zitternden Knien vor seinem Resultat. Er hatte noch gar nicht registriert, was geschehen war. Er fühlte sich nur unbändig stark und frei und wollte dieses Gefühl auskosten. Die Herumstehenden wurden von einem Gefühl bemächtigt, das sie vorher nicht gekannt hatten. Ihr Blick spiegelte Angst und Entsetzen wider. Wie gelähmt blieben sie zunächst stehen. Manu, mit der Keule in der Hand, wurde dadurch noch motiviert. Er erlebte einen sich anbahnenden Machtrausch an sich. Er begann, sich in eine Art von Ekstase zu tanzen, er folgte der Kraft seines Körpers vollkommen gedankenleer, bis die übrigen Männer entsetzt davonliefen. Das brachte ihn zu einer ersten Besinnung. Manu setzte sich nieder und entzündete ein Feuer. Noch fühlte er keine Reue, sondern nur seine starke Kraft und Männlichkeit. Er aß von dem Büffelfleisch, das noch ziemlich frisch war. Auch das war eine Tat, die er zuvor niemals begangen hatte. Nie hatte ein Mensch Fleisch von einem Büffel gegessen, ohne dass es dazu einen ersichtlichen Grund gab. Das nun war eine frevelhafte Tat gegen die inneren Lebensgesetze der Nammu, gegen ihren Atem, ihre alles umfassende Liebe. In dem Moment, als er es getan hatte, kamen schwarze Wolken auf, ein heftiger Regen fiel nieder, es war, als würde er überschüttet von Nammus unbändiger Trauer darüber, was nun geschehen war, was sie immer schon befürchtet hatte. Auch Manu wurde jetzt von Trauer ergriffen, denn er begann langsam zu ahnen, was sich ereignet hatte. Seine keimenden revolutionären Gedanken hatten ihn zu Taten bewegt, die er noch vor kurzem nicht einmal geträumt hätte.

Weil Manu all dies getan hatte, geschah etwas Entsetzliches: Er tötete einen Teil seines eigenen Gedächtnisses, einen Teil seiner inneren Anteilnahme an den Liebesgesetzen der Schöpfung. Er tötete das Tierbewusstsein in sich selbst und verinnerlichte nur seine triebhafte Kraft, aber ohne Bewusstsein. Etwas in seinem Geist starb spätestens in diesem Moment ab. Ohne zu wissen, was geschehen war, fiel er in eine stumpfe Trauer. Es war das erste Mal eingetreten, dass ein Mensch seine unbändige Kraft und Schönheit gegen Nammu eingesetzt hatte. Damit würde sie sich ihm mit ihren Geheimnissen für lange Zeit verschließen müssen. Jeder

Mensch konnte in Kontakt mit Nammu um jede erdenkliche Kraft bitten und sie bekommen, aber das war niemals beliebig. Es stand immer mit dem Traum der Dinge und der Welt um einen herum in Verbindung. Das Neue lag darin, dass Manu diese Kraft bewusst erlebt und als ganz und gar eigene Kraft erfahren hatte, die er sich, ohne mit irgendjemandem in Kontakt oder Einklang zu stehen, erobert hatte. Er musste niemanden fragen, niemanden bitten und auf niemanden Rücksicht nehmen. Es war das Gefühl der Selbstständigkeit und der Macht über andere, an dem er sich berauscht hatte. Es hatte ihn auch deshalb berauscht, weil es ihn emotional seinem inneren Ziel, sich Merets zu bemächtigen, schneller näher brachte.

Die Eroberung Merets – Meret reicht den Apfel

Langsam ließ die Wirkung der Beeren nach. Dumpf saß Manu da. Er wusste, dass der Stamm der Wsalagi von seiner Tat erfahren würde, und wahrscheinlich würden sie ihm den Zugang zu Meret verwehren. Der Traum, Meret ganz für sich zu gewinnen, würde er jetzt verloren sein? Bechet würde ihn fortschicken, mindestens für ein weiteres halbes Jahr, denn er hatte nicht die Herzkraft gestärkt, er war der Kraft seiner Ungeduld erlegen. Jetzt gab es kein Zurück mehr. Jetzt musste er sich ganz beweisen. Er würde sich nachts, wenn alle schliefen, heimlich in das Lager schleichen. Er würde zu Meret gehen, sie wecken und sie dazu bewegen, mit ihm zu kommen. Sie würden beide ihren Stamm verlassen und nach einem neuen Platz für ihre Zukunft Ausschau halten. Er nahm noch einmal eine Hand voll Beeren, um sich Mut zu machen, dann schlich er in die Richtung des Lagers der Wsalagi. Er sah, dass noch Feuer brannte. Leise pirschte er sich, versteckt im Dickicht, an sie heran, so dass er ihre Stimmen vernehmen konnte. Er hatte die Kunst des Pirschens erlernt wie kein anderer seines Stammes. Er sah eine Gruppe der Ältesten und Meret ums Feuer versammelt. Meret schien voller Trauer. Er hörte sie sagen: »Ich habe meine leuchtende Kugel gehütet und geschult für Manu. Bechet, ich bitte dich um deine Kraft der Güte und der Weisheit. Gib mir die Erlaubnis, dass ich Manu empfangen kann zum Feuer der Fruchtbarkeit. Meine Frucht ist überreif, ich kann und will nicht länger warten.« Bechet mahnte geduldig und ernst: »Du hast mich jetzt zweimal gebeten. Ein drittes Mal darf ich dir deine Bitte nicht verweigern, denn es gibt ein heiliges Schöpfungsgebot von Nammu, das besagt, dass jeder Mensch seinen freien Willen hat. Aber ich sage es dir dennoch, ein letztes Mal: Dein Apfel ist noch nicht reif. Warte bis zum nächsten Jahr, bis dein Baum vollere Früchte trägt, die die wirkliche Reife in sich tragen. Es ist schwer. Aber geh und wache die Nacht und verbinde dich mit der Schlange der Heilkraft. Sie wird dir helfen. Manu wird dir nicht verloren gehen, denn ihr seid füreinander bestimmt. Aber er braucht jetzt die heilende Kraft der Geduld, und die wird er nur finden, wenn du ihm den Apfel für das kommende Jahr versprichst. Er hat noch viel zu erkennen. Sei wachsam, sonst wird er die ersehnte Potenz immer vortäuschen müssen durch Gedanken der Macht und der Eroberung. Nicht die Gedanken der Liebe und Verehrung werden seinen Phallus erheben, sondern Gedanken der Zerstörung und Vernichtung«, mahnte Bechet gütig. »Es ist Zeit für die Nacht. Geht zu euren Lagern, und du, Meret, besuche deinen Baum der Erkenntnis. Er wird dir dasselbe sagen.« Meret bedankte sich und ging. Manu wartete noch, bis das Feuer erlosch, dann schlich er zu ihrem heiligen Platz, wo sie ihren Baum in jungen Jahren gepflanzt hatte. Sie sang ihr Lied voller Trauer und Hingabe, sie sang von Manu und seiner männlichen Kraft, von seinen weichen Lippen und seinem schönen Phallus, wie kein anderer ihn habe, sie sang von ihrer Sehnsucht und bat die Schlange der Heilung um Rat. Manu konnte nicht länger warten, er schlich sich zu ihr. Als sie ihn sah, war alle Trauer dahin. Sie vergaß, auf das Zeichen der

Schlange zu warten, sie nahm vielmehr Manus Erscheinen als Zeichen, sie pflückte den Apfel, der noch nicht ganz reif war, reichte ihn Manu, und sie sanken auf das Lager. Anschließend beschwor Manu sie, ihr zu folgen. Sie war trunken vor Liebesglück, sie hatte ihre leuchtende Kugel, ohne es zu merken, längst verloren. Manu trug sie jetzt in seinem Herzen, voll überschäumender Kraft, ohne darum zu wissen, wie ihm geschehen war.

Die aufkeimende Revolution gegen Nammu

Ich war dieser Erzählung Newars gebannt gefolgt und hatte dazu alle Bilder detailliert vor mir gesehen. Nach diesem Einschnitt wurde ich in eine Art geschichtliche Trance gebracht, ich vollzog einen Flug über die Zeiten, der eindeutig gelenkt war. Es war nicht mehr deutlich, ob ich der Erzählung Newars folgte, die diese Ereignisse vor sich sah und alles bereits wusste, oder ob ich der Information der Steine folgte, die sich hier im Laufe der Jahrhunderte verdichtet hatte. Meine Eingebungen sprach ich anschließend auf Band.

Nach diesem einschneidenden Ereignis nahm ein Aspekt der menschlichen, männlichen Neuschöpfung seinen Lauf und erreichte aus sich selbst heraus im Universum Gestaltungskraft. Das, was hier zwischen Manu und Meret geschehen war, geschah auch an anderen Orten der Erde. Es war ein neuer »feldbildender« Gedanke, der in die Schöpfung eingetreten war. Das Prinzip des Chaos zog in die Materie ein und durchtränkte sie mit einer zerstörerischen Kraft. Überall setzte sich dieses neue Prinzip neben dem materiellen Prinzip der Gesamtschöpfung durch. Viele Männer wurden mit ihrer Funktion in ihren Stämmen unzufrieden. Sie bäumten sich gegen die Spielregeln der Gesamtschöpfung, der Materie auf. Warum mit Bäumen, Tieren und Pflanzen reden, wenn man durch die Macht über andere viel schneller an sein Ziel kam? Warum alles teilen, wenn man auch etwas besitzen konnte? Warum lange fragen, wenn man sich auch einfach etwas nehmen konnte? Warum sich lange mit der ewigen Wiederkehr beschäftigen, wenn man durch die Macht über den Tod Angst erzeugen konnte? Warum der großen Mutter ewig huldigen, wenn man ihr die Dinge auch abtrotzen und sie zur Unterwerfung zwingen konnte? Warum sich der Natur hingeben, wenn man Dinge selbst erfinden konnte? Wozu eine Frau lieben, wenn man sie auch bezwingen und besitzen konnte? »Feldartig« breitete sich der neue männliche Schöpfungsgedanke überall aus. Männer erfanden den Kriegsgott. Sie erschufen ihre eigenen Altäre. Sie erschufen den Archetypen des zornigen, strafenden Vatergottes. Mit ihm gemeinsam wollten sie die friedliebenden Völker bezwingen. Ein neuer Gedanke und eine neue Tat waren geboren worden. Die Angst vor dem Tod war entstanden, und der Gedanke, dass man über den Tod eines anderen bestimmen konnte und dadurch Macht über ihn hatte, war die Geburtsstunde einer neuen und selbstständigen menschlichen Kulturgeschichte. Alles, was an die alte Kultur der Liebe und Verehrung der großen Mutter und der Frau überhaupt erinnerte, wurde verfolgt, vernichtet und ausgetilgt. Dem sexuellen Traum der Kraft war der Mann nur gewachsen, weil er für sich die wirkliche Potenz, die er ja noch gar nicht kannte, durch den Gedanken der Macht, der Bezwingung, der Verachtung und der Gewalt ersetzte. Da die Frau, aus Sehnsucht, dass der sexuelle Liebestraum Erfüllung finden möge, dem Mann ihren Apfel zu früh gereicht hatte, ließ sie all dies geschehen. Sie war nicht länger der Pol der Liebe, der Güte, des Schutzes und der Pflege alles Lebendigen, sondern sie folgte dem Trieb, sich dem Mann zu unterwerfen. Sie hatte nur noch den Gedanken, einen Mann für sich zu gewinnen. Da, wo ihre Schönheit und Wildheit, ihre Verbundenheit mit der Göttin noch durchblitzte, wo sie nicht bereit war, diesen kulturellen Schritt der Unterwerfung mit zu vollziehen, wurde sie Jahrhunderte und Jahrtausende hindurch mit brutalsten Mitteln zum Schweigen gezwungen.

Die Jagd wurde ein Symbol der Macht. Die Menschen töteten Tiere aus reiner Jagdlust. So verbreitete sich der neue Zustand in der Schöpfung, der Zustand der Angst, überall wie ein Virus. Tiere, die ohne gefragt zu werden, getötet wurden, starben mit Angst. Angst erzeugt Vergessen. Und so gab es immer mehr Menschen und Tiere auf der Erde, die aus dem Paradies herausgefallen waren und sich an ihre eigentliche Herkunft nicht mehr erinnern konnten. Pflanzen kehrten mit dem Stachel des Giftes wieder, den sie gegen andere richteten, um überleben zu können, beziehungsweise: Es wurde als Gift erfahren, was vorher noch große Heilkraft in sich trug, sobald ein Lebewesen vom Zustand der Angst erfasst wurde.

Tiere entwickelten das Prinzip der Aggression gegen fremde Arten, um sich das eigene Überleben zu sichern. So drang auch in das Prinzip des Fressens und Gefressenwerdens, das vorher im Verbund mit der Schöpfung, im Kontakt und aus dem Urvertrauen heraus geschehen war, das Prinzip der Angst ein.

Immer mehr Stämme entstanden, die sich gegenseitig bekriegten. Da der menschliche Geist durch das Vergessen stumpf geworden war, war im Leben all dieser Wesen auf der Erde keine Freude mehr. Neid erfüllte sie, und sie nahmen immer mehr von dem, was sich andere geschaffen hatten. Sie besuchten Stämme, die zu Ehren von Nammu die Schrift entwickelt hatten, auch solche, die Häuser bauen konnten. Sie töteten sie und raubten ihr Wissen. Äußerlich mochte es nach Fortschritt ausgesehen haben, denn plötzlich war der Mensch gezwungen, Erfindungen zu kreieren, da der unmittelbare Kontakt mit der Natur zerbrochen war. Man musste sich schützen. Städte wuchsen zu enormer Größe heran. Die Menschen schmiedeten immer kunstvollere Waffen, sie benutzten dazu Metalle und besonderes Gestein. Die Materie stand ihnen jetzt fremd und bedrohlich gegenüber, denn sie verstanden ihre Sprache nicht mehr. Die Elemente wurden ihnen immer fremder. Sie mussten jetzt Häuser bauen, um sich vor Kälte zu schützen. Sie mussten immer mehr essen, um Energie aufzunehmen. Am meisten musste der Mensch von dem zu sich nehmen, was er verloren und vergessen hatte. Das, was ursprünglich immer wieder aus Gründen der Liebe getan wurde, aus Gründen der Kunst und des schöpferischen Wachstums, das musste man jetzt tun, um zu überleben. So begannen die Menschen sogar, sich gegenseitig aus reinem Trieb des Überlebens und aus okkultem Glauben zu essen.

Da der Mensch nicht mehr im Zustand des Vertrauens war, konnte er das Singen der Steine, der Bäche, der Flüsse, der Pflanzen und Tiere auch nicht mehr verstehen, die jetzt ständig um ihren verlorenen Schöpfungstraum weinten. Der Mensch hatte den Kontakt zu seinen eigenen Träumen und zu seinem eigenen Wesen verloren. Auch den Kontakt zu den Wesen im All hatte er verloren, denn da er sich gegen das Prinzip der ewigen Wiederkehr aufgebäumt und eigenmächtig eingegriffen hatte, hatte er seine eigenen Ursprünge vergessen, und so kannte er die Möglichkeit der Kommunikation mit dem Schöpfungsganzen nicht mehr. Der Mensch hatte gelernt, seine Erkenntniskräfte zu missbrauchen. Die Zeit wandelte sich in ein lineares Fortschrittsdenken, der Raum wurde zu einem bloßen, seelenlosen Gefäß. Alle Materie wurde vergegenständlicht, war zu leblosen Objekten geworden, die man benutzen konnte. Das Bewusstsein für die Einheit und Gleichzeitigkeit aller Dinge war ihm längst entschwunden, und so verharrte er in seinem selbst gebastelten Käfig, nicht mehr wissend, wo der Ursprung der allgegenwärtigen Liebeskraft zu finden sei. Selbst nachdem viele starben, hielten einige von ihnen am Machtkampf fest und wichen auf die Gestirne aus, um sich neue Machtkämpfe auszudenken. Sie missbrauchten dazu die Kraft von Sirius und den Plejaden. Was der Mensch nicht begriff, war, dass er mit all seinem Tun seinem eigenen Untergang entgegenging.

Die Vorausschau Newars

Nach diesem Flug über die Zeiten landete ich wieder bei Newar. Ich sah sie wieder vor mir, wie sie zu den Umsitzenden sprach, und mir war, als wäre auch ich durch die vorhergehenden Bilder ganz von ihr geleitet worden, als sei auch das ein Teil ihrer Erzählung und ihres Wissens gewesen.

Newar musste innehalten. Die Zuhörenden mussten diese Botschaften erst einmal verdauen, bevor sie etwas fragen konnten.

Seitdem dieses Unglück eingetreten ist, ist es klar, dass Nammu Jahrtausende von Umwege brauchen wird, um das geschehene Unglück zu heilen und erneut den ursprünglichen Traum von der universellen und sinnlichen Liebe auf dem gesamten Planeten wecken zu können. Jahrtausende von Vernichtungswahn, Jahrtausende fehlgelaufener Kultur sind die Folge eines solchen Irrtums. Dass wir diesen Irrtum heilen und die Information des Friedens weiterentwickeln können, ist der Grund, warum unsere Vorfahren den Steinkreis gebaut haben. Parallel zur Ausbreitung des Unglücks wird in aller Stille unser Traum, der Schöpfungstraum von Nammu, weiterentwickelt und weitergehütet. Dazu sind auch wir hier. Wir haben jetzt nicht mehr viel Zeit zu verlieren. Die Narwanvölker werden auch bis zu uns vordringen. Irgendwann wird unser Traum nur noch ganz im Verborgenen weitergehütet werden können. In Jahrtausenden werden die Menschen Maschinen entwickelt haben, sie werden sogar mit Raketen auf den Mond fliegen, um ihm sein Geheimnis zu entreißen. Sie werden Götter anbeten, bis sie auch diese töten werden. Wir aber müssen unseren Traum hüten, ihn an immer neue, geschützte Orte tragen, damit er sich seiner Erfüllung entgegenträumen kann. Wir werden überall ein Gedächtnis hinterlassen, das nur von denen entschlüsselt werden kann, die den Traum der Liebe träumen. Einige von uns werden freiwillig zu anderen Gestirnen gehen, um von dort aus unseren Schöpfungstraum weiterzuentwickeln, andere aber werden auf der Erde über viele verschiedene

Kraftorte ziehen und Nammu in der Verwirklichung ihres irdischen Traumes unterstützen. Nammu wird sich ihre Botinnen und Boten selbst erwählen. Sie wird ihren Schöpfungstraum so lange weiterentwickeln, bis sie auch auf den Schöpfungstraum der Gewalt innerhalb der Materie eine Antwort hat, so dass sie ihm begegnen kann, ohne sich ihm weiter entziehen zu müssen. Noch müssen wir uns entziehen, denn unser Traum darf nicht von den zerstörerischen Kräften berührt werden, noch ist er darauf nicht vorbereitet. Aus dem heiligen Zorn wird unsere neue Schöpfungskraft erwachsen. Er wird sich weder mit der Rache verbinden noch mit dem tötenden Hass, aber mit einer gewaltigen weichen Macht der Neuschöpfung.

Es werden Zeiten kommen, da gehen wir und unsere Ahnen zurück auf die Erde. Da die Gewalt dann ein Teil der Gesamtschöpfung geworden ist, wird es uns nicht erspart bleiben, auch sie zu kennen. Wenn die ersten Menschen sie im Innersten ganz kennen, sich aber nicht mehr von ihr erfassen lassen, dann kann die volle Heilung beginnen. Weder Angst noch Rache werden unsere Gedanken und Leiber erfüllen. Dann ist die Zeit reif für die volle Ausführung des Traumes der personalen Liebe zu Ehren der gesamten Schöpfung. Die Erinnerung an unsere umfassende Vergangenheit wird sich verbinden mit der Vision der ersehnten Zukunft und wird sie zusammenfassen in einer allgegenwärtigen Präsenz, im Glück der ewigen Schöpfung und der ewigen Ruhe. Es wird ein großes Fest der Wiedererinnerung sein. Sie erkannten sich, ein Mann und ein Weib. Und sie fanden sich wieder als Teil und Ebenbild der gesamten Schöpfung, als Teile einer großen Liebesaffäre. Damit kann erneut der Traum vom Paradies der sinnlichen Liebe seinen vollen Tanz entfalten. Die Sehnsucht wird uns nicht länger fortreißen in die Gewässer der Ungeduld, sie wird unsere Augen nicht blind machen für die Zusammenhänge der wahren Erkenntnis und Erfüllung. Wir werden wieder gewahr werden, dass jedes Auge dieser Schöpfung unser eigenes, erkennendes Auge ist. Nichts wird verborgen bleiben und nichts ungeteilt. Die

Sehnsucht wird ein zusätzlicher Klang in unserem Schöpfungslied sein, der uns ständig vorantreibt und uns zu immer neuen Ufern tragen wird. Die Sehnsucht eröffnet uns immer neu unser inneres Ziel in der Schöpfung, das uns mit der richtigen Geschwindigkeit zu unserer Vervollkommnung trägt, wenn wir ihm wachsam folgen.

Sie hielten gemeinsam inne. Es vergingen viele Augenblicke, in denen niemand etwas sprach. Dann erhoben sie sich und begannen zu singen. Sie sangen ein kraftvolles rhythmisches Lied, um Mutter Erde, Nammu, ihre Unterstützung und ihren Dank darzubringen. Jetzt waren die jungen Menschen ganz eingeweiht. Jetzt wussten sie, wie behutsam sie mit ihren Gaben der Liebe und der Sehnsucht umgehen mussten, damit der Traum der sinnlichen Liebe zu seiner Erfüllung finden würde.

Weites Wandern

Es vergingen Jahrhunderte. Der Stamm in Südportugal lebte lange Zeit friedlich weiter, ohne dass auffallende Zwischenfälle auftraten. Die Mitglieder verfeinerten ihr Wissen im Laufe der Zeit und lernten es immer mehr, sich gegen aufkommende Störungen zu schützen. Die angehenden Mirjas übten sich in der Vertiefung und Verfeinerung der Liebeskunst, denn sie wussten um ihre hohe Verantwortung, die sie den Männern gegenüber hatten. Sie pflegten die Granatapfelbäume, die symbolisch für die Geburt der personalen Liebesgöttin standen. Durch die Schlangentänze, durch die Kunst des Träumens und nicht zuletzt durch das Studium der Geschichte von Manu und Meret übten sie sich in der Kunst, die Energie der Liebe im körperlichen und seelischen Gleichgewicht zu halten, so dass sie ihren Träumen und gleichzeitig den Träumen von Nammu gerecht werden könnten.

Sie begannen, die Kunst und das Handwerk auszuüben, nicht, weil sie Nutzgegenstände gebraucht hätten, sondern um den Verstorbenen schöne Gegenstände mit ins Grab zu geben. Sie taten dies auch für die Menschen, die viel später diese Gegenstände finden würden, um bestimmte Zeichen ihrer Kultur zu hinterlassen, wodurch sich ihre Nachfahren vielleicht an ihren eigentlichen Ursprung erinnern würden. Denn ihnen war inzwischen klar, dass sich im Namen der Geschichte ganz andere Erinnerungsstrukturen und Zeichen darüber schichten würden, die das Urgedächtnis, das im Grunde keiner Zeichen bedurfte, trüben und auf Irrbahnen leiten würden. Die ganze Kultur, seien es Kunstmalereien oder Tongefäße oder auch die Schrift, entwickelte sich aus dem Gedanken heraus, dass es immer wichtiger würde, Zeichen zu setzen, die das Gedächtnis stützen sollten. So waren die Scherben und Tongefäße auch eine Gedächtnisstütze für die Verstorbenen, um sich zu erinnern, wo sie die Erde verlassen hatten und wohin sie sich wieder orientieren mussten, wenn sie einmal zurückkommen wollten. Sie sollten den Übergang von dem einen ins andere Reich erleichtern.

Seit die Störungen auf der Erde eingetreten waren, mussten sie viel behutsamer mit der Hütung der Information und dem Gedächtnis umgehen. So hatten sie auch mit dem Anlegen umfangreicher Gräber begonnen, was zuvor nicht üblich war. Einige wussten, dass sie für lange Zeit fortbleiben würden, denn das Unglück hatte begonnen, sich immer weiter über die Erde auszubreiten. Manche von ihnen würden schon früher wiederkommen, um sich bei so genannten zivilisierteren Völkern wieder zu inkarnieren; Völkern, die selbst dem großen Vergessen, der Macht und Kriegssucht erlegen waren. Sie wussten bereits jetzt, dass sie dies tun würden, weil sie die Aufgabe hatten, auf der Erde das Wissen zu hüten, soweit es ihnen möglich war, damit der Liebestraum nicht ganz vergessen würde und sich trotz der Not und der Störungen fortsetzen konnte. Sie beschlossen, zu bestimmten Zeiten wiederzukommen, obwohl sie wussten, dass sie dabei das Risiko eingingen, selbst den Mächten des Vergessens zu verfallen, sodass sie sich auf der Erde vollkommen neu orientieren müssten. Deshalb schufen sie die vielen Steinplätze, sie schufen Zeichnungen von Figuren, die einen geistigen Gehalt bündeln sollten. Sie wollten mit aller Kraft helfen, dass die geschlagenen Wunden im Laufe der Zeit durch Erkenntnis geheilt werden könnten. Sie verstanden es als ihre Aufgabe, das Gedächtnis über viele Zeiten und viele Völker hinweg zu retten. In diesem Sinn hatten sie an der Information des Steinkreises inzwischen über ein Jahrtausend gearbeitet, um ihn immer mehr in seinem Informationsnetz zu verfeinern, denn sie wussten, dass er über einige Jahrtausende hinweg eine stabile Information zu tragen, zu leiten und zu schützen hatte. Es war ihnen äußerst wichtig, eine »angstfreie« Information des Gemeinschaftswissens zu hinterlassen, die über viele weitere Generationen hinweg wirksam bleiben und lesbar sein würde. Irgendwann würde der Traum von Nammu so weit gereift sein, dass Friedenshüter diese brauchen würden, um eine neue Kultur des Friedens einzuleiten.

Es war um die 6000 Jahre vor unserer Zeit, da geschah es, dass die Orakelpriesterin, sie hieß nach der Tradition des Stammes Bechet, den ganzen Stamm einberief. Sie hatte einen wichtigen Traum gehabt, der sie dringend gemahnt hatte, etwas zu unternehmen. Sie hatte zunächst nur die drei jungen Orakelpriesterinnen gerufen, Newar, Tamara und Vatsala. Diese hatten ähnliche Vermutungen, und so riefen sie den ganzen Ältestenrat zusammen und berieten sich. Bechet hatte davon geträumt, dass sich die kriegerischen Völker ihrer Gegend nähern würden. Man nennt sie heute die »Kurganvölker«.

»*Wir müssen die Erde schützen, es droht uns eine große Gefahr. Es wird eine Welle des Mordens über Europa und andere Erdteile hinweggehen, die das große Vergessen noch steigern wird. Es werden neue Religionen entstehen. Wenn es so weitergeht, wird bald niemand mehr etwas wissen wollen von Nammu und den Ahnen und unserem gemeinsamen Schöpfungswerk. Die Menschen sind zum Teil so weit aus dem Schöpfungstraum herausgefallen, dass die Männer begonnen haben, Nammu zu verdammen. Sie haben Kriegsgötter geschaffen. Sie beginnen, die Frauen zu verachten und ihr Schöpfungsgeheimnis mit Füßen zu treten. Sie wissen bereits um unsere Tradition des Träumens und versuchen, unsere Träume mit dunklen Kräften zu beeinflussen. Es ist ihnen sogar im Zentrum der Ahnen auf dem Gestirn des Sirius gelungen, ihnen ein Geheimnis zu entreißen und es im Namen von männlichen und kriegerischen Göttern zu missbrauchen. So haben sie bereits ganze Stämme in Afrika dazu gebracht, ihre Geschlechtsteile zu beschneiden, in dem Glauben, dass die Krieger von den Kriegsgöttern dadurch einen Gewinn an Macht und Potenz geschenkt bekommen. Sie haben Altäre geschaffen und heilige Räume, die die Frauen nicht mehr betreten dürfen. Sie verachten nahezu alles, was uns heilig ist und was Nammu und ihre Kräfte am Leben erhält.«*

Die anderen Orakelpriesterinnen bestätigten den Traum, bei ihnen hatten sich ähnliche Vorboten angekündigt. Sie wussten, dass sie sich jetzt verstärkt mit den Stämmen, die verteilt auf dem Erdball den Friedenstraum hüteten, zusammenschließen mussten.

»Wir müssen jetzt äußerst klug und behutsam vorgehen. Wir werden drei außergewöhnliche Wach- und Fastentage einlegen, um von Nammu zu erfahren, was jetzt zu tun ist«, ordnete Bechet an. In besonderen Entscheidungssituationen genoss sie das volle Vertrauen des Stammes und hatte die Befugnis, Entscheidungen zu treffen. Sie hatte sich ja im Laufe der vielen Jahre durch ihre Kunst, vorauszusehen und die Träume zu hüten, bewährt, und es gab für niemanden einen Grund, ihre natürliche Autorität anzuzweifeln. So geschah es, dass alle Stammesmitglieder drei Tage und drei Nächte wachten. Sie wussten, dass es jetzt äußerst wichtig war, genau darauf zu achten, was ihnen mitgeteilt werden würde. Sie hüteten das Feuer der Visionen und reinigten ihren Leib durch Pflanzen. Der Traum eines jeden Einzelnen war jetzt von großer Bedeutung, denn nichts durfte ihnen in der Verbindung mit der Gesamtinformation entgehen, jedes einzelne Glied und Puzzleteil war von elementarer Bedeutung. Sie waren innerlich schon lange auf dieses Ereignis vorbereitet.

Nachdem die drei Tage vorüber waren, trafen sie sich um Mitternacht, als der Mond voll und rund am Himmel stand, zur Beratung. Sie wussten jetzt, dass eingetreten war, was sich schon lange angekündigt hatte. Sie würden das *Weite Wandern* beginnen. Ihr Stamm würde sich aufteilen in die vier Himmelsrichtungen, um sich mit denjenigen Völkern zusammenzuschließen, die sie seit langem aus ihren Träumen kannten. Sie würden sich führen lassen von *Eurynome*, was so viel wie *Weites Wandern* bedeutete und nach deren Namen auch die frühen Griechen eine ihrer Göttinnen nannten. Eurynome verkörperte den Schlangenfrau-Aspekt von Nammu, der die sinnliche Liebe zur Geburt bringen und das Wissen überall auf der Erde sichern und festigen sollte. Das sollte sich durch weites Wandern jetzt verwirklichen. Alle hatten gezielte Anweisungen bekommen, jeder wusste, was zu tun war. Es dauerte bis zum Morgengrauen, bis sie alle Informationen eingesammelt hatten, bis sie wussten, von wem die Einzelnen begleitet wurden und worin ihre Zeichen des Schutzes und der Kraft bestanden. Jetzt konnten sie sich ein Bild machen.

Nachdem alle Vorbereitungen getroffen waren, kamen sie noch einmal zusammen, um ihre Beschlüsse allen mitzuteilen. Die Stammesältesten hatten Anweisung bekommen, zu bleiben und den Steinkreis zu hüten und zu schützen, so dass sein Gedächtnis unverletzt bleiben würde. Sollten die Kurganvölker bis hierher vordringen, würden sie sich freiwillig verabschieden. Da sie keine Angst vor dem Tod hatten, und da sie alle wussten, dass sie sich wiedertreffen würden, war es für sie nicht übermäßig schwer, diese Entscheidung zu treffen und in diesem Wissen hier zu bleiben. Sie würden keine Gewalt an diesem Ort zulassen. Würde man ihnen etwas anhaben wollen, so wussten sie beste Verstecke unter der Erde, und sie wussten, dass sie durch ihre Träume rechtzeitig gewarnt werden würden. Auch trugen sie für den Notfall eine Pflanze bei sich, die sie schnell in das Reich des Todes begleiten würde. Sie hatten von anderen Freundesstämmen gehört, dass die Kurgan brutalste Methoden anwendeten, um ihnen, noch bevor sie starben, ihre Geheimnisse zu entlocken. Das wollten sie unter allen Umständen vermeiden. Denn niemand von ihnen sollte im Zustand der Angst ins Reich des Todes überwechseln. Das war die Urbedingung für den Schutz allen Wissens.

Sie hatten ihren Hauptdienst in diesem Leben getan, ihre Nachkommen waren weit genug in ihr Wissen eingewiesen worden, der Steinkreis enthielt alle Informationen, die notwendig waren, und konnte kaum noch verletzt werden, denn er war energetisch sorgsam geschützt worden. Gleichzeitig war er unmittelbarer Zeuge der Urverletzung, die eingetreten war und die in späteren Zeiten der Heilung bedürfen würde, um Nammus Traum weiterführen zu können. In dem Wissen über die Ursache der Verletzung lag auch das Wissen für ihre Heilung. Denn laut ihrer Schöpfungsmythologie lag ein tiefes Heilungswissen darin, dass man bei allen Dingen an ihren Ursprungsort zurückkehren musste, damit etwas Neues beginnen könne. In dieser Gewissheit, dass sie ihre notwendigen Aufgaben erfüllt hatten, waren sie für ihren Tod gerüstet und freuten sich auf die Zeit bei den Sternen, in der großen Bereitschaft, einst wiederzukommen. Eindringlichst teilten sie den anderen Mitgliedern des Stammes die Traumnamen ihrer ewigen Gestalt mit, die normalerweise zu Lebzeiten sorgsam gehütet wurden. Sie teilten auch mit, wohin sie zu gehen beabsichtigten, wenn sie abtreten würden. Eigentlich teilte man sich diese Einzelheiten erst mit, wenn die Stunde des Todes unmittelbar bevorstand. Mit dieser Vorgehensweise schützten sie die verschiedenen Lebenszyklen und Kommunikationsringe und achteten darauf, dass sie nicht durcheinander gerieten. Aber jetzt war eine außergewöhnliche Zeit, und sie handelten dementsprechend.

Eine Gruppe von jungen Männern und Frauen war angewiesen worden, ans Meer zu wandern und dort ein großes Schiff vorzubereiten. Darunter waren auch zwei, die Manu und Meret genannt wurden. Sie hatten deren Namen absichtlich zum Schutz und zur Heilung ihrer Vorfahren erhalten. Sie hatten sich vor ihrer Geburt bei ihren Müttern gemeldet, in der Ankündigung, dass sie Aspekte der Wiederverkörperung und Heilung von Manu und Meret waren und dass sie unter dem Gesichtspunkt der Versöhnung kommen wollten. Sie wollten die Taten von Manu und Meret heilen, indem sie ihre ursprüngliche Sehnsucht wieder aufgriffen und einem neuen Ausgang zuführen wollten. Außerdem wollten sie ihre Kraft und ihre Intelligenz dazu einsetzen, das Wissen vor den Kurganvölkern zu retten. Da sie Zeugen der Entstehung der Kurganvölker und der Gewalt im eigenen Inneren waren, hielten sie viel notwendiges Heilungswissen in sich bereit. Sie wurden vom Stamm mit offenen Herzen empfangen, denn Gedanken der Rache oder Strafe waren dem gesamten Clan fremd. In allen verwandten Stämmen gab es mindestens eine Entsprechung zu Meret und eine zu Manu, die diesen Aspekt von Nammu heilen und versöhnen sollten.

Viele Tage und Monate bauten sie gemeinsam an dem Schiff, es war ihre größte handwerkliche Tat, die sie jemals begangen hatten. Eine Gruppe von zwölf Frauen und Männern sollte sich auf See begeben und das Wissen hinübertragen zu einer Insel, die zentral gelegen war und die sie aus ihren Träumen bereits kannten. Es war die Insel, die wir heute Malta nennen. Sie sollten dort mithelfen, eine Schule der Friedenshüter zu gründen. Vor allem ging es hier um die Schule der Mirjas, des Heilungswissens in der Liebe. Stammesverwandte aus den verschiedensten Zonen würden dort eintreffen, um das Wissen zu hüten, weiterzuentwickeln und zu verstärken. Es war ihnen angekündigt worden, dass Malta für einige Jahrhunderte eine Blüte ihrer liebenden Kultur sein würde, dass sie dort das Wissen der Träume, der Telepathie, der Kunst und vor allem das Wissen der Liebe weiterentwickeln würden.

Eine weitere Gruppe von jungen Frauen und Männern sollte über das Land wandern und sich einen Weg führen lassen nach Afrika, bis zu den Bewohnern von Eritrea und zu den Nubiern, mit denen sie auch seit Jahrhunderten in innigster telepathischer Verbindung standen und die ebenfalls bedroht waren und Schutz und Verstärkung brauchten. Während in Europa und anderen Staaten sich die Kriege verbreiten würden, hatten sie die Aufgabe, die Friedenskultur zu hüten und weiterzuentwickeln. Sie würden ihren Weg von den Sternen, den Träumen und den Fischen unter den Wassern gewiesen bekommen. Nun, die Göttin der Gewässer, würde sie begleiten.

Nachdem sie viele Tage und Nächte lang ununterbrochen gebaut hatten, nachdem die Frauen kunstfertig Stoffe hergerichtet hatten für die Segel, die ihnen Geschwindigkeit geben würden, um über das Meer zu kreuzen, waren sie endlich bereit. Sie feierten noch ein gemeinsames großes Fest, das größte Fest, das Nammu seit vielen Jahren bei ihnen erfahren hatte. Es waren Freude und Trauer gleichzeitig, die dieses Fest bestimmten. Die Freude aber überwog in allen von ihnen, denn sie waren voller Dankbarkeit, dass es ihnen gelungen war, das Wissen bis in diese Tage zu hüten, was keineswegs selbstverständlich war, und sie waren dankbar, dass Nammu ihnen so klare Anweisungen gegeben hatte, was jetzt zu tun sei. Dann zogen die verschiedenen Gruppierungen, die alle einen anderen Aspekt und eine andere Aufgabe in der Heilung der Welt zu vollbringen hatten, in die verschiedensten Himmelsrichtungen. Niemand wusste, ob sie sich in diesem Leben wieder sehen würden, dass sie aber den Kontakt halten und sich irgendwann wieder treffen würden, darin waren sich alle gewiss.

Wir begleiten die Gruppe, die über die großen Gewässer zog, unter ihnen Manu, Meret und die drei angehenden Orakelpriesterinnen, Tamara, Newar und Vatsala. Ihre Aufgabe war es, das Orakel weiterzuführen und zu schützen und die jungen Menschen geistig zu begleiten. Auch einige Tänzerinnen und Tänzer und angehende Mirjas waren dabei, ein Astronom, der fachkundig Wind und Wetter in den Sternen zu lesen wusste, und einige junge Numiden, die sich auf den Gewässern auskannten und die aus fernen Landen vor einiger Zeit zu ihnen gestoßen waren. Sie wussten, dass die Insel seit einiger Zeit schon bewohnt war, dass dort die Kunst des Orakels bereits bekannt war, dass junge Nomaden aus dem heutigen Sizilien die Insel bereits bewohnbar gemacht und gründlich erkundet hatten. Als Geschenk und Gabe nahm die Gruppe der Auswanderer einen Stein vom Festland mit, den sie bearbeitet hatte und der den jungen Aspekt der Göttin repräsentierte. – Er hatte seit vielen Jahren einen festen Standort in der Nähe des Steinkreises gehabt. – Sie verbrachten fast zwei Mondzyklen auf dem Wasser, aber sie hatten volles Vertrauen in Nun, dass sie sie den richtigen Weg leiten würde. Sie sangen, sie erzählten Geschichten, sie träumten von ihrem neuen Paradies, dem sie sehnsuchtsvoll entgegenfuhren, und sie pflegten die Liebe, wann immer sie empfanden, dass Zeit dafür sei. Newar, Tamara und Vatsala sprachen viel über den Aufbau ihres Frauentempels, den sie gestalten wollten, das war die erste Aufgabe, mit der sie betreut worden waren. Nun war ihnen gut gesonnen, sie hatten ruhige See, die Winde waren günstig.

Mit Leichtigkeit passierten sie die Straße von Gibraltar, sie segelten vorbei an der Küste Marokkos, Algeriens, und als sie die Spitze von Tunesien passiert hatten, wussten sie, dass sie an der Küste Siziliens vorbei direkten Kurs auf Malta hielten. Nach einem weiteren Tag und einer weiteren Nacht landeten sie dort, an der Küste des heutigen Bugibbas. Zu Ehren der Göttin Nun, zu Ehren des Fisches unter den Meeren, der sie geleitet und zum Teil auch ernährt hatte, wurde dort in späteren Jahren ein Tempel erbaut, dessen Ruinen noch heute zu sehen sind. Eine große Steintafel, in die drei Fische eingeritzt wurden, erinnert daran. Sie wählten die Drei als Zahl, das sollte die drei heiligen Aspekte der Göttin Nammu verkörpern und sollte auch an die drei Orakelpriesterinnen erinnern, die ihre Heimat verlassen hatten, um die Friedensbotschaft, gemäß dem Zeichen des Fisches, verschwiegen in ferne Lande zu tragen, und sie dort zu hüten und weiter wachsen zu lassen, bis sie gedeihen würde. Der Fisch verband sie auch mit dem Aspekt von Sirius, denn die Botschaft der fernen Gestirne wurde von Wesen unter den Wassern weiterentwickelt und gehütet und verband sich dort mit dem Wesen von Nammu, der Urschöpfung.

Nur wenige Menschen fanden sie auf Malta vor und von denen wurden sie freundlich begrüßt. Sie brachten ihren Stein, der an ihre Heimat in Südportugal erinnerte, als Geschenk dar und begannen nach und nach behutsam die Freundschaft aufzubauen. Sie erkundeten gemeinsam die Insel und begannen mit dem Aufbau einer neuen Kulturstufe, die sie gemäß der Sprache der Insulaner zu Ehren von Nudime, dem Aspekt der Liebesgöttin, gestalten wollten. Kleine Skulpturen einer weiblichen Gottheit erinnern noch heute an diese frühe Stufe der beginnenden Kultur auf Malta. Neben den wenigen Menschen, die bereits auf Malta lebten, fanden sie ein üppiges Wachstum vor und reichhaltig Gestein. Auch dort wurden die Steine als besondere Hüter des irdischen

Gedächtnisses verehrt. Es gab auch viele Tiere, die größten unter ihnen gehörten einer besonderen Elefantenart an, mit denen sie sich bald befreundeten und von denen sie auf vielen ihrer Wege begleitet wurden. Die Menschen, die auf Malta lebten, hatten bereits mit der ersten Tierzucht begonnen, und so wurden sie von Schweinen, Schafen und Ziegen begleitet, die sie später auch auf ihren Steintafeln verewigten.

Es entstand auf Malta eine blühende Kultur der Tempel und der Liebesdienste, der Fruchtbarkeitsfeste, der Kunst und des stillen Glücks. Die Menschen lebten hier noch weit über tausend Jahre in Frieden und in Dankbarkeit an Mutter Erde.

Der Auftrag

Zur Zeit der Sommersonnenwende besuchte ich erneut den Steinkreis in Portugal. Ich hatte dieses Mal keine besonderen Fragen, es war eher die Neugierde darauf, ob ich zur Zeit der Sonnenwende eine besondere Energie wahrnehmen würde, die mich dorthin führte. Es waren auch meine Dankbarkeit und Freude über die vielen Informationen, die ich erhalten hatte. Ich stand wieder einmal vor meinem Entsprechungsstein für das hohe Alter und *höheres Wissen* und lauschte in die Stille. *»Du musst noch in diesem Winter mit einem neuen Buch beginnen. Schreibe deine inneren Erfahrungen auf, die du, ausgelöst durch diesen Steinkreis, gemacht hast. Beschreibe deine visionäre Reise. Fasse zunächst deine Bilder, Erfahrungen und Eindrücke aus dem Steinkreis schriftlich zusammen. Es ist wichtig, dass dies bald geschieht, denn das Land hier in der Gegend wird gerade zerstört, viele Kraftlinien und Informationsringe werden durchschnitten, so dass die urgeschichtliche Information bald immer schwerer abrufbar sein wird. Dann aber fahre nach Malta. Es ist wichtig, dass du selbst erfährst, dass deine Träume mehr als Träume sind. Du hast Botschaften erhalten, die schon lange abgerufen werden wollten. Nimm wahr, dass die Orte, von denen du geträumt hast, noch heute real existieren. Besuche den Ort der schlafenden Priesterin. Finde den dortigen Steinkreis und die Tempel wieder, von denen du jetzt schon oft geträumt hast. Erschließe die Zusammenhänge, die von Malta zum Steinkreis bestehen. Öffne dich den Informationen, die du dort vorfindest. Finde die Spuren wieder, die dich von Malta nach Kreta und nach Ägypten führen, nach Nubien und Eritrea, nach Indien, nach Tibet und an die verschiedensten Plätze dieser Erde. Verfolge das Symbol des Fisches, das du an diesen Plätzen finden* *wirst, und versuche, es zu verstehen, von der Urgeschichte über Malta und Kreta bis zu den Urchristen. Entschlüssle die tiefer liegenden mythologischen Informationen. Sieh, wie sich der humane Impuls auch durch die Zeiten der Unterdrückung gehalten hat und sich bis heute seinen Weg bahnt. Oft sind es nur stumme Zeichen. Jetzt warten diese stummen Zeichen wieder darauf, gehört und zur Sprache gebracht zu werden. Lerne die Sinnlinien hinter allem, was dir geschieht, zu verstehen und neu zu deuten. Du musst dazu deine erste Reise bald unternehmen. Es werden bald weitere Reisen folgen.«*

Diese Aufforderung war so eindeutig, dass ich mich ihr kaum entziehen konnte. Ich begann gleich mit der Arbeit an diesem Auftrag. Ich sammelte alle bereits bestehenden Aufzeichnungen für dieses Buch und flog noch im selben Winter nach Malta.

Auf Malta folgten sechs Wochen *spirituelle Schule*. Mit höchster Präzision empfing ich die Hinweise, was zu tun war. Die innere Führung brachte mich an alle Orte, die ich bis dahin nur aus meinen Träumen und Trancen kannte. Ich entdeckte in Bugibba die Ruinen des Tempels, den sie damals zu Ehren der Göttin Nun gebaut hatten. Sie befinden sich im Garten einer modernen Hotelanlage. Ich sah die Steintafel mit den drei eingeritzten Fischen, die mich inmitten der modernen Welt tief berührten, als würde ihr Geist noch jetzt zu mir reden. Die ersten Tage fiel es mir schwer, mich an die vollkommen verbaute Umgebung und die vielen Menschen, von denen ich mich immer abgelenkt fühlte, zu gewöhnen. Aber dann wurde mein Zugang zu der Quelle, die ich suchte, immer klarer. Viele Stunden verbrachte ich in den Tempeln. Meine innere Stimme führte mich so zielsicher, dass ich trotz der vielen Touristen in jedem Tempel die Gelegenheit bekam, viele Stunden allein zu verbringen. Ich fand sogar Einlass in das berühmte Hypogäum, das seit vielen Jahren geschlossen ist, und auch in die Tempel, die sonst nicht für Besucher zugänglich sind. Es war wie ein Wunder, überall öffneten sich mir die Tore, als würde ich längst erwartet. Der Kontakt zu den Plätzen fiel mir leicht. Viele

Bilder sah ich so deutlich vor mir, als würden die Stammesmitglieder noch heute leben. Die Gesamtschau der urgeschichtlichen Kultur fügte sich immer einheitlicher zusammen. Der Inhalt dieses Buches wurde abgerundet und verdichtete sich zu einer immer überzeugenderen Klarheit. Die letzten Zweifel an dem Auftrag, ein Buch zu schreiben, schwanden. Ich arbeitete an diesem Werk fast wie eine Besessene.

Nachdem ich die Orte, von denen ich geträumt hatte, real vor mir gesehen hatte, wurde mir die Bedeutung des Steinkreises und seiner Geschichte in vollem Umfang bewusst. Gleichzeitig füllte sich mein Notizbuch mit Aufzeichnungen für ein weiteres Buch: über das Leben, den Auf- und Untergang der Kultur auf Malta. Die Einblicke in die kulturgeschichtlichen Zusammenhänge waren so tief und erschütternd, dass sie mein ganzes Leben verändern würden, das wusste ich bereits jetzt. Es war ja nicht nur ein Märchen, in das ich da immer tiefere Einblicke erhielt, sondern meine »Führung« auf Malta räumte in mir die letzten Zweifel aus: Ich hatte im Steinkreis eine wahre Geschichte nacherlebt. Die Erschütterung darüber, dass ein solches Leben tatsächlich stattgefunden hatte, verlangte natürlich die Konsequenz, mein Leben jetzt so zu führen, dass die Wiederverbindung mit dieser Quelle des Lebens möglich würde. Es war mir, als hätte ich meine eigenen Wurzeln wiedergefunden. Ich hatte mich in den Dienst gestellt, in den Dienst an Mutter Erde. Dieser Dienst bestand darin mitzuhelfen, dass eine Kultur des Friedens entstehen könnte, und die Bedingungen herauszufinden, unter denen dies möglich sein würde. Meine Sehnsucht nach einer lebenswerten Kultur und Gesellschaft hatte neue Nahrung bekommen, ich sah das Keimen einer paradiesischen Lebensmöglichkeit in der Zukunft als Hoffnung und inneres Leuchten am Horizont meiner geistigen Schau. Noch nie war mir so deutlich, in welchem Ausmaß die Zukunft des Menschen auf der Erde davon abhängen würde, ob die Menschheit ihre Erinnerung an die Quellen einer friedlichen Kultur wiederfinden würde oder nicht. Mir war, als würde sich Auf- oder Untergang des Planeten Erde wesentlich dadurch entscheiden, ob das urgeschichtliche Gedächtnis »feldartig« wieder geweckt werden könnte oder nicht. Dies würde zu vielen neuen Konsequenzen führen. Davon hing ab, ob der Mensch wieder gemeinschaftsfähig würde oder nicht, ob er in die Lage käme, wieder in Kontakt mit den Elementen und den Träumen des Universums zu treten. Viele Fragen tun sich auf, wenn man wieder zu hoffen wagt. Würde es gelingen, eine Gesellschaftsform zu entwickeln, in der die sinnliche Liebe wieder die Basis sein könnte für das eigene Leben und die Wiederverbindung mit unseren heiligen Quellen?

Würde es gelingen, eine Kultur der *Göttin* aufzubauen, die keine Religion mehr braucht, sondern den heiligen Charakter des Lebens selbst repräsentiert, eine Kultur, die auf Wahrheit, Liebe und Vertrauen basiert? Eine Kultur, die der Liebessehnsucht gerecht wird und sich zum Ziel setzt, das Paradies auf Erden zu verwirklichen und zu schützen?

Dieser Verwirklichung sollte meine Arbeit dienen. Ich wollte möglichst viele an der Hoffnung und geistigen Heimat teilnehmen lassen. Ich wusste, dass diese Geschichte Informationen in sich trägt, die die aufmerksamen Leser zu einer eigenen Quelle führen könnten, zu einer verändernden Kraft. Die Leser sollten wie ich von einer neuen Zuversicht und Handlungskraft erfüllt aus dem Eintauchen in die Gedankenwelt dieses Werkes hervorgehen. Im Bewusstsein der gegenwärtigen Kultur von Destruktion und Macht war mir aber auch klar, welches tiefe *Dennoch* wir entwickeln mussten, um den keimenden Kraftquellen Raum zu geben. Es gab kaum etwas in dieser Kultur, das unverändert bleiben könnte. Allein das Vertrauen in eine »feldbildende« universelle Kraft machte es mir möglich, meine Aufmerksamkeit ganz auf die keimenden Kräfte des Neuen zu richten, statt mich von den Kräften der Resignation und Vernichtungsgewalt unserer Kultur einfangen zu lassen.

Ein Keimling ist in der Lage, aus seiner eigenen Wachstumskraft die Energie zu beziehen, die es ihm ermöglicht, eine ganze

Asphaltdecke zu durchstoßen. Ich hatte den Eindruck, dass wir jetzt vor einer ähnlichen Aufgabe standen. Die urgeschichtlichen Informationen abzurufen war die eine Aufgabe, vor der wir standen. »Feldbildende« Kräfte zu entdecken und abzurufen, die eine neue Zukunft einleiten würden, war die Konsequenz, die daraus erwuchs. Eine umfassende Schulung der Wahrnehmungs- und Vertrauenskräfte war dazu unbedingt erforderlich. Ich war fest entschlossen, zusammen mit anderen engagierten Geistern eine Schule aufzubauen, in der wir uns das Wissen für eine Friedenskultur in der Gegenwart aneignen würden. Wenn sich »feldbildend« eine Kultur der Zerstörung durchsetzen konnte, dann war es jetzt vielleicht auch möglich, »feldbildend« Heilungsgedanken zu entdecken und zu verwirklichen. Neue Ikonen der Kraft würden daraus entstehen, aus denen nicht mehr eine Kultur des Schwertes, sondern der Liebe hervorgeht.

So, wie sich in der Zeit, als der Steinkreis errichtet wurde, eine Schule von Friedenshütern entwickelt hatte, so sollte sich Tamera zu einem Ort entwickeln, an dem Friedenswissen abgerufen, weiterentwickelt und gelehrt werden konnte. Es würden sich daraus neue Formen des Zusammenlebens ergeben, die dem gegenwärtigen Zeitgeist entsprechen. Ein nächster wichtiger Schritt wird sein, dieses Wissen mit anderen Friedensorten auf der Erde zu vernetzen. Es wird in der Zukunft entscheidend sein, ob es gelingen wird, dass sich Individuen und Gruppen, die in der Friedensarbeit tätig sind, fruchtbar und wirkungsvoll miteinander vernetzen und gegenseitig ergänzen können. Es erschien mir, als könnten wir dadurch ein Lichtnetz schaffen und Knotenpunkte aufbauen, durch die die Friedensinformationen frei fließen können. Wie damals, so auch heute, muss erneut ein Ring der Kraft entstehen, der diesen Planeten zu schützen vermag, an dem die Träume der Erde verstanden und gemeinsam weiterentwickelt werden können. Auf dass der Traum von einer partnerschaftlichen Kultur sich erfüllen möge.

Schlussworte

Nachdem ich mein Buch vollkommen abgeschlossen hatte, ging ich ein letztes Mal ins Gebet. Ich verband mich mit der gesamten Entstehung des Buches. Ich schloss meine Augen und horchte in mich hinein, ob es noch etwas zu tun und zu sagen gab. Welche Abschlussworte könnte ich den Lesern und mir selbst mit auf den Weg geben, die es uns erleichtern würden, dauerhaft in Verbindung mit einer universellen Daseinsweise zu leben? Wie würden wir in den Daseinsraum kommen, der es uns ermöglichen würde, in allem, was uns begegnet, die Zeichen lesen zu können. Wir leben nicht in einer Kultur und Gesellschaft, in der es selbstverständlich ist, frei zu leben und ein liebendes Dasein zu führen. Was ist zu tun in dieser heutigen Zeit, um die Verbindung dauerhaft herzustellen? Folgende drei Kurztexte kamen mir als Antwort und Geschenk. Nachdem ich die ersten beiden Texte gleichsam als Durchsage *der Göttin* erhielt, sammelte sich im dritten Text noch einmal alles Wünschen, Sehnen und Hoffen zu einem eigenen Aufruf in mir. Hier bin ich Aufrufende und Medium gleichzeitig. Es ist der Aufruf an die Gemeinschaft aller Liebenden, es ist, als würde die Göttin aus mir selbst rufen und die Botschaft wie einen Eilbrief rund um die Welt senden wollen, auf dass eine neue und wirksame Friedenskraft daraus hervorgehen möge.

Die Quelle

Kannst du dir ein blühendes Biotop vorstellen, welches von seiner Quelle getrennt ist? Jeder blühende Garten lebt von seiner Quelle.

Auf dem Grund dieser Quelle ist immer Nahrung vorhanden. Sie nimmt nicht zu, sie nimmt nicht ab. Es bedarf keiner Anstrengung, damit der Garten zum Blühen kommt. Erst wenn die Quelle entfernt wird, verdorrt auch das Leben im Biotop oder du musst es künstlich ernähren.

Der Mensch, der die Weltenseele aus seinem Leben ausklammern möchte, verhält sich wie eine Pflanze, die sich von ihrer Quelle trennt.

Es entsteht das Ego, ein Stück getrenntes Leben, das von der Quelle getrennt ist und nun glaubt, selbst die Quelle zu sein.

Das Ego beginnt Amok zu laufen. Eine Zeit lang hat es noch Ressourcen, von denen es sich ernähren wird. Aber irgendwann sind sie erschöpft, und es findet keinen Urgrund mehr vor, aus dem es ewig schöpfen könnte. Es holt künstliche Nahrung zu sich, die es aufbläht, bis auch das schal geworden ist. Keine künstliche Nahrung enthält das Mana des ewigen Lebens.

Der Mensch steht und lebt aber im Angesicht der Ewigkeit. Irgendwann wird er zur Quelle zurückkehren müssen, sei es in diesem Leben oder im nächsten, um überleben zu können. Er wird seinen Hampelmanntanz, mit dem er der Welt beweisen möchte, dass er auch wer sei, aufgeben müssen.

Ohne Quelle kannst du nicht von Dauer sein. Es fehlt deinem Leben der Sinn, der ihm die Kraft und das Atmen gibt. Verbunden mit der Quelle bist du ganz – und musst niemandem etwas beweisen.

Verbunden mit der Quelle gibt es keine Anstrengung und keine Langeweile, keine übermäßige Faulheit und keinen verzehrenden Fleiß. Du weißt, wann du stillzuhalten hast und wann zu handeln. In großer Präzision vollzieht sich dein Werk durch dich, denn du bist das Werk, das getan werden will.

Deine innere Notwendigkeit ist deine Antriebskraft.

Du wirst erstaunt sein, wie präzise du weißt, was zu tun ist, wenn du einmal den Affentanz deines Egos sein lässt, das dir ein-

redet, dass dies zu anstrengend sei und das zu banal und das zu dumm und das zu hoch für dich.

Deine Quelle weiß, was du brauchst; du solltest ihr folgen und aus ihr trinken. Es wird dir nichts zugemutet, das du nicht tun kannst. In Verbindung mit der Quelle erhält dein Leben seinen Sinn und seine ursprüngliche Schönheit.

Die Quelle und der Eros

Es ist unmöglich, den Weg der freien und erotischen Liebe zu gehen, wenn du nur an der Oberfläche verweilen möchtest. Der tapfere Versuch, leicht zu bleiben, wird dich schwerer und schwerer machen. Dieser Weg entspringt nicht der Tiefe einer menschlichen Seele.

Sexualität ist die Urquelle des Menschen. Sie ist der Zeugungsort, aus dem alle Menschen kommen. Es ist die Ursünde, diese natürliche Quelle aus dem Leben ausklammern zu wollen oder sie falschen Regeln und Gesetzen zu unterwerfen. Der Energiestrom des Eros verlangt von dir, dass du ihm den Weg des Herzens bahnst. Dies ist keine Frage von Zweierliebe oder freier Liebe. Es ist der Energiestrom der Sexualität selbst, der sich diesen Weg bahnen möchte. Es ist auch keine Frage von der Häufigkeit sexueller Kontakte. Eros ist die Urquelle des Menschen, aus der er lebt, schöpft, denkt und tankt.

Wie weit du verbunden bist mit diesem Urgrund deiner Quelle, das entscheidet darüber, welch ein Leben du führst. Es entscheidet über Gesundheit oder Krankheit, Resignation oder Handlungskraft, Liebe oder Hass. Es entscheidet darüber, ob du der Sucht folgst oder aus einer inneren Fülle heraus zu handeln lernst.

Deine Quelle verlangt nach deiner Tiefe, sie verlangt gleichzeitig nach Öffnung und nach einem Ziel. Sie kann nicht genutzt werden, ohne dass du dein inneres Ziel kennst. Sie kann nicht strömen, solange du nur nach Sexualität und Beziehung fragst, ohne mit deinem Ziel verbunden zu sein. Verbunden mit deinem Ziel und dem aller Liebenden findet dein Dasein seinen Sinn und seine Erfüllung.

Der Eros ist universell und lässt sich nicht in Beziehungen oder egoistische Wünsche einsperren. Der Eros kann sich nur erfüllen, solange der Mensch aus der Verbundenheit mit der Welt lebt, arbeitet und denkt. Ohne das gibt es keine Dauer und keine wirkliche Erfüllung.

Bist du verbunden mit deiner Wahrheit und deinem Ziel, dann kann deine Quelle zielsicher strömen, kann zielsicher Engpässe überwinden, wird die Reibungen und Widerstände nehmen und wird mit ihrer weichen Kraft auch künstliche Staudämme öffnen, um weiter strömen zu können.

Komme zurück auf diese Tiefe deines Seins, bevor du an der Oberfläche nach sexueller Erfüllung Ausschau hältst.

Es gibt keine Liebe und keine heilsame Sexualität ohne die Verbundenheit mit dem Herzen, mit der Welt und deiner Aufgabe. Finde sie wieder, und du wirst mit viel mehr Leichtigkeit aus deiner Quelle schöpfen können. Manch ein Liebeskummer erübrigt sich dann von selbst.

Und vergiss nicht, dass deine Quelle ihr Ziel kennt. Also horche hinein in dich und die Welt. Tiefer, viel tiefer, als du es bisher gewagt hast. Nutze den Geist der Gemeinschaft, um dies zu tun.

Aufruf an die Gemeinschaft aller Liebenden!

Welchen Grund gibt es noch, mitzumachen bei dem, was Unglück in uns selbst und in anderen erzeugt?
Stoppt den Wahnsinn der Mittäterschaft.

Wir führen ein Leben des Konsums, für das Millionen von Menschen zu Sklaven gemacht werden. Wir wählen Parfüms, um unserem Freund zu gefallen – und übersehen, dass dafür Tiere gefoltert und getötet werden.

Während wir auf Kongressen diskutieren, geht draußen eine Welt zugrunde.

Gleichgültigkeit ist die neue Form der Grausamkeit.

In einer solchen Welt können wir nicht länger glücklich sein.

Liebe beginnt mit dem eigenen Ausstieg aus dem Wahnsinn.

Stoppt den Wahnsinn der Normalität.

Stoppt das Massaker an Menschen.

Stoppt das Massaker an Tieren.

Stoppt die Zerstörung der Wiesen, Felder, Wälder, Bäche, Seen und Meere, die eigentlich geschaffen wurden, um unsere Liebesfeste dort zu feiern.

Alle Lebewesen haben ein Recht auf Leben.

Dieser Planet wurde als Heimat geschaffen für alle Kreaturen. Da gibt es keine Grenzen und kein Privatrecht für die Reichen.

Auf der Suche nach dem verlorenen Glück wollen wir die internationale Freundschaft und Familie des Herzens wiederfinden, die für den Frieden auf diesem Planeten lebt, handelt und denkt. Die große Familie ist eine Familie von Pflanzen, Tieren und Menschen.

Unsere Macht beginnt mit dem Austritt aus der Ohnmacht.

Wir lassen uns nicht länger einreden, dass wir nichts bewirken können. Wir lassen uns nicht länger einreden, dass das, was überall geschieht, schon seinen Sinn hätte. Wir lassen uns nicht länger einreden, dass die Anpassung an diese Welt zu unserem Besten ist.

Wir lassen uns nicht länger einsperren in die bürgerlichen Vorstellungen von Beruf und Zukunft. Wir lassen uns nicht länger einsperren in die unendliche Lüge der bürgerlichen Doppelmoral.

Wir lassen uns auch nicht länger einzwängen in die bürgerlichen Käfige der viel zu kleinen Liebesbeziehungen, durch die wir die Türen verschließen vor viel größeren Liebesmöglichkeiten in dieser Welt. Lasst uns austreten aus den privaten Käfigen der Liebe, die keine Liebe ist, und eintreten in die Freiheit der Liebe. Lasst uns verstehen, dass diese Welt eine Liebesaffäre hätte sein können – und dass diese Möglichkeit immer noch in unseren Händen liegt.

Wir beteiligen uns am globalen Krieg, wenn wir Liebe mit Besitz verwechseln, den wir glauben vor anderen verteidigen zu müssen.

Lasst uns austreten aus diesem Wahnsinn und dem ewigen Misstrauen voreinander, durch das keine Heilkraft für eine positive Revolution entstehen kann. Lasst uns eintreten in die Wahrheit und die Solidarität zwischen Frauen und Männern. Lasst uns gemeinsam das Vertrauen aufbauen, das wir alle für unsere Heilung brauchen.

Lasst uns Orte schaffen, wo wir der Stimme unserer Herzen wieder vertrauen können. Lasst uns gemeinsame Lieder, Worte und Taten finden für den Aufbau einer lebenswerten Welt.

*Im Dienst der Wärme für alles, was Haut und Fell hat,
im Namen der Liebe für alle Kreaturen.*

Nachwort

Das vorliegende Buch ist der Bericht einer ungewöhnlichen Entdeckung. Die Autorin fährt nach Portugal und besucht dort den Steinkreis in der Nähe der Stadt Évora im Alentejo. Dieser Steinkreis ist eines der besterhaltenen Dokumente der Steinzeit, erbaut etwa 5000 Jahre v. Chr. Er ist also wesentlich älter als Stonehenge und andere bekannte Stätten der Megalithkulturen. Im Steinkreis gerät die Autorin durch mediale Eingebungen in ein Informationsnetz aus uralter Zeit, sie empfängt Botschaften und Bilder jener Stammeskultur, welche den Steinkreis erschaffen hat. Sie erhält ungewöhnlich präzise Einblicke in das Weltgedächtnis, die so genannte »Akasha-Chronik« der menschlichen Evolution und Geschichte. Es beginnt eine Entdeckungsreise, die weit über die lokale Bedeutung des Steinkreises hinausführt. Durch eine lange Kette von »Zufällen« und Fügungen, von Hinweisen, Träumen, Trancen und Begegnungen entsteht das fast lückenlose Bild einer archaischen Hochkultur, welche mindestens 2000 Jahre lang, wahrscheinlich noch sehr viel länger, in vielen Teilen der Erde die Vorherrschaft innehatte und erst durch den Einfall der so genannten *Kurgan-Völker* im 5. vorchristlichen Jahrtausend einer viel weniger entwickelten Kultur weichen musste. Wir mögen diese ungeheure Entdeckung bewerten wie wir wollen – als historische Tatsache, als Projektion einer inneren Seelenlandschaft, als urgeschichtliche Erinnerung oder gar als Vision einer kommenden Universalgesellschaft –, wir können uns ihrer inneren Logik und Folgerichtigkeit nicht entziehen. So könnte eine hoch entwickelte Urgesellschaft tatsächlich ausgesehen haben. Und noch weiter: Wenn es tatsächlich ein solches Modell einer gewaltfreien menschlichen Existenz gegeben hat, wenn es über Jahrtausende real auf der Erde funktionierte, dann wissen wir, dass die Vision einer gewaltfreien Gesellschaft mehr ist als ein bloßer Wunschtraum. Die Gräueltaten des Menschen, die er in den letzten fünf Jahrtausenden überall auf der Erde begangen hat, sind dann kein ewiges Gesetz mehr; Krieg und Gewalt sind dann nur noch statistische und nicht mehr universelle Konstanten der menschlichen Existenz; die Möglichkeit einer gewaltfreien Welt rückt in reale, greifbare Nähe. Die Entdeckung matriarchaler Friedenskulturen, die in den Büchern von Marija Gimbutas, Riane Eisler, Heide Göttner-Abendroth u. a. beschrieben werden, erhält dann eine derartige realistische Füllung und Nähe, dass wir mit ganz neuen Augen auf unsere eigene Epoche schauen und uns abgrundtief wundern, wie es zu einer so grausamen Entfremdung und Vergesslichkeit hat kommen können. Vielleicht ist der tiefste Eindruck beim Lesen des Buches dieser: dass uns eine reale Quelle unseres Lebens aufgezeigt wird, eine Quelle, die zu allen Zeiten fließt, weil sie zur universellen Natur des Menschen gehört. Wir treffen auf die Matrix einer übergeschichtlichen, universellen Ordnung der menschlichen Gesellschaft. Die Autorin spricht hier von der *urgeschichtlichen Utopie*. Diese steckt als latente Realität und als noch nicht verwirklichte, aber reale Möglichkeit im Prozess der menschlichen Geschichte. Sie ist der eigentliche *utopische Gehalt*, den Ernst Bloch der werdenden Menschheit zugeordnet hat.

Wenn wir vor ein solch überwältigendes und neues geschichtliches Bild geführt werden, stellt sich natürlich vehement die Frage: Wie realistisch, wie vertrauenswürdig, wie *objektiv* ist es? Ist es geschichtliche Realität, die hier gesehen wird – oder ist es »nur« eine geniale Projektion der Autorin? Und wenn es eine Projektion ist, inwieweit hat sie Bezug zur Realität? Gibt es im Aufbau der geistigen Welt eine Ebene, in der Projektion und mögliche Realität zusammenfallen und infolgedessen eine Projektion nur deshalb möglich ist, weil sie einer tatsächlichen oder einer latenten Realität entspricht? Die Informationen, die das Buch gibt, deuten darauf hin, dass es Bilder und Visionen von solcher Tiefe gar nicht geben könnte, wenn es im Bauplan der Schöpfung keine entsprechenden Blaupausen und Entwürfe gäbe, egal ob sie schon realisiert wurden oder nicht. Das hier beschriebene Gesellschaftsmodell ist in jedem Fall eine Blaupause oder Matrix für ein realisierbares harmonisches Zusammenleben von Mensch, Natur und Universum.

Ich möchte an dieser Stelle darauf hinweisen, dass die Autorin vor ihrer Begegnung mit dem Steinkreis viele Jahre als Medium tätig war und eine lange Schulung der Traumarbeit, Trance und jene Methoden des medialen Empfangs durchschritten hat, die man heute unter dem etwas modischen Begriff des »Channeling« zusammenfasst. Sie befand sich in ständiger Ausbildung und lernte, die innere Stimme so präzise wahrzunehmen wie die äußere. Innere Seelenbilder und äußere Fakten greifen ineinander über wie zwei Aspekte desselben schöpferischen Kontinuums. Steine sind materielle Gegenstände von bestimmter Schwere und Substanz; sie sind aber auch symbolisierte Seelenkräfte und Informationsträger von hoher Wirksamkeit, wenn unser Bewusstsein mit der richtigen Frequenz auf sie eingestellt ist. Die Autorin hat eine sehr lange Übung darin, in beiden Büchern des Lebens, dem inneren und dem äußeren, gleichzeitig zu lesen und den Film der Wirklichkeit von beiden Seiten her zu belichten und zu verstehen. Das Ereignis im Steinkreis traf sie deshalb nicht ganz unvorbereitet. Dass es so etwas wie eine *spirituelle Archäologie* geben müsste, welche uns Aufschlüsse über unsere geschichtliche Herkunft gibt, war ihr als Gedanke längst vertraut. Jetzt, so scheint es mir, wurde sie von der Göttin damit beauftragt, ihre medialen Antennen auszufahren und ungewöhnliche Schritte zu unternehmen für die Rekonstruktion eines geschichtlichen Bildes, welches als Realität – als historische und/oder als seelische Realität – unsere heutigen Bemühungen um eine gewaltfreie Lebensform gewaltig unterstützen könnte. Ich hatte Gelegenheit, diese Entdeckungsreise aus der Ferne zu begleiten und alle Details zu erfragen, die ich brauchte, um mir ein Bild zu machen. Ich neige gewiss nicht zu

Mystifizierungen, aber ich bin der Meinung, dass hier eine göttliche Kraft der Führung vorliegt, hier war mehr als nur ein privater Menschenwille daran interessiert, eine umfassende Wahrheit unseres geschichtlichen Daseins zu vermitteln. Wir kennen jetzt eine Quelle mehr für den Aufbau neuer Lebensräume, und wir haben ein wesentliches Argument mehr für unseren Glauben an eine gewaltfreie Zukunft. Ich danke dem Universum für diese Botschaft.

Die zweite Kernaussage des Buches betrifft den Eintritt des Bösen in die Geschichte und die Entstehung der *Ursünde*. Diese hängt – wie alles in der Geschichte des Menschen – aufs Engste mit der Sexualität zusammen. Hier hat die Autorin eine authentische Spur gefunden, von der ich glaube, dass sie für die weitere Geschichtsforschung prägend sein wird. Die Vorgänge des sexuellen Verlangens, wie sie hier im Buch zwischen Manu und Meret beschrieben werden, sind in Wahrheit nicht nur die Vorgänge zwischen zwei Einzelpersonen, einem Mann und einer Frau, sondern es sind geschichtliche Vorgänge, an denen in einer Übergangszeit von mehreren hundert Jahren alle damals lebenden Stämme mehr oder weniger beteiligt waren. Die Autorin hat diese Vorgänge nicht erfunden – so etwas kann man gar nicht erfinden –, sondern sie wurden ihr durch ganz spezielle Umstände und Entdeckungen ihrer geschichtlichen Reise mitgeteilt. Wer von diesen liest, spürt die innere Logik und Folgerichtigkeit der dahinter stehenden Abläufe. Es war die Macht des sexuellen Verlangens beider Geschlechter, welche sie dazu führte, die Grenzen ihrer alten religiösen Stammesordnung zu durchbrechen und die heiligen Gesetze der Mutter-Gottheit zu übertreten. Damit begann das *Herausfallen des Menschen aus der Schöpfung*. Wenn wir aufmerksam die Geschichte dieses *Ursündenfalls* verfolgen, dann fühlen wir für die Beteiligten so viel Anteilnahme und Verständnis – um nicht zu sagen Sympathie –, dass wir ihnen kaum eine Schuld zusprechen können. Es war keine böse oder gar grausame Absicht im Spiel, und doch verstehen wir spontan die innere Logik, mit der die nachfolgende Kette von Gewalt und Angst aus diesem Ereignis hervorging und für viele Jahrtausende unsere Geschichte prägte. Der sexuelle Krieg, der die ganze patriarchale Epoche hindurch wütete und die Frauen in der Zeit der christlichen Inquisition an die Grenzen ihrer physischen Vernichtung führte, ist heute – auf dezentere Weise – immer noch im Gang; Massenmedien, Filme und Zeitungen sind voll davon. Der Geschlechterkrieg wird nur überwunden werden können, wenn wir mit klarem Bewusstsein an die historischen und mythologischen Stellen zurückgehen, wo er entstand, und von da aus das sexuelle Thema wieder einfügen in die universelle Ordnung unseres Daseins. Die »urgeschichtliche Utopie«, welche die Autorin als hoch entwickelte Stammeskultur des Neolithikums beschreibt, zeigt die Vision und die Richtung dieser Befreiung. Es ist die Befreiung beider Geschlechter und die umfassende Überwindung der patriarchalen Sackgasse.

Die Frage nach dem Sündenfall in der Geschichte ist so alt wie die Geschichtsforschung selbst. Wie kam das Böse in die Welt? Irgendwie kommt – angesichts der unendlichen Gräueltaten der Geschichte – kein ernsthafter Mensch an dieser Frage vorbei. Psychologen, Ethnologen, Theologen, Biogenetiker und Philosophen haben sich die Zähne daran ausgebissen und doch keine ausreichende Antwort gefunden. Die harten Lebensumstände der Eiszeiten wurden dafür verantwortlich gemacht, dann die neuen sozialen und ökonomischen Strukturen, die mit dem entstehenden Ackerbau und der entstehenden Viehzucht verbunden waren, dann die genetischen Bedingungen der Evolution, die ja schon im Tierreich der ausgeklügelten Gewalt einen evolutionären Vorteil verschafften. Physiologen vermuteten schlicht und einfach einen Defekt im menschlichen Gehirn. Alles mag irgendwie richtig sein, aber es ist zu wenig, weil wir mit diesen Erklärungen nicht in den inneren Bereich vorstoßen, wo uns die Sache *einleuchtet* und evident wird; es fehlt etwas. Neben allen äußeren Umständen müssen es Ereignisse im Inneren gewesen sein, welche zum entscheidenden Trauma führten, Ereignisse im Bereich des Sexus oder im Bereich der Religion oder in beiden, denn aus beiden setzt sich das innere Leben der Menschen zusammen. Wir leben in einer männlichen Welt mit einer männlichen Geschichtsbetrachtung. Dadurch fallen diejenigen Quellen aus, welche uns helfen könnten, tiefer in dieses Innere hineinzuschauen. Dass es sich bei der Ursünde der Menschheit um einen sexuellen Vorgang gehandelt haben könnte, wird uns zwar seit der Geschichte von Adam und Eva im Alten Testament überliefert, aber eben in der männlichen, frauenverachtenden, sexualfeindlichen Form. Eva, Schlange und Sexualität sind dort Synonyme für die Ursünde. Dies ist eine männliche Mythologie und eine männliche Deutung, niemals eine weibliche. – Es gab noch weitere Versuche, den geschichtlichen Sündenfall mit sexuellen Ereignissen zu erklären. Sigmund Freuds Märchen von der Urhorde beispielsweise kennt ganz und gar die Macht der Sexualität, sie kennt aber noch nicht die Strukturen der Frühgeschichte, sie kennt vor allem noch nicht die Existenz archaischer Hochkulturen, in welchen die Frauen die religiöse und die sexuelle Macht innehatten. So bringt auch Freud seine Deutung von einem einseitigen Männerstandpunkt aus. Interessanter wird es schon bei Wilhelm Reich, der in seinem Buch *Einbruch der Sexualmoral* die von Malinowski beschriebene Südseekultur der Trobriander auf ihre sexualökonomischen Hintergründe untersucht und einen sehr triftigen Zusammenhang herstellt zwischen der Erhaltung des ökonomischen Besitzes und der aufkommenden repressiven Sexualordnung.

Wenn wir all diese Erklärungsversuche überblicken, dann spüren wir, wie viele Komponenten in der Geschichte zusammenkamen, um schließlich zu jener Form von Frauenunterdrückung und Sexualverneinung zu führen, wie wir sie in allen patriarchalen Kulturen und Religionen antreffen. Man spürt auch in der neueren weiblichen Geschichtsforschung, dass hinter jeder Beurteilung der Faktoren, die wir für die patriarchale Revolution anführen können, ein grundlegender Wandel in der Sicht der Geschlechterbeziehung stattfindet. Der Sexus ist ein zeugendes Prinzip. Nichts Menschliches und nichts Geschichtliches kann verstanden werden, wenn der Zentralbereich Sexualität nicht als mitverursachendes Prinzip gesehen wird. Das vorliegende Buch wirft ein neues Licht auf die sexuellen Hintergründe der Geschichte. Wir fangen an, die Geschichte der Menschheit als unsere eigene zu verstehen, denn es ist unser eigenes, bis heute in jedem Atemzug und jeder Emotion mitschwingendes Thema, welches hier endlich zur Darstellung kommt. Wir erkennen aufs Neue diesen allertiefsten Zusammenhang von Eros und Religion, der uns unabweisbar auf einen neuen Weg der Heilung führt. Ich danke der Autorin dafür, ich danke der Göttin, die sie auf dem ganzen Weg begleitet hat, und ich danke allen geistigen Kräften für diese Botschaften einer neuen, spirituellen Archäologie.

Sabine Lichtenfels fungiert als leitende Mitarbeiterin der Friedensschule MIRJA in Portugal. Dort entsteht seit einigen Jahren ein Forschungs- und Lehrzentrum für alle Fragen einer gewaltfreien Kulturbildung. Das neue Forschungskonzept verlangt unter anderem eine neue Sicht der Geschichte und einen neuen Blick auf das gesamte Thema der Heilung. Erarbeitet wird nicht akademische Wissenschaft, sondern erarbeitet werden die theoretischen Grundlagen und das notwendige Wissen für den Aufbau von *Heilungsbiotopen*, aus denen eine nachpatriarchale Epoche hervorgehen könnte. Sabine Lichtenfels leitet die Abteilung *Spirituelle Archäologie*. In einer eigenen Forschungsgruppe arbeitet sie an einem mehrjährigen Projekt über die matriarchalen und spirituellen Quellen unserer Kultur. Das vorliegende Buch ist ein Zwischenergebnis dieser Arbeit. Wie man sieht, geht es längst nicht mehr nur um Portugal, sondern um universelle Grundthemen unserer Geschichte, unserer Herkunft und unserer Zukunft. Ich glaube, dass dieses Buch sehr wirkungsvoll mithelfen wird, unseren Standort als Mann, unseren Standort als Frau und unseren Standort als

Mensch in der Geschichte neu zu sehen und nicht mehr zurückzubinden an die unglaublichen Irrtümer der auslaufenden patriarchalen Epoche.

Tamera, Frühjahr 2000
Dieter Duhm

LITERATUR

Pierre Teilhard de Chardin: *Der Mensch im Kosmos.* München 1988

Hans DeBoer: *Gesegnete Unruhe. Das Bekenntnis eines frommen Provokateurs.* Göttingen 1995

Dieter Duhm: *Politische Texte für eine gewaltfreie Erde.* Belzig 1992

Dieter Duhm: *Der unerlöste Eros.* Radolfzell 1991

Riane Eisler: *Kelch und Schwert. Von der Herrschaft zur Partnerschaft.* München 1989

Funde in Portugal. Sternstunden der Archäologie. Hrsg. v. Hermanfrid Schubart/Achim Arbeiter/Sabine Noack-Haley. Zürich 1993

Eluan Ghazal: *Schlangenkult und Tempelliebe. Sakrale Erotik in archaischen Gesellschaften.* Berlin 1995

Marija Gimbutas: *Die Sprache der Göttin.* Frankfurt/Main 1995

Marija Gimbutas: *Die Zivilisation der Göttin.* Frankfurt/Main 1996

Heide Göttner-Abendroth: *Das Matriarchat. Stammesgesellschaften in Ostasien, Ozeanien, Amerika.* Stuttgart, Berlin, Köln 1991

Herbert Gottschalk: *Lexikon der Mythologie.* Berlin 1993

Elisabeth Gould-Davis: *Am Anfang war die Frau. Die neue Zivilisationsgeschichte aus weiblicher Sicht.* München 1980

I-GING. Das Orakel- und Weisheitsbuch Chinas. Augsburg 1994

Sabine Lichtenfels: *Der Hunger hinter dem Schweigen. Annäherung an sexuelle und spirituelle Wirklichkeiten.* Belzig 1992

Sabine Lichtenfels: *Weiche Macht. Perspektiven für ein neues Frauenbewußtsein und eine neue Liebe zu den Männern.* Belzig 1995

Sigrid Neubert: *Die Tempel von Malta. Das Mysterium der Megalithbauten.* Text von Sybille von Reden. Bergisch Gladbach 1988

Safi Nidiaye: *Magisch Reisen – Portugal.* München 1992

Monica Sjöö/Barbara Mor: *Wiederkehr der Göttin: Die Religion der großen kosmischen Mutter und ihre Vertreibung durch den Vatergott.* Braunschweig 1985

Barbara G. Walker: *Das geheime Wissen der Frauen.* Frankfurt/M. 1993

Hinweis

In Tamera (Portugal) wurde das »Institut für Globale Friedensarbeit« (IGF) gegründet.
Die in diesem Buch beschriebene Lebensperspektive gibt viele Denkanstöße für eine lebenswerte Kultur des Friedens, die von Anteilnahme und Fürsorge gegenüber allem Lebendigen geprägt ist.
Es bietet auch einen Einblick in die Forschungsrichtung der spirituellen Archäologie, die die Autorin im Rahmen des IGF vertritt.
Das IGF hat sich zum Ziel gesetzt, Friedenswissen zu erforschen, zu sammeln und zu verwirklichen.

Wenn wir die ökologischen und sozialen Krisen, die wir herbeigeführt haben, überleben wollen, sind wir gezwungen, uns auf vollkommen neue Gemeinschaftsunternehmen einzulassen. Die Spezies Mensch braucht ein neues Siedlungskonzept für ihr Dasein auf dem Planeten Erde. Frieden ist keine Reform, sondern die vollkommenste Revolution unserer Lebensverhältnisse. Wir brauchen eine neue Einbettung in das Ganze der Schöpfung, eine neue Ordnung der menschlichen Gemeinschaft, ein neues Konzept für Sexualität und Liebe, eine neue mit der Natur kooperierende Technologie und eine fundamentale Verständigung mit allen anderen Mitgeschöpfen.

Gesucht wird finanzielle Unterstützung.
Investieren Sie mit uns:
Nicht mehr in die Rüstung, sondern in den Frieden
Nicht mehr in die Medizin, die ihre Heilung auf der Ausbeutung

und Tötung anderer Lebewesen aufbaut, sondern in einen Heilungsansatz, der die Selbstheilungskräfte des Organismus wieder zu wecken vermag.
Nicht mehr in eine Kultur der sexuellen Unterdrückung, sondern in eine Kultur der sinnlichen Liebe und Treue, die auf Wahrheit und Vertrauen gründet.
Nicht mehr in eine Kultur der Mittäterschaft und des Konsums, sondern in eine Kultur des Mitgefühls und der Anteilnahme.

Gegen ein Rückporto können Sie das *Tamera-Manifest* bestellen. Hier sind die geistigen Hintergründe der Arbeit des *IGF* umfassend dargestellt. Es wurde von Dieter Duhm, der zusammen mit Sabine Lichtenfels das *IGF* gegründet hat, im März 1999 geschrieben. Weitere Informationen erhalten Sie unter:
IGF-Tamera Monte do Cerro – P-7630 Colos – Portugal
tamera@mail.telepac.pt
Homepage: www.tamera.org

Wer unsere Arbeit unterstützen möchte, kann auf folgendes Konto einen Spendenbeitrag überweisen:

»Netzwerk für humane Erde e.V.«
Stadtsparkasse Stolzenau
BLZ: 256 515 81
Kto.Nr.: 366633
(Spendenbescheinigung kommt automatisch)

Immer noch fühlt sich die westliche industrielle Welt den Naturvölkern überlegen, obwohl die Zerstörung der Umwelt zu ihren Lasten geht. Bewusstsein und wissenschaftlicher Fortschritt müssen neu geprägt werden.
Mit Hilfe der Weisheit der Naturvölker könnte hier ein neuer Ansatz gefunden werden. Possin sammelt in diesem brandneuen Buch die überzeugendsten Erkenntnisse von verschiedenen Naturvölkern und verschafft dem Leser damit ganz neue Denkanstöße

ISBN 3-404-70190-9

Die Ureinwohner Australiens haben trotz der Bedrohung durch die moderne Welt ihr Wissen um die Heilgeheimnisse erhalten. Christina Cerny lebt selbst in Zentralaustralien. Sie hat in sorgfältigen Recherchen die überraschenden Heilungsmethoden der Aborigines herausgefunden und berichtet bisher Unbekanntes über Pflanzen und Früchte, die der Gesundheit dienen und auch für den modernen Menschen nutzbar sind ...

ISBN 3-404-70189-5

»Lausche dem Wind, der die Felsen flüstern lässt, und du erhältst Weisheit«, sagen die Indianer Nordamerikas. Seit Tausenden von Jahren erzählen uns die alten Kulturen der Welt von einem Instrument, das uns in Kontakt mit einer anderen Wirklichkeit bringen könnte. Sowohl bei den Sumerern, Ägyptern und Kelten als auch bei den Indianern und den Aborigines ist dieses Instrument stets ein Stein, durch den es möglich ist, Information und Wissen aus anderen Welten abzurufen.

Johannes von Buttlar forscht in diesem Buch nach den Mysterien von Pyramiden, sumerischen Keilschrifttafeln, Menhiren und Megalithen, Steinkreisen und den Quarzkristallen unserer Tage.

Liegt in diesen Steinen die Lösung für die Rätsel der Menschen verborgen? Der Autor entschlüsselt einige der geheimen Botschaften und verbindet sie mit den neuesten Erkenntnissen der Elementarphysik und Kosmologie.

ISBN 3-404-70179-8